L'ÉCOLE POUR LA VIE

DANS LA MÊME COLLECTION

DROUIN-HANS A.-M., *Éducationet utopies*, 2004, 288 pages.

DUBREUCQ É., *Une éducation républicaine. Marion, Buisson, Durkheim*, 2004, 238 pages.

FABRE M., *Philosophie et pédagogie du problème*, 2009, 288 pages.

JEANMART G., *Généalogie de la docilité dans l'Antiquité et le Haut Moyen Âge*, 2007, 272 pages.

MILHAUD-CAPPE D., *Freud et le mouvement de pédagogie psychanalytique, 1908-1937. A. Aichhorn, H. Zulliger, O. Pfister*, préface de B. Saint-Sernin, 2007, 300 pages.

VERGNIOUX A., *Théories pédagogiques, recherches épistémologiques*, 2009, 160 pages.

SCHEFFLER I., *Les conditions de la connaissance. Une introduction à l'épistémologie et à l'éducation*, traduction M. Le Du, précédée de « Raison, éducation et rituel. La philosophie d'Israel Scheffler » par M. Le Du, 2011, 192 pages.

MOREAU D., *Éducation et théorie morale*, 2011, 320 pages.

FRELAT-KAHN B., *Pragmatisme et éducation. James, Dewey, Rorty*, 2013, 212 pages.

LOEFFEL L., *Le spiritualisme au* XIXe *siècle en France : une philosophie de l'éducation?*, 2014, 190 pages.

FABRE M., *Éducation et humanisme. Lecture de John Dewey*, 2015, 312 pages.

PHILOSOPHIE DE L'ÉDUCATION

Directeur : Alain VERGNIOUX

NICOLAJ FREDERIK SEVERIN GRUNDTVIG

L'ÉCOLE POUR LA VIE

Textes présentés par **Jean-François DUPEYRON**, **Christophe MIQUEU** et **France ROY**

Traduction et notes de **Marc AUCHET**

Introduction par **Ove KORSGAARD**

En partenariat avec
le Centre Grundtvig de l'Université d'Aarhus (Danemark),
le centre de recherches SPH (Bordeaux) et L'ESPE d'Aquitaine

PARIS
LIBRAIRIE PHILOSOPHIQUE J. VRIN
6, place de la Sorbonne, V[e]

2018

Imprimé en France

ISSN 1765-8055

ISBN 978-2-7116-2830-8

www.vrin.fr

AVANT-PROPOS

N. F. S. GRUNDTVIG

Au Danemark, Nikolaj Frederik Severin Grundtvig est souvent présenté comme un homme ayant eu une importance particulière pour l'histoire, la culture et l'identité culturelle danoises, et ce n'est pas sans raison, car sans son influence, les cent cinquante dernières années de l'histoire du Danemark auraient été différentes. Ses qualités personnelles ne suffisent toutefois pas à expliquer son impact. Il faut aussi tenir compte du contexte sociétal qui lui a permis d'exercer une telle influence.

Grundtvig est né en 1783, six ans avant la Révolution française de 1789, et il est mort en 1872, vingt-quatre ans après la révolution danoise de 1848. Il est né sous le régime de la monarchie absolue et il est mort au moment où la démocratie commençait à s'imposer. Il est né dans un État où la religion était obligatoire et il est mort dans un État où régnait la liberté religieuse. Il est né dans un État danois où cohabitaient plusieurs nationalités et plusieurs langues et il est mort dans un État national danois.

Les grandes transformations auxquelles Grundtvig a assisté de son vivant ont eu des répercussions dans presque tous les aspects de la vie : pour l'État, l'Église et l'École, pour la politique, la religion et la culture, pour la mentalité, les normes et la foi. Et au cours de sa longue vie, Grundtvig s'est intéressé à pratiquement tous ces aspects, en tant qu'auteur de cantiques, théologien, pasteur, historien, philologue, politicien et homme d'école.

UNE NOUVELLE ÈRE DE L'HISTOIRE UNIVERSELLE

Grundtvig considérait la Révolution française comme un évènement ayant inauguré « une nouvelle ère de l'histoire universelle »[1]. Il estimait que la Révolution avait eu une importance plus grande que celle de la Réforme, à peine 300 ans plus tôt.

Il ne faut pas oublier qu'entre la guerre turque de 1788 et la révolte grecque de 1821 trente-trois ans seulement se sont écoulés, c'est-à-dire une seule génération, mais c'est une génération au cours de laquelle l'état général, la façon de penser et les perspectives de la chrétienté ont changé beaucoup plus qu'au cours des trois siècles précédents, bien que la Réforme en fasse partie[2].

Bien que Grundtvig ait attribué à la Révolution française une importance à l'échelle de l'histoire universelle, cela ne l'empêchait pas de la considérer aussi comme une catastrophe. D'un côté, la Révolution avait eu pour résultat qu'on ne pouvait plus accepter « des circonstances artificielles, contraignantes, et à la longue aussi destructrices qu'insupportables, qui ont démoralisé la société civile un peu partout, dans une mesure plus ou moins grande »[3]. Mais d'un autre côté, la Révolution française était une expression de ce qu'il appelait une compréhension bestiale de la liberté, qui avait mené toute une société à la Terreur et au chaos. Grundtvig était ainsi confronté à la question récurrente de savoir comment faire pour conserver le meilleur, c'est-à-dire la liberté, tout en évitant le pire, à savoir : la décomposition de la société civile[4].

De nombreux traits communs relient le Danois N. F. S. Grundtvig au Français Jules Michelet. Ils étaient tous deux historiens et s'intéressaient l'un et l'autre vivement à la notion de peuple et d'éducation populaire. Dans son ouvrage intitulé *Le Peuple*, publié en 1846, Michelet soutenait que la Révolution avait échoué à cause de la défaillance de l'élite et du manque d'éducation du peuple. « Le clergé était fini, la noblesse était finie et la royauté finie. Et elle [la Révolution] n'avait rien du tout pour mettre à la place »[5]. Pour Grundtvig, la Révolution avait montré que le peuple n'était pas encore prêt à assumer la liberté. Il manquait de maturité morale

1. N. F. S. Grundtvig, *Mands Minde 1788-1838*, Copenhague, Karl Schønbergs Forlag, 1877, p. 20.

2. *Ibid.*

3. *Ibid.*, p. 107.

4. *Ibid.*, p. 577.

5. J. Michelet, *Le peuple*, « Bibliothèque contemporaine », Paris, Calmann Lévy, 1877 (5e éd.), p. 286-287.

et politique et c'est pourquoi il fallait l'éclairer, l'éduquer et le former à la liberté, avant de modifier le système politique. C'est la leçon principale que Grundtvig avait tirée de la Révolution française et c'est elle qui lui a inspiré l'idée d'une nouvelle forme d'école, une haute école populaire pour les jeunes adultes.

L'ÉGLISE, L'ÉCOLE ET LA NATION

Grundtvig a réalisé petit à petit que l'union de l'État, l'Église et l'École, qui avait été instaurée au Danemark par la Réforme en 1536, n'était plus d'actualité. Il a alors plaidé pour la liberté religieuse et pour l'introduction d'une confirmation civile[1]. Il le fit pour la première fois dans un grand traité intitulé *De la liberté religieuse*, publié en 1827, c'est-à-dire plus de vingt ans avant que la Constitution de 1849 n'introduise la liberté religieuse au Danemark. La raison pour laquelle Grundtvig souhaitait une confirmation civile était que la liberté religieuse demandait de la part des citoyens une nouvelle forme de déclaration de loyauté à l'égard de l'État.

Grundtvig plaidait aussi pour une séparation de l'Église et de l'École. Ce qui l'a amené en 1836 à poser la question rhétorique : « La foi est-elle vraiment une matière scolaire ? ». Il a répondu lui-même que « la foi, Dieu soit loué, n'est pas du tout une matière scolaire ». Plutôt que de prodiguer un enseignement ayant trait aux questions concernant la foi, l'école devait fournir des connaissances de base sur les conditions à remplir pour se comporter comme un citoyen correct dans la société, « mais cela vaut à la fois pour les chrétiens, les juifs et les païens, et cela doit rester entièrement en dehors de la question de la foi ». De la même manière, la confirmation devait être « une simple question d'éducation et de connaissance », qui, dans chaque paroisse, devait se terminer par « une belle cérémonie nationale marquant l'entrée dans la société civile »[2]. Une confirmation civile devait préparer la génération montante à entrer dans la société civile, sans considération de religion.

1. N. F. S. Grundtvig, *Udvalgte Skrifter*, ved Holger Begtrup, Copenhague, Gyldendalske Boghandel, Nordisk Forlag, 1904-1909, vol. 5, p. 84.

2. N. F. S. Grundtvig, *Værker i udvalg*, Copenhague, Gyldendal, 1943/4, p. 143.

La haute école populaire et l'université

Il est compréhensible qu'on assimile tout particulièrement la haute école populaire aux idées de Grundtvig concernant l'école. Cette forme d'école a exercé une forte fascination sur de nombreuses personnes dans le monde entier, si bien que cela a contribué à ce que les idées de Grundtvig sur l'école et l'histoire de la haute école finissent presque par se confondre et qu'on les considère comme deux aspects d'une seule et même chose. Mais la conception que Grundtvig avait de la notion d'école est beaucoup plus étendue et complexe que ce que la tradition a retenu. Au cours des années 1830, Grundtvig n'a pas fait uniquement des plans concernant une haute école populaire à Sorø, il a aussi formulé l'idée d'une université nordique commune qui aurait été située à Gøteborg, en Suède. Il désigne ces deux institutions dont il rêvait sous des noms différents : une haute école danoise et une haute école savante, « l'école pour la vie » et « l'école pour le plaisir ».

« Je parle d'une école vraiment commune, où les enfants de toute classe, toute condition, viendraient un an, deux ans, s'asseoir ensemble avant l'éducation spéciale, et où on n'apprendrait rien autre que la France »[1]. Voilà ce qu'écrivait Michelet dans *Le Peuple*, mais ces paroles auraient pu tout aussi bien être écrites par Grundtvig, en remplaçant le mot « France » par « Danemark ». La haute école populaire, qui devait être une école pour toutes les classes sociales, devait donner des connaissances de base sur ce que représentait la citoyenneté au Danemark. Car comme il l'écrivit dans *L'école pour la vie* en 1838 : « Nous pouvons et devons en effet tous être des citoyens danois éclairés et utiles. »

Tous devaient être des citoyens, mais il ne devait y avoir que peu de savants. Et quand bien même il existait une différence décisive entre la haute école populaire et l'université, celles-ci devaient néanmoins être liées par une forme de cohésion, qui, selon Grundtvig, résultait de la tension et l'interaction qui existaient entre le particulier, c'est-à-dire le singulier, le limité, le présent, d'une part, et, d'autre part, l'universel, c'est-à-dire ce qui était commun à l'espèce humaine. Ces deux formes d'écoles peuvent être définies *grosso modo* de la façon suivante :

1. J. Michelet, *Le peuple*, *op. cit.*, p. 299.

Sorø	Göteborg
Le peuple	L'espèce humaine
La haute école populaire	L'université
Conforme au peuple (*folke-lig*)	Conforme à l'homme universel (*menneske-lig*)
La dimension nationale	La dimension universelle
L'école pour la vie	L'école pour le plaisir

Grundtvig a recours à une hiérarchie des valeurs clairement formulée dans laquelle ce qui constitue la vie du peuple (*folkelighed*) n'est qu'une première étape. Cette culture populaire et le réveil national occupent certes une place centrale dans son action *politique*, mais pour Grundtvig, l'histoire du peuple s'inscrit toujours dans l'histoire commune de l'humanité. Nulle part ailleurs que dans son dernier grand écrit sur l'école de 1847 Grundtvig ne s'exprime plus clairement au sujet de l'objectif de formation qui fait partie intégrante de la vie culturelle du peuple (*folkelighed*). Il souligne ici que le but de ce qui est « populaire » (*folkelig*) est en dernière instance la dimension humaine universelle (*det almenmenneskelige*). Il espère par conséquent que les Danois s'approprieront « tout ce qu'on qualifie d'étranger et qui est pourtant *humain* et, par conséquent, n'exterminera pas ou ne réprimera pas du tout ce qui est conforme au peuple, mais ne fera que compléter ce que la *danité* laisse volontairement ouvert pour ne pas être privée de l'humain universel, dans le cadre duquel tout ce qui est conforme au peuple finira bien sûr par trouver son but et son explication »[1].

La perspective historico-poétique

Grundtvig était particulièrement critique à l'égard de l'anthropologie du siècle des Lumières et il lui opposa une conception qui entraînait une révision du statut des sentiments humains par rapport au raisonnement. Il estimait ainsi qu'une éducation de l'esprit et du cœur était « le seul antidote capable d'anéantir les pires effets de l'éducation dépourvue d'esprit et de cœur issue de l'autodéification du raisonnement, de la suffisance et de l'obstination, et de les atténuer tous »[2]. Il est important de noter à cet égard

1. *Grundtvigs Skoleverden*, éd. K. Eyvin Bugge, Copenhague, G.E.C. Gads Forlag, 1968, vol. 2, p. 234.

2. N. F. S. Grundtvig, *Statsmæssig Oplysning*, Copenhague, Arnold Busck, 1983, p. 33.

que, dans l'optique de Grundtvig, ce n'était pas l'éducation en tant que telle qui était le problème, mais l'autodéification du raisonnement.

La philosophie pédagogique de Grundtvig s'appuie sur une relation étroite entre *l'éducation* et *l'éveil*, et la meilleure manière de nouer cette relation est d'utiliser une approche « historico-poétique » de l'enseignement. Le mot « poésie » vient du grec et signifie « création », et pour Grundtvig, la création n'est pas seulement un événement qui a eu lieu « au commencement », lorsque le monde a été créé, mais elle existe toujours en tant que possibilité dans la vie de chaque être humain comme dans la vie de la société. Pour contribuer au processus de génération et de création de la vie de la société, la pédagogie doit être « historico-poétique ». Seule une méthode pédagogique comme celle-là peut faire apparaître les forces vitales qui existent à l'état latent à chaque époque. Comme il l'a écrit en 1832 dans *La mythologie nordique*, le but de Grundtvig était de « réaliser le grand mariage de l'école : entre le *raisonnement* et la poésie dramatique » [1].

Si l'école se fonde uniquement sur une vision de l'homme et de l'Histoire en accord avec la logique scientifique, la paralysie s'empare d'elle. Une école de ce type est privée d'une relation avec la création, c'est-à-dire la poésie. Cela ne signifie en aucune manière que Grundtvig voulait bannir de l'école les sciences de la nature. L'université de Göteborg devait d'ailleurs avoir deux facultés, l'une consacrée aux sciences de la nature et l'autre à l'histoire, que nous appellerions aujourd'hui « sciences humaines ». Les sciences de la nature et la méthode fondée sur la logique scientifique devaient aussi contribuer à l'éducation concernant la vie. C'est uniquement si on avait recours à cette méthode en affirmant qu'elle était la seule à pouvoir expliquer et dire quelque chose de vrai au sujet du phénomène qu'est la vie, que Grundtvig tirait à boulets rouges.

Pour Grundtvig, la narration est un signe caractéristique de la vie vécue et de l'Histoire. Et plus qu'aucun autre à son époque, Grundtvig était conscient du fait que l'identité personnelle et le patrimoine collectif sont inséparables de la narrativité. La vie de l'homme et la vie de la société sont structurées par les récits qui circulent déjà ou que l'on met en circulation. Dans *L'éducation pour l'État*, Grundtvig souligne qu'à l'école, il faut *raconter* des choses que les élèves ont envie d'entendre, ce qui signifie en même temps qu'ils s'approprient une compréhension du contexte national et universel auquel ils appartiennent.

1. N. F. S. Grundtvig, *Udvalgte Skrifter*, ved Holger Begtrup, vol. 4, *op. cit.*, p. 59.

Dans la philosophie pédagogique de Grundtvig, la conversation, le dialogue et l'échange sont des catégories tout à fait centrales. Il insiste constamment sur l'importance de l'échange *vivant*, par exemple entre le maître et l'élève, entre le passé et le présent, entre la main et la bouche. L'interaction entre la main et la bouche sert à illustrer un principe général qu'il a formulé de la façon suivante : « "La main et la bouche" forment un tout, mais, prises séparément, elles agissent merveilleusement l'une sur l'autre ».

La main entretient un rapport étroit avec la bouche, c'est-à-dire la langue, la vie consciente et la réflexion. Il y a une relation entre le fait élémentaire de « saisir » (*gribe*) dans le sens de « prendre » et le fait de « saisir » (*begribe*) dans le sens de « comprendre », d' « appréhender », qui procède d'une plus grande conscience de soi. Pour Grundtvig, il existe entre les deux façons de « saisir » (*gribe* et *begribe*), entre le corps et la langue, entre la main et la bouche, une relation qui relève presque du miracle. D'une certaine manière, la main et la bouche sont liées, de sorte qu'elles ne peuvent pas se passer l'une de l'autre. Mais elles se situent aussi à des niveaux différents. Entre la main qui saisit (*gribe*) et la langue qui saisit à sa façon (*begribe*), on passe à un niveau de conscience plus élevé. La langue est le plus important moyen que nous ayons pour saisir le monde, car la langue est liée au plus haut degré de conscience, à savoir : la conscience de soi.

L'INFLUENCE DE GRUNDTVIG AU FIL DU TEMPS

C'est en 1844 que la première haute école populaire fut établie, à Rødding, dans le duché de Schleswig, qui faisait alors partie du royaume danois, et plusieurs autres hautes écoles populaires dont le but et la méthode étaient pour l'essentiel inspirées par les idées de Grundtvig furent fondées au cours des années suivantes. C'est toutefois à partir de la défaite du Danemark face à la Prusse et l'Autriche en 1864 que la création de hautes écoles populaires s'accéléra pour de bon. De 1865 à 1872, plus de 60 d'entre elles virent le jour, la plupart fondées sur les idées de Grundtvig. Des hautes écoles populaires furent aussi créées dans les autres pays nordiques : en Norvège en 1864, en Suède en 1868 et en Finlande en 1889. Depuis cette période et jusqu'à aujourd'hui, de nombreuses personnes, dans les pays nordiques et dans le reste du monde, ont puisé leur inspiration dans les idées de Grundtvig concernant l'école.

Cela a été le cas pour le président américain Barack Obama, qui, dans un discours prononcé le 13 mai 2016 devant les premiers ministres nordiques invités à un dîner de gala à la Maison blanche, a souligné l'importance de Grundtvig pour le mouvement américain des droits civiques, sans lequel il n'aurait pas eu lui-même la possibilité de devenir président. Le lien entre Grundtvig et le mouvement des droits civiques a été créé par Myles Horton, du Tennessee, qui, vers 1930 a visité plusieurs hautes écoles populaires au Danemark. Avec quelques autres, Horton a fondé la *Highlander Folk High School* dans le Tennessee, et il en a été le directeur. Cette école a eu une grande importance pour la lutte des noirs américains en faveur de l'égalité des droits. Rosa Parks, Ralph Abernathy, Pete Seeger et Martin Luther King jr., parmi beaucoup d'autres, ont fréquenté l'école de Horton.

Aujourd'hui encore, Grundtvig peut être une source d'inspiration pour ceux qui sont en quête d'autonomisation (*empowerment*), c'est-à-dire qu'il peut donner envie d'exercer une influence sur sa propre vie et d'en porter la responsabilité collectivement avec d'autres.

Ove KORSGAARD [1]

1. Ove Korsgaard est professeur émérite à l'université d'Aarhus (Danemark). Il est spécialiste de Grundtvig et de l'histoire des idées pédagogiques.

INTRODUCTION

Le cœur de cet ouvrage est l'œuvre éducative de Nikolaj Frederik Severin Grundtvig (1783-1872), penseur danois du XIXe siècle dont le nom est récemment sorti de l'anonymat quand il fut choisi pour désigner le volet « Éducation des adultes » du programme européen Socrates 2. L'héritage le plus visible de son œuvre est, en effet, le mouvement des hautes écoles populaires[1] (*folkehøjskoler*), destinées originellement à la formation des jeunes adultes, fondées sous son impulsion et toujours constitutives du paysage éducatif danois, qu'elles ont grandement influencé.

Les six textes présentés datent des années 1830, période la plus riche chez Grundtvig pour l'écriture concernant l'école. Cette période fait suite à trois séjours qu'il fit en Angleterre, entre 1829 et 1831, afin d'étudier les textes anciens anglo-saxons. Grundtvig qui, jusque-là, avait été absorbé par des recherches historiques, linguistiques et religieuses, s'est vu dynamisé par la réalité de la vie sociale en Angleterre qui joua un rôle déclenchant pour la maturation, la synthétisation et l'épanouissement de sa pensée. Lui qui n'avait jamais quitté le Danemark vit ainsi son horizon s'élargir : ce fut un véritable éveil à l'importance de la réalité, qui lui ouvrit des perspectives pour une transposition concrète de ses idées et l'incita à passer à l'action. Les impressions accumulées dans ce pays et les réflexions qu'elles induisirent, engendrèrent ainsi son effort ultérieur dans les domaines politique et éducatif, faisant de lui un personnage actif et reconnu dans la société et non plus ce penseur original, solitaire et incompris qu'il avait été jusque-là.

1. Apparu en 1844, ce mouvement connut un fort développement dans la seconde moitié du XIXe siècle, puis dans les années 1960 à 1980. Depuis les années 2000, le nombre des hautes écoles populaires danoises tourne autour de quatre-vingts.

Le choix des textes pour cet ouvrage a été fait à partir de l'édition anglaise *The School for life*, réalisée par le Centre d'études Grundtvig de l'université d'Aarhus, en 2011[1]. Par souci de rigueur scientifique, ils ont cependant été traduits directement à partir des textes originaux danois, par Marc Auchet, professeur émérite à l'U.F.R.[2] d'études germaniques et nordiques de l'université Paris-Sorbonne. L'un d'entre eux fait exception, « De l'union culturelle du Nord », publié en français à Copenhague en 1962, traduit et commenté par Erica Simon qui fut pionnière en ce domaine dans notre langue, et dont nous avons fidèlement reproduit le texte[3]. Le présent ouvrage constitue donc une toute première édition en langue française des textes essentiels de Grundtvig sur l'école et sur l'éducation. Il s'agit d'une sélection de textes complets ou de parties de ces textes mais non d'extraits, qui ont été sélectionnés de manière à rendre compte des principaux aspects abordés par Grundtvig sur l'éducation, chaque texte illustrant une idée dominante mais l'ensemble de ces idées pouvant néanmoins se retrouver et interférer avec les autres.

La forme des textes correspond, en fait, à une caractéristique de la pensée et de l'œuvre de Grundtvig qui n'est, ni ne se veut construite de manière rationnelle et linéaire. Elle s'enracine dans des recherches fondamentales en mythologie, en histoire et en théologie, mais interagit également avec la vie réelle et s'en nourrit, qu'il s'agisse des domaines personnel, familial, communautaire, mais aussi du contexte politique et social danois. Ses propositions pédagogiques sont donc la résultante d'un faisceau d'idées et d'influences et ne constituent pas une théorie éducative à proprement parler, ce qu'il s'est toujours refusé à élaborer de peur que la vie ne se trouve étouffée par un carcan intellectuel préétabli.

Le lecteur pourra ainsi observer des redondances entre les différents textes, il pourra aussi éprouver une difficulté à saisir un fil conducteur ou à maîtriser l'argumentation de Grundtvig dans son ensemble. Pour répondre à cela, nous nous sommes efforcés d'en faire apparaître les grandes lignes ainsi que des points de référence permettant d'appréhender le sens de sa pensée.

1. *The School for Life, N. F. S. Grundtvig on Education for the People*, éd. E. Broadbridge (trad.), Cl. Warren et U. Jonas, Aarhus, Aarhus University Press, 2011.

2. U.F.R. : Unité de Formation et de Recherche.

3. *De l'Union culturelle du Nord*, texte original de N. F. S. Grundtvig, trad. et commentaire précédés d'une *Introduction à la philosophie de la culture de N. F. S. Grundtvig*, par E. Simon, Copenhague, G. E. C. Gads, 1962.

Un appareil de notes a été conçu à partir de celui de la traduction anglaise et des recherches d'Érica Simon, mais a été adapté et complété dans le souci de donner le plus possible d'indications et de clés au lecteur français, sans toutefois alourdir le texte.

Trois contributions complètent les textes traduits, dans le but à la fois d'expliciter les idées principales de Grundtvig et de les confronter aux conceptions françaises pour en éclaircir le sens. Ove Korsgaard, spécialiste danois de la pensée de Grundtvig, développe le concept de perspective « historico-poétique », fondement de l'idée de la haute école populaire comme de ses pratiques d'enseignement. Il situe aussi cette haute école dans l'ensemble plus large d'une vision scolaire incluant une université commune aux pays nordiques, « système » dont l'ambition est d'éclairer la vie humaine dans toutes ses dimensions. Jean-François Dupeyron décrit la réalité concrète de l'école danoise actuelle, et le sens d'une éducation populaire au Danemark inspirée pour beaucoup par la pensée de Grundtvig, et Christophe Miqueu établit une comparaison de sa conception de l'école danoise avec celle de l'école républicaine française.

Malgré cela, il est important de souligner la difficulté à comprendre Grundtvig à la première lecture. Entrer dans le monde de sa pensée et de son écriture demande une familiarisation progressive avec la tournure de ses phrases, la construction du texte, avec son vocabulaire spécifique, avec les différents domaines de recherche qui l'ont nourri, les concepts qu'il a développés, ses références historiques et mythologiques et avec le contexte danois dans lequel il a évolué et dans lequel vivait le peuple à son époque. Les différents éléments d'explication, de commentaire et d'interprétation proposés dans cet ouvrage ne prétendent qu'à être des points d'appui pour aider le lecteur dans cette démarche.

Fondement historique des propositions éducatives de Grundtvig

Le fait que Grundtvig se soit refusé à construire une théorie éducative ne veut bien sûr pas dire que sa pensée n'ait pas été construite. S'il ne voulut pas édifier un quelconque système intellectuel, c'est que personne, de son point de vue, ne peut prétendre avoir résolu à lui seul et de manière définitive l'énigme que constitue la vie humaine. Il s'efforça cependant d'explorer de manière approfondie tous les domaines accessibles à sa compétence, ceux-ci interagissant, et manifestant finalement une profonde cohérence[1]. Une telle démarche ne peut cependant se faire, selon Grundtvig, sans prise en compte des évènements vécus ni référence à l'histoire, condensé de l'ensemble de l'expérience humaine donnant un sens concret à la réflexion et participant à l'éclaircissement progressif du sens de la vie de l'homme. La raison seule, inscrite dans le présent, ne peut prétendre approcher cette réalité ultime de la vie et l'illusion de son efficacité utilitaire ne contribue, en fait, qu'à conduire l'homme vers le néant. Elle doit être associée à l'histoire, ce qui explique les références multiples qui y sont faites dans tous les textes présentés, révélant la passion de Grundtvig et l'étendue de ses recherches en ce domaine, mais sous-tendant également le développement de ses idées éducatives.

Par ses travaux, Grundtvig cherche moins à rendre compte de la réalité exacte des faits passés qu'à situer l'époque contemporaine dans un courant général de l'histoire. La perception de ce courant est importante du point de vue de la transmission d'un héritage linguistique et culturel, mais aussi par l'enthousiasme que suscite la conscience de la richesse de ce patrimoine et la perception d'une énergie spirituelle traversant la vie des peuples. Grundtvig cherche à donner une forme plus précise à ce courant historique dont il défend l'existence, chaque peuple apportant sa contribution spécifique à ce mouvement en fonction de la richesse de sa civilisation, de la force de sa relation à l'histoire et de son lien avec le cheminement de la pensée chrétienne. Ces contributions sont ainsi jugées plutôt positives ou négatives par Grundtvig, avec la définition de ce qu'il nomme des « peuples principaux »[2], mais sa position sur ce point ira toujours dans le sens d'un assouplissement à mesure de l'évolution de sa pensée.

Par ailleurs, s'appuyant sur une interprétation anthropologique de l'évolution de l'humanité allant dans le sens d'une croissance, Grundtvig considère qu'elle en est maintenant arrivée à l'âge de la vieillesse, dont la caractéristique est de pouvoir transposer les « rêves de sa jeunesse » sur le plan de la raison[3]. Il importe donc que, parvenue à cet âge et au moment de l'accomplissement de sa nature, l'humanité retourne se nourrir des rêves

1. F. Roy, *L. N. Tolstoï et N. F. S. Grundtvig : connaissance et sagesse en éducation*, Thèse de doctorat, Université de Rouen, 2010, 673 pages ; Villeneuve d'Ascq, Atelier National de Reproduction des Thèses, 2013.

2. Voir « De l'union culturelle du Nord », notamment.

3. Selon Grundtvig, la jeunesse de l'humanité correspond à l'Antiquité et est associée à l'imagination, sa maturité au Moyen Âge et au sentiment, et sa vieillesse aux « Temps Modernes ». Il est à noter que la définition temporelle de ces trois périodes historiques ne correspond pas, chez Grundtvig, aux repères habituellement admis : il situe le début du Moyen Âge dès la destruction de Jérusalem, en l'an 70 après J.-C., et le prolonge jusqu'en 1453.

de ses ancêtres, de leur « force vitale » exprimée à travers mythes et poésie, et les concrétise en une pensée réflexive, une philosophie. De cette analyse, Grundtvig tirera de nombreuses conséquences pédagogiques, exprimées ou sous-tendant les propositions qu'il énonce dans ses textes en faveur de l'éducation.

Il définit l'entrée dans l'âge adulte comme la période la plus à même de réaliser ses projets éducatifs : c'est l'époque de la vie où l'enfance et sa caractéristique imaginative sont encore proches, où l'on traverse émotions et sentiments, et où devient progressivement possible un travail de maturation et d'intégration de ces éléments par la raison. La jeunesse est aussi le moment où l'individu prend conscience de lui-même et cherche à trouver sa place dans la société; les connaissances abordées prennent alors sens pour la construction d'un projet de vie personnel et d'une contribution à la vie sociale pour le bien de tous.

Plus largement, Grundtvig associe de manière assez inhabituelle, le sentiment et l'émotion à la possibilité même de l'acquisition des connaissances. Ce sont la joie et l'amour de la vie qui créent une soif d'apprendre, permettent le développement de la compréhension, de l'intelligence et rendent possible l'acquisition de réelles connaissances. Ceci est particulièrement important à l'âge de la jeunesse, durant lequel le sentiment domine, et c'est ce que nie l'esprit latin en imposant un enseignement rationnel, sans lien avec les sentiments personnels de l'élève ou le cœur de son peuple. Non seulement un tel enseignement, plaqué quel que soit l'âge et ne respectant pas l'apparition progressive des différentes étapes du développement est inefficace, mais il ne peut qu'être néfaste pour l'homme.

Ainsi l'histoire et la mythologie, qui constituèrent une source d'énergie et de réconfort pour Grundtvig lui-même – ce qu'il nomme son « délire des Ases » – sont-elles devenues des piliers de l'enseignement des hautes écoles populaires. Ses traductions, à partir de leurs langues d'origine, des trois principales épopées de la mythologie nordique[1], et son *Manuel d'histoire universelle* constituent ses contributions pédagogiques les plus concrètes. Utilisant une langue et des tournures accessibles au peuple, il s'est efforcé par-là de faire œuvre éducative bien que ces textes, dans leur version écrite, n'aient pas remporté le succès escompté par lui. C'est leur transmission orale, dans les hautes écoles populaires notamment, qui les fera connaître et touchera la population danoise, correspondant finalement

1. Il s'agit de la *Saga des rois de Norvège*, de Snorri Sturluson, de la *Chronique du Danemark*, de Saxo Grammaticus, et de l'épopée anglo-saxonne *Beowulf*, traduites à partir du norrois, du latin médiéval et de l'anglo-saxon.

à sa conception selon laquelle ces poèmes auraient été élaborés lors de dialogues et par interaction entre le scalde[1] et le peuple.

Une constante dans la mythologie nordique, et qui marqua Grundtvig, est la présence de la notion et de la réalité du combat : il y voit une caractéristique des peuples du Nord impliquant le développement du courage, mais également une marque de la vie elle-même, qui, sans lutte entre vie et mort, ne correspond pas à la réalité de ce qu'expérimentent les hommes. Étant lui-même confronté à cette réalité, il est convaincu de son exactitude. La nier revient à nier la vie elle-même, le problème étant de trouver le moyen de conférer une valeur positive à cette réalité du combat, la cruauté ou l'esprit de domination en étant des expressions négatives. Grundtvig ambitionne de mettre cette culture de combat au service de la vie, en utilisant dans le domaine culturel l'énergie créatrice dont elle est porteuse, permettant une lutte fraternelle fructueuse et, par l'usage du dialogue notamment, d'en faire un vecteur d'union et d'harmonie.

PRÉSENTATION DES TEXTES CHOISIS

Comme en rend compte la table des matières, l'ordre de présentation des six textes choisis ne suit pas la chronologie de leur conception. Ils rendent plutôt compte d'une « logique » permettant, nous l'espérons, de les rendre plus accessibles au lecteur français. Cependant, cette disposition n'implique pas un ordre de lecture obligatoire. Le lecteur peut se tourner vers l'un ou l'autre en fonction de son intérêt, chaque texte étant introduit par une présentation rapide qui a pour but d'en faciliter l'accès.

Les trois premiers textes développent les idées principales de Grundtvig sur l'éducation.

Sans hésitation, nous avons donné la première place à « *L'école pour la vie* », titre d'un texte de 1838, mais également expression qui acquerra le statut de slogan, non seulement lors des interventions orales de Grundtvig, mais également au sein du mouvement des hautes écoles populaires. Ayant personnellement souffert de l'éducation reçue à l'école latine d'Aarhus[2], Grundtvig prit en effet l'habitude d'opposer ce qu'il nommait « l'école noire » au projet idéal, mais également concret, d'une « école pour la vie ». Il considérait comme « morts » les collèges latins et l'université classique,

1. Ancien poète chanteur scandinave.

2. À partir de 1798, Grundtvig séjourna deux ans dans cette école (*Aarhus Katedralskole*) située dans la seconde ville du pays, au nord du Jutland, pour y préparer le baccalauréat.

soutenus par les luthériens rationalistes, qui proposaient une formation purement livresque, dans laquelle le latin, la grammaire et les mathématiques occupaient une place prépondérante. D'une manière générale, Grundtvig considère que le manque de vie avec lequel sont abordés les enseignements scolaires rend les jeunes gens indifférents, incompétents, apathiques et, par voie de conséquence, réceptifs aux vices de la société. La suprématie de l'apprentissage par cœur développe, quant à elle, un snobisme ridicule chez les enfants de l'élite qui affichent ce que Grundtvig qualifie de « culture de collégien » – une apparente érudition ne constituant qu'un vernis de culture – aux antipodes de la connaissance réelle et vivante qu'il voudrait voir se développer.

Le premier pas, et le plus important selon Grundtvig, pour effectuer cette transformation de l'école est de remplacer ce qu'il nomme « la lettre morte » par la parole vivante, c'est-à-dire l'usage oral de la langue maternelle. C'est à l'écoute des conférences d'Henrik Steffens[1] que Grundtvig ressentit pour la première fois l'enthousiasme porté par la voix, et il en fit lui-même l'expérience lors de conférences intitulées *De mémoire d'homme* (*Mand's minde*) qu'il donna en 1838[2] et dont le succès fut énorme. L'usage de cette parole vivante, sous forme de conférences, par l'usage du dialogue ou du chant, si elle ne se définit pas comme une méthode, constitue néanmoins sa contribution essentielle à la pratique de l'enseignement dans les hautes écoles populaires, où il est même déconseillé de prendre des notes pendant les cours. Le sentiment éprouvé en classe fait que la connaissance sera inscrite dans la vie et restera disponible, quand un savoir purement intellectuel aura tendance à s'oublier. Grundtvig ne rejette pourtant pas la culture écrite qui peut être utile au lecteur pour peu que celui-ci ait fait, au préalable, l'expérience de la parole vivante et soit capable d'approcher le livre de manière poétique[3]. Il envisage aussi la production de livres d'une qualité et d'une envergure nouvelles sur la base d'une langue nourrie de l'énergie du peuple. Un tel enseignement doit, en effet, être pratiqué dans sa langue maternelle, détentrice d'une richesse bien supérieure à celle de l'élite, dont la culture importée de l'étranger et plaquée sur elle, reste superficielle. Le caractère imagé de son vocabulaire, de ses dictons, proverbes, contes et chants constitue un patrimoine inégalé dans la culture classique, et qui pourrait

1. Henrik Steffens (1773-1845) introduisit le romantisme au Danemark par une série de conférences auxquelles assista Grundtvig, au collège Ehlers, durant l'hiver 1802-1803.

2. Elles eurent lieu au Borchs Kollegium au sein de l'université de Copenhague.

3. Voir *infra* le texte de présentation de O. Korsgaard.

combler le fossé creusé par elle entre les classes sociales. Ainsi Grundtvig luttera-t-il pour une réhabilitation de la langue danoise à une époque où elle est méprisée par rapport aux langues « nobles » que sont le latin et l'allemand.

Le contexte de politique intérieure au Danemark, au début du XIXe siècle, explique également l'importance accordée par Grundtvig à l'usage de la langue maternelle au sein d'une haute école populaire. Car c'est au moment où est envisagée la création d'assemblées consultatives au Danemark, en 1834, instances au sein desquelles le peuple serait amené à s'exprimer et à participer activement à la vie de la nation, qu'il en vient à s'interroger sur les moyens de concrétiser ses idées éducatives. C'est la raison pour laquelle Grundtvig fait allusion à de nombreuses reprises à ces institutions dans « *La patrie et la langue maternelle* », dans « *Éducation pour l'État* » et dans « *L'État et l'individu* ».

C'est cependant le contexte de politique extérieure qui va impulser l'apparition concrète des *folkehøjskoler* et entraîner l'ampleur de leur développement. En effet, si la vie culturelle est florissante au Danemark[1], le pays traverse simultanément une période extrêmement délicate sur le plan des relations extérieures. Il est mis par deux fois en échec par l'Angleterre[2], lui faisant perdre sa précieuse flotte ainsi que le royaume de Norvège ; il entre également en conflit par deux fois avec la Prusse, perdant encore une part importante de son territoire et de sa population[3]. Le Danemark passe ainsi d'un statut de puissance européenne à celui d'une petite nation menacée de disparition et dépendant de la protection de ses voisins. Cela eut pour conséquence le renforcement de revendications identitaires, centrées essentiellement sur des questions linguistiques et culturelles, sensibles surtout à proximité des deux duchés frontaliers du Schleswig et du Holstein. Par l'éducation, Grundtvig cherchait donc à restaurer l'identité du peuple danois, à substituer à la force militaire devenue inutile, une force spirituelle et culturelle qui permette, selon la devise adoptée alors, de « reconquérir à l'intérieur ce qui [avait] été perdu à l'extérieur ».

1. Le début du XIXe siècle est considéré comme un « âge d'or » qui donna naissance aux œuvres d'Andersen, de Kierkegaard, et de Grundtvig notamment.

2. Copenhague subit la « bataille de la Rade » le 30 mars 1801, puis un bombardement du 2 au 7 septembre 1807.

3. Un premier conflit éclata en 1848, puis un second en 1864, aboutissant à la perte des duchés du Schleswig-Holstein et du Lauenburg, au sud du Jutland.

La position de Grundtvig, sur ce point, s'inscrit dans le mouvement de revendication nationaliste européen de cette époque, influencé par la pensée romantique, celle de Herder notamment. Certaines pages de Grundtvig, écrites au plus fort de la crise des duchés et sur un ton quelque peu offensif, revêtent indéniablement un caractère nationaliste, au sens péjoratif du terme. Il n'est pas juste, cependant, de ne se baser que sur ces textes pour le qualifier de nationaliste. L'ensemble de son œuvre témoigne, en effet, d'une ouverture d'esprit et de prises de position beaucoup plus nuancées. Le patriotisme dont il est question n'a pas de connotation chauvine, xénophobe, belliqueuse, impérialiste ou simplement étroitement nationaliste. Grundtvig parle plus souvent de « peuple » que de nation ou de patrie, et il défend une position tout à fait personnelle et novatrice, laissant à celui-ci le choix de son adhésion et de sa libre participation à la vie commune[1]. S'il accorde une telle importance à « l'identité du peuple » (*folkelighed*), c'est aussi parce que l'humanité commune à tous n'apparaît que sous une forme culturelle spécifique; le fait de protéger sa propre culture revient donc à protéger aussi ce qui est universellement humain. Il n'y a donc pas contradiction entre ses affirmations vigoureuses en faveur de « la cause du Danemark » – ce petit pays qui est pourtant « celui qui lui convient le mieux » – et le développement d'une conception large de l'humanité. Korsgaard[2] situe la position de la pensée « *folkelig*-universelle » de Grundtvig comme une voie moyenne entre nationalisme et internationalisme, cette position se manifestant concrètement par son rejet à la fois du scandinavisme et du nationalisme allemand.

L'ensemble de cette démarche éducative de Grundtvig s'exprime à travers un concept caractéristique de sa pensée, l'*oplysning* dont il développe le sens dans « *Éducation pour l'État* ». Associée à la notion de peuple (*folk*), l'*oplysning* est même devenue représentative de la conception danoise de l'éducation, y compris dans les instances officielles[3]. Le terme *folkeoplysning* fait référence à « l'éveil » ou l'éducation[4] (*oplysning*) du peuple et c'est dans *Le trèfle à quatre feuilles danois*[5] que Grundtvig

1. Dans l'exemple des duchés, il reconnaissait aux autres nations – y compris allemande – le droit fondamental à la reconnaissance et au respect, quitte à ce que de telles prises de position mettent le Danemark en difficulté.

2. O. Korsgaard, *The Folkelig-Universal*, dans H. Eichberg (dir.), *Schools for life*, Copenhagen, The association of danish Folkehøjskoler, 1992, p. 83-92.

3. Voir, par exemple, J. Carlsen et O. Borga, *Les Folkehøjskoler au Danemark*, Livret publié par le ministère royal des affaires étrangères du Danemark, 1993.

4. Voir *infra* l'avertissement au lecteur « Traduire Grundtvig ou la quadrature du cercle ».

5. De ce texte est tiré « La patrie et la langue maternelle ».

définit la *livs-oplysning* – littéralement « projeter la lumière sur la vie » – comme le but fondamental de l'éducation. Il reconnaît la difficulté de définir cette *oplysning* de manière générale – il y a, en fait, autant d'*oplysning* que d'individus –, mais cet éveil concerne la personne humaine dans la relation qu'elle entretient avec les trois sphères d'expression de son existence, à savoir elle-même, son peuple et l'ensemble de l'humanité. L'ambition du projet de Grundtvig et sa concrétisation dans son programme de haute école[1] (*højskole*) est donc de développer une *oplysning* complète de l'être humain. La *folkeoplysning*, ou l'éveil d'un peuple à son identité propre, est également un prérequis à la vie démocratique, l'éducation ne représentant qu'une partie de ce qu'elle englobe et qui nourrit l'ensemble de la vie culturelle.

S'il est vrai que l'apparition de ce concept est liée au contexte historique et culturel nordique, en dehors duquel il fut longtemps réputé insaisissable, il n'est pas non plus un concept éducatif dont la signification serait immuablement reconnue et acceptée par tous. Plus qu'un principe ou une institution, la *folkeoplysning* ne repose sur une interprétation figée ni du terme de « peuple » – dans ses dimensions sociale, politique et culturelle – ni de celui d'*oplysning* qui peut être envisagé de différents points de vue, pédagogique, psychologique, sociologique, culturel, politique, religieux, voire mystique. Ainsi ouvert aux interprétations, elle est un concept dynamique, qui constitue un « champ de bataille » du monde de l'éducation scandinave. Malgré un consensus sur des points essentiels, il y eut toujours tension, dans les hautes écoles populaires, entre éducation, culture et formation, entre transmission de connaissances et éveil intellectuel, émotionnel ou spirituel, tous choix pédagogiques liés à une conception particulière de la *folkeoplysning*.

Trois textes présentés ensuite sont relatifs aux projets concrets que Grundtvig envisagea pour l'éducation au Danemark. Comme de nombreux de ses écrits à cette époque, « *Idée d'une haute école royale danoise* » expose la possibilité et l'espoir qu'il voit d'une réalisation de ses projets éducatifs dans l'ancienne académie de Sorø[2]. De jeunes gens issus de toutes les couches de la société y renoueraient avec leurs racines culturelles par la pratique de la langue danoise et l'approfondissement de leur histoire

1. Voir *infra*, dans le texte de présentation de O. Korsgaard, le paragraphe « La haute école populaire et l'université ».

2. Institution fondée en 1623 dans cette petite ville de l'île de Seeland, par le roi Christian IV, et destinée à former les jeunes aristocrates. Sa réouverture, décidée en 1822 et effective en 1826, donna lieu à différents projets, dont celui de Grundtvig.

et de leur patrimoine littéraire, tout en acquérant des connaissances relatives au fonctionnement concret des institutions du pays.

Dans « De l'union culturelle du Nord », Grundtvig conçoit une collaboration de cette haute école nationale avec une université nordique, ou « haute école d'humanité », commune à tous les pays scandinaves et concurrente des autres grandes universités européennes, destinée à éclairer par la connaissance et autant que possible, tous les aspects de la vie humaine. Comme en écho à son souhait de ne pas risquer une fossilisation de « l'école pour la vie », les propositions de Grundtvig relatives à la restructuration de l'Académie de Sorø ne purent aboutir, pas plus que l'Université nordique, couronnement de ses ambitions éducatives ; elles laissèrent cependant la place à de multiples projets de hautes écoles modestes et d'initiative privée, à travers tout le pays.

Bien que l'intérêt de Grundtvig se soit moins porté sur l'éducation enfantine, nous avons également voulu présenter un texte relatif à sa pensée concernant « L'école communale ». En cohérence avec les idées énoncées précédemment, et en fonction du contexte danois où l'instruction du peuple est déjà mise en œuvre[1], Grundtvig conçoit une école adaptée aux capacités enfantines d'imagination et de sentiment, qui veille à un équilibre entre développement intellectuel et activités concrètes, qui nourrisse les enfants des expériences de leurs ancêtres et de leurs contemporains pour leur bien propre et pour celui de leur pays. Il envisage que soient transmis les premiers enseignements par l'entourage de l'enfant puis dans un environnement familial élargi ; comparée à ce contexte naturel et chaleureux, une école primaire d'État lui semble une institution de dressage. Il revient donc aux hautes écoles populaires et à l'université nordique de reproduire une ambiance cordiale et bienveillante à l'égard des jeunes qu'elles accueillent, un mode relationnel dépourvu de rigidité et de formalisme, amical mais néanmoins respectueux que Grundtvig avait observé dans les universités anglaises et qui l'avait profondément impressionné.

Le dernier texte proposé, « La foi est-elle vraiment une matière scolaire ? », développe la question de l'enseignement de la religion à l'école. De nombreux aspects de la pensée éducative de Grundtvig trouvent un fondement théologique, et c'est bien l'interprétation qu'il fait de la Genèse et de l'attention que Dieu accorda à la vie humaine avant même de se préoccuper de sa rédemption, qui l'amène à développer une conception

1. Une loi d'obligation scolaire fut adoptée dès 1814 pour les enfants de 7 à 14 ans, garçons et filles.

sécularisée de l'école dont le but est de nourrir la vie terrestre par la culture, quand l'Église se préoccupe de la vie éternelle. Le projet d'école pour la vie est ainsi le reflet d'une vision positive de l'homme et de la valeur de sa vie sur terre, une pleine liberté lui étant laissée ensuite de se tourner ou non vers la religion.

ÉCRITURE DE GRUNDTVIG

S'il est difficile de cerner de façon très précise quelle fut l'influence de Grundtvig sur son époque, ses écrits relevant davantage de l'impulsion poétique que de l'organisation pédagogique ou administrative, il est certain qu'il contribua à redonner au peuple confiance en ses propres ressources, ainsi qu'à élever le niveau culturel des paysans et stimuler leur participation future à la vie culturelle et sociale du pays.

C'est en effet par la poésie et par le chant que Grundtvig est le plus connu et que les Danois, aujourd'hui encore, perçoivent sa pensée sans forcément en connaître le détail. Bien que nous ayons fait le choix de ne pas traduire les grands poèmes qui accompagnent certains des textes choisis, le lecteur peut percevoir le côté « poétique »[1] de l'expression de Grundtvig par les vers dont il ponctue son argumentation, par les images qu'il emploie, les proverbes qu'il cite, à travers les mots concrets qu'il utilise pour décrire des abstractions ou des principes. Grundtvig utilise aussi des éléments de sa vie personnelle ou de celle du pays pour étayer son exposé, il exprime les arguments de ses opposants pour les contrer, et il conclut souvent ses textes par des envolées enthousiastes fondées sur la mythologie. La lecture de Grundtvig demande donc d'allier une compréhension de sa pensée par interprétation rationnelle à une perception sensible de l'impulsion traversant son œuvre qui n'en trahisse pas le sens, posture peu habituelle dans notre culture. Sans doute convient-il de se rappeler, en le lisant, que c'est par voie orale que la vigueur de sa pensée a pu se transmettre d'une manière vivante, joyeuse et chaleureuse, encore sensible dans les écoles danoises, à l'heure actuelle.

Cet ouvrage ne constitue qu'un premier pas pour la connaissance de Grundtvig en France, une entrée dans ce monde vaste qui fait encore l'objet de recherches, de découvertes et d'ouvertures infinies au Danemark. Il a été conçu avec le souci, et l'ambition, de constituer une référence suffisamment solide pour servir de point d'appui à de futures recherches, et

1. Voir *supra*, dans le texte de présentation de O. Korsgaard, le paragraphe « La perspective historico-poétique ».

nous espérons que la collaboration à la fois intense et « enthousiaste » qui a soutenu ce projet, l'aura permis. Son intérêt pour le lecteur français peut se situer en philosophie ou en histoire des idées éducatives, mais également nourrir une réflexion sur l'école contemporaine. Si le développement de la pensée de Grundtvig est intimement lié au contexte dans lequel il a évolué, sans lequel il est effectivement impossible de la comprendre réellement, son caractère universel permet de voir en elle un éclairage possible de nos interrogations contemporaines, de même qu'elle sert toujours de point de repère et de base de réflexion pour l'orientation pédagogique des hautes écoles populaires actuelles. Ainsi, en cohérence avec le souhait de Grundtvig que leur séjour dans une haute école populaire constitue un tremplin pour la vie entière des jeunes Danois, peut-on espérer que cet ouvrage aide non seulement à le comprendre, mais également à ouvrir des perspectives pour la pensée et pour l'action.

France ROY

Avertissement

TRADUIRE GRUNDTVIG OU LA QUADRATURE DU CERCLE

Le plus célèbre des initiateurs du mouvement des hautes écoles populaires suscite toujours de l'intérêt, au Danemark et ailleurs, mais ceux qui cherchent à analyser son œuvre écrite ne cachent pas qu'il s'agit d'un travail ardu. Il y a quelques années, un volumineux recueil de textes de N. F. S. Grundtvig de diverses natures a ainsi été publié en Allemagne sous le titre *N. F. S. Grundtvig : Schriften in Auswahl*, et le propos liminaire qui figure au début de l'ouvrage mentionne clairement les obstacles rencontrés par l'équipe de traducteurs : « La tâche n'a pas été facile… nous nous sommes bien souvent trouvés face à la quadrature du cercle »[1]. Quelques pages plus loin, c'est la langue et le style de Grundtvig qui sont directement mis en cause : « Grundtvig est difficile à comprendre. On croit le comprendre et voilà qu'on découvre que ce n'est pas le cas »[2].

Presque au même moment, une anthologie de 440 pages très denses, composée uniquement de textes reflétant les idées pédagogiques de Grundtvig paraissait en Grande-Bretagne. Là aussi, le traducteur a jugé utile d'avertir ses lecteurs de la complexité de l'entreprise : « bien que Grundtvig soit l'un des Danois ayant exercé la plus grande influence, son

1. N. F. S. Grundtvig, *Schriften in Auswahl*, éd. K. Eyvin Bugge, F. Lundgreeen-Nielsen et Th. Jørgensen, Göttingen, Vandenhoeck & Ruprecht, 2010, p. 6. L'ouvrage compte près de 1000 pages denses.

2. *Ibid.*, p. 17.

œuvre est relativement difficile à comprendre pour le lecteur moderne »[1]. Il signale par la même occasion que « les textes écrits par [Grundtvig] qui nous sont connus sont au nombre de 1475 et représentent 35000 pages », et il ajoute un commentaire éloquent :

> Bien que presque toutes ses phrases en prose comptent entre 100 et 150 mots, sa syntaxe est compliquée, sa langue souvent obscure, et ses nombreuses références n'évoquent souvent plus rien de nos jours. C'est la raison pour laquelle la plupart de ses œuvres sont rarement lues, même en danois, et ceux qui les lisent ont la plupart du temps une formation universitaire de base et même au-delà[2].

Ces remarques sur Grundtvig en tant que prosateur ne s'appliquent toutefois pas au poète : « d'un autre côté, ses hymnes et ses chants sont largement connus et chantés, et ils jouissent d'un profond respect »[3].

Du côté français, notre plus ancienne et, jusqu'à ce jour, meilleure référence[4], est Érica Simon. Professeure de langues et littératures scandinaves à l'université de Lyon de 1963 à 1978, décédée en 1993, elle est l'auteure d'une thèse d'État qui a fait date et a été publiée en 1960 : *Réveil National et Culture Populaire en Scandinavie. La genèse de la højskole nordique 1844-1878*[5]. Deux ans plus tard, elle éditait le seul texte de Grundtvig de quelque envergure jamais traduit dans notre langue, dans une version bilingue : *De l'union culturelle du Nord*[6]. La première moitié de cet ouvrage est consacrée à une « Introduction à la philosophie de la culture de N. F. S. Grundtvig », dans laquelle elle analyse de façon très détaillée plusieurs thèmes centraux de la pensée de Grundtvig. Ses remarques sur les questions linguistiques vont dans le même sens que celles des traducteurs allemands et anglais cités ci-dessus. S'agissant du texte qu'elle a choisi, elle estime toutefois qu'il a « des qualités qui sont rares chez Grundtvig :

1. *The School for Life, N. F. S Grundtvig on Education for the People*, éd. E. Broadbridge, C. Warren et U. Jonas, trad. angl. E. Broadbridge, Aarhus, Aarhus University Press, 2011, p. 8.

2. *Ibid.*, p. 8-9. La plus longue phrase qui figure dans l'anthologie en question ne compte pas moins de 195 mots dans l'original danois. Elle se trouve dans le texte « La foi est-elle vraiment une matière scolaire ? ».

3. *Ibid.*, p. 9.

4. Il y a lieu de mentionner aussi l'excellente thèse de F. Roy sur *L. N. Tolstoï et N. F. S. Grundtvig : connaissance et sagesse en éducation*, publiée en 2010 par l'Atelier National de Reproduction des Thèses.

5. Paris, P.U.F.

6. *De l'Union culturelle du Nord*, texte original de N. F. S. Grundtvig, trad. et commentaire précédés d'une Introduction à la philosophie de la culture de N. F. S. Grundtvig par E. Simon, Copenhague, G.E.C Gads Forlag, 1962.

une certaine clarté et de la concision dans l'exposé des idées. Et surtout, [...] la langue, quoique bien grundtvigienne, est cependant moins incompréhensible qu'elle ne l'est en général »[1]. Elle trouve globalement que le style de Grundtvig

> offre des difficultés insurmontables, et cela non pas seulement pour le traducteur. Même les compatriotes de Grundtvig comprennent difficilement une langue dans laquelle les mots les plus courants prennent une signification nouvelle et inattendue, une langue qui crée de toutes pièces des termes dont le sens reste obscur pour celui qui n'a pas une longue familiarité avec l'auteur...

Il s'agit, non pas d'une « pensée analytique et discursive », mais d'une « vision prophétique du monde ». Érica Simon va jusqu'à dire que « cette langue reste impénétrable même pour les exégètes de Grundtvig »[2], et elle se rallie de toute façon globalement à l'avis d'un grand spécialiste danois du fondateur des *folkehøjskoler*, selon lequel « il faut être Danois pour le comprendre »[3].

Ce jugement sévère et sans appel mérite sans doute d'être un peu nuancé. De par son intime connaissance des textes, Érica Simon a acquis une perception aiguë des problèmes que pose la pensée de Grundtvig, et le travail d'une grande précision qu'elle a effectué sur l'opuscule *De l'Union culturelle du Nord* lui a donné l'occasion de formuler d'importantes réflexions sur la langue de son auteur et, du même coup, sur le défi que celle-ci représente pour le traducteur. Lorsqu'on lit les pages qu'elle consacre à cette problématique dans son prologue et qu'on examine la version française qu'elle a donnée de ce traité, on s'aperçoit qu'elle se situe assez curieusement à la fois dans la tradition des traducteurs « sourciers » et celle des « ciblistes », les uns tenant compte avant tout du texte de départ, et les autres cherchant à fournir un texte plus souple, surtout respectueux des usages propres à la langue d'arrivée. La traduction d'Érica Simon est ainsi en quelque sorte à mi-chemin entre la stratégie adoptée par les traducteurs allemands, d'une part, et anglais, d'autre part, mentionnés précédemment.

Au point de vue lexical, l'allemand est souvent très proche du danois. Des mots comme « folkelig » (*volklich*), « borgerlig » (*bürgerlich*) ou « *videnskabelig* » (wissenschaftlich), pour ne citer que trois mots-clés qui reviennent constamment sous la plume de Grundtvig, ne posent aucun problème au traducteur allemand, alors que la traduction française ou

1. *Ibid.*, p. 11.
2. *Ibid.*, p. 11-12.
3. *Ibid.*, p. 18. Il s'agit de Hal Koch.

anglaise a recours à des équivalents parfois approximatifs. On pourrait citer aussi «*oplysning*», qui se traduit tout naturellement par « Aufklärung » dans la langue de Goethe, mais dont la polysémie, présente de toute façon dans les deux langues, est encore accentuée par le flou dont Grundtvig a volontairement entouré cette notion. La traduction anglaise rend souvent «*oplysning*» par «enlightenment», là où nous avons fréquemment choisi le mot «éducation», plutôt que «lumières», qui oriente trop la pensée vers le rationalisme du XVIIIe siècle. Érica Simon s'attarde longuement sur le mot «*videnskabelighed*», qui est au cœur du texte qu'elle a choisi. Son analyse très fouillée l'a amenée à utiliser – « par commodité» et «faute de mieux»[1] – la notion de «culture», mais s'il fallait se livrer à une étude aussi poussée à chaque fois qu'on veut traduire cette « langue qui ne s'éclaire qu'à travers l'ensemble de la pensée grundtvigienne»[2], ce travail d'investigation aurait de quoi faire reculer les plus motivés. Pour ce qui est de la terminologie, Érica Simon a adopté une démarche nettement «cibliste», puisqu'elle n'a pas hésité à s'émanciper du texte original pour en retirer sa « substantifique moelle » et procéder à des transpositions pour restituer au mieux l'intention de l'auteur.

Au point de vue syntaxique, la stratégie d'Érica Simon est en revanche plutôt celle d'un « sourcier ». Elle estime avoir respecté « scrupuleusement, dans toute la mesure du possible, les singularités de la langue grundtvigienne»[3]. En consultant le texte français tel qu'elle l'a édité en 1962, le lecteur peut ainsi se rendre compte de la longueur des paragraphes du texte danois original. En réalité, il n'est pas rare de rencontrer sous la plume de Grundtvig des paragraphes qui occupent une page entière, voire plus. On retrouve cette particularité typographique – des blocs de texte très indigestes – dans *Schriften in Auswahl* et, d'une façon générale, l'allemand s'accommode bien de la syntaxe souvent lourde de la prose grundtvigienne.

Quant à lui, le traducteur anglais de *The School for Life* a adopté une démarche délibérément « cibliste ». Il s'est efforcé « de ne pas reproduire la difficulté des textes originaux, mais de les rendre dans un anglais britannique moderne accessible à l'érudit comme au lecteur intéressé »[4]. Un de ses choix a consisté à aérer le texte, en créant des paragraphes plus courts. Nous l'avons suivi en partie sur ce point, y compris dans le texte traduit par Érica Simon, de façon à rendre le texte plus lisible sans en

1. *De l'Union culturelle du Nord*, *op. cit.*, p. 36.
2. *Ibid.*, p. 12.
3. *Ibid.*, p. 23.
4. *The School for Life, N.F.S Grundtvig on Education for the People*, *op. cit.*, p. 8.

modifier le sens[1]. Ce qu'Edward Broadbridge gagne en lisibilité, il le perd toutefois en fidélité à la voix de l'auteur. Il précise bien qu'il a tenté en même temps de « conserver la force et l'originalité » des textes de son anthologie, mais on a un peu de mal à le suivre lorsqu'il ajoute qu'il a aussi gardé « l'atmosphère de l'époque à laquelle Grundtvig vivait »[2]. C'est précisément l'option que nous avons choisie dès le départ, considérant que c'est dans ces phrases interminables et cette syntaxe contournée que l'auteur a exprimé sa pensée. Son style a beaucoup dérouté ses contemporains et les a souvent choqués, mais il apporte aussi un témoignage sur le climat intellectuel de cette époque au Danemark. Nous n'avons pas voulu gommer cette dimension. Nous espérons que cette double fidélité, au sens et au style, fournira au lecteur une expérience de lecture un peu semblable à celle que fait un Danois lorsqu'il lit la prose de Grundtvig.

Dans son prologue, Érica Simon pose la question quelque peu rhétorique de savoir s'il vaut vraiment la peine de consacrer beaucoup d'énergie à l'analyse d'une pensée aussi difficile à cerner, et elle répond qu'elle reconnaît de toute façon à « ces étranges constructions d'idées » un « intérêt historique » qui, « pour ce qui est de l'originalité, peut bien soutenir la comparaison avec celle d'un Montaigne, d'un Rabelais, d'un Rousseau », mais ce qui, à ses yeux, compte davantage encore, c'est que « cette pédagogie comporte des aspects qui mériteraient d'être pris en considération dans les discussions sur les grands problèmes actuels de la pédagogie politique »[3]. Un peu plus de cinquante ans plus tard, nous sommes d'avis, comme Érica Simon, que les idées de Grundtvig – elle ajoutait prudemment : « si on les dégage de leur gangue "grundtvigienne" » – peuvent encore donner à réfléchir aujourd'hui, et cela même en dehors de la Scandinavie[4]. Cette conviction – à cette différence près que le lecteur trouvera ici à la fois la « gangue » et le noyau – justifie à elle seule la publication du présent ouvrage. Mais il faudrait être bien présomptueux pour prétendre que la traduction proposée a résolu tous les problèmes que d'aucuns ont comparés à la « quadrature du cercle ».

Marc AUCHET

1. Autre modification d'ordre typographique : nous avons supprimé les italiques, sauf en ce qui concerne les mots en langue étrangère.

2. *The School for Life, N.F.S Grundtvig on Education for the People*, *op. cit.*, p. 8.

3. *Ibid.*, p. 15.

4. *Ibid.*, p. 16.

N. F. S. GRUNDTVIG

L'ÉCOLE POUR LA VIE (1838)

LA PATRIE ET LA LANGUE MATERNELLE (1836)

L'ÉDUCATION POUR L'ÉTAT (1834)

IDÉE D'UNE HAUTE ÉCOLE ROYALE DANOISE (1840)

DE L'UNION CULTURELLE DU NORD (1839)

LA FOI EST-ELLE VRAIMENT
UNE MATIÈRE SCOLAIRE ? (1836)

L'ÉCOLE POUR LA VIE

PRÉSENTATION

Nous avons choisi sans hésitation de placer en tête de cette anthologie le texte intitulé « *L'école pour la vie* » (*Skolen for livet*) en raison de son importance dans l'œuvre de Grundtvig. Dans ce plaidoyer rédigé en 1838 et présenté ici sans son complément *L'Académie de Sorø*, Grundtvig présente les grandes lignes de sa conception de l'école et de l'éducation, afin d'éclairer le futur Roi Christian VIII avec qui il vient de s'entretenir à ce sujet. Le texte a pour fonction d'appuyer et de préciser le projet de réforme scolaire auquel pense Grundtvig, et qui consiste essentiellement en la création espérée d'une haute école populaire. Celui-ci fait d'ailleurs allusion aux quatre assemblées provinciales consultatives qui se réunirent en 1835 et en 1836 et qui servirent de caisse de résonance aux idées libérales portées par la Révolution française de 1830 : les assemblées de Roskilde et de Viborg se prononcèrent en faveur de l'émergence d'une telle haute école populaire. Grundtvig avait espéré que ce projet verrait le jour à Sorø, où existait déjà un collège (une *Akademi*) pour l'élite nationale, que Grundtvig proposa au Roi de transformer en haute école. La mort de Christian VIII en 1848 fit échouer ce projet. En fait, la première haute école populaire ouvrit en 1844 à Rødding dans une ferme acquise grâce à une souscription, dans le contexte de réveil national face à l'expansion germanique menaçant le Sud du Danemark, sans que Grundtvig ait été directement associé à cette entreprise.

Pour comprendre ce que signifie le concept majeur d'école pour la vie, il faut se référer tout d'abord au schéma scolaire que Grundtvig a en tête à ce stade de son œuvre : il conçoit l'existence de trois types d'écoles alignées sur trois formes de vie. L'école religieuse doit correspondre à la vie spirituelle, l'école universitaire à la vie savante et l'école pour la vie à la vie patriotique de citoyen danois, la seule vie que tous peuvent et doivent vivre. La double référence de l'école pour la vie est donc la vie civique nationale, ainsi que la vie pratique, la vie de tous les jours, lesquelles se nourrissent de tout ce qui peut être dispensé par la langue maternelle, entre autres la mythologie nordique, l'amour de la patrie et la « connaissance vivante du peuple et du pays ». La haute école doit donc être le lieu où l'on cultive au cœur du peuple la danité en protégeant celle-ci des influences mortifères portées par les études classiques et par la germanisation d'une partie des élites danoises.

Ainsi, dans l'école pour la vie, les élèves ne se préparent pas prioritairement à devenir « savants » ou à observer scrupuleusement les préceptes chrétiens, ils renforcent leurs aptitudes à vivre leur vie de femme, d'homme et de citoyen danois. C'est pourquoi Grundtvig dénonce si violemment la suprématie de son contraire, à savoir l'école pour la mort (*skolen for døden*). Il s'agit là d'une opposition fondamentale : l'école pour la mort est une école purement livresque, savante, scolastique, pédante, élitiste, obsédée par les examens et par les langues mortes (le latin, prioritairement) alors que « les lettres de l'alphabet auxquelles on sacrifie la vie des enfants et desquelles on attend des fruits éternels, sont mortes et impuissantes ». Les effets de cette école sont grandement préjudiciables parce qu'elle ne correspond pas à la vie nationale danoise et qu'elle coupe artificiellement l'esprit du corps : elle anéantit donc la vitalité des jeunes Danois et elle oppresse leur cœur sans leur apporter autre chose qu'une « science de collégiens », autrement dit un maigre savoir desséché et inutile.

A contrario, l'école pour la vie doit dispenser une éducation patriotique en langue danoise, alignée sur les besoins de la vie nationale et non sur le projet chimérique de création d'une autre vie. En ce sens, elle est animée par « un amour plus fort pour quelque chose qui place la vie bien au-dessus des livres et se fond avec la langue maternelle ». Cette école pour la vie, dont le peuple danois a tant besoin et dont la femme danoise ressent plus fortement encore la nécessité, c'est la haute école populaire danoise (*folkehøjskole*), cette « haute école pour la vie du peuple et du citoyen » qui n'a pas pour but l'éducation en elle-même, mais la vie telle qu'elle est véritablement, celle que vivent les citoyens danois et à laquelle elle doit les faire réfléchir afin qu'ils soient « éclairés et utiles » pour leur société, leur roi et leur patrie. On y parle et on y pense exclusivement « en danois » afin de fortifier la « voix du peuple » et de concrétiser l'égalité dans les « dispositions à l'éducation », en s'adressant notamment au paysannat. Sous l'action de cette école patriotique, l'égale participation de tous à la vie civique sera assurée et le Danemark poursuivra son histoire en tant que royaume libre.

Dans ce texte se trouvent les fondements généraux de cette institution singulière qui aujourd'hui encore fait la fierté de bien des Danois : la haute école populaire, cet internat pour jeunes adultes ne délivrant aucun diplôme ni aucune qualification professionnelle, mais proposant une libre éducation pour tous et une vitalisation du sentiment communautaire. Le lecteur veillera donc à ne pas confondre cette haute école avec l'école primaire, qui assurait au Danemark une instruction obligatoire depuis 1814 : le recrutement de la haute école ne commence qu'après les études primaires et peut se faire tout au long de la vie (à l'origine, seulement de 18 à 25 ans). Toutefois on peut aussi trouver dans les conceptions pédagogiques grundtvigiennes, en dépit de leur manque volontaire de précision, les germes de l'éducation dispensée actuellement dans la *folkeskole* danoise (l'école primaire, qu'elle soit publique ou privée), entre autres dans son goût pour une vie communautaire et inclusive, pour la pratique d'activités non scolastiques (cuisiner, travailler le bois, créer, coudre, etc.), pour la culture danoise (beaucoup de chants et de poèmes du répertoire scolaire ont été écrits par Grundtvig lui-même) et pour le respect inconditionnel du corps, de la personne et de l'expérience libre de l'enfant, tandis que l'exaltation de la « parole vivante » y rappelle constamment l'influence grundtvigienne.

Jean-François DUPEYRON

L'ÉCOLE POUR LA VIE
(1838)

... parler de la Parure du Danemark,
Quand elle somnole !
La chanson de Thyra[1]

Nous ne connaissons malheureusement que trop bien l'école pour la mort, et nous ne sommes d'ailleurs pas les seuls à la connaître, nous qui avons fréquenté l'école qui met un point d'honneur à reposer sur « les langues mortes » et professe que la perfection grammaticale et l'exhaustivité lexicale sont l'idéal qu'elle s'efforce d'atteindre, au détriment de la

1. La *Chanson de Thyra Danebod*, poème dont Grundtvig écrivit la première version en 1816, est une réécriture d'une chanson de Laurids Olufsen Kok intitulé *Chanson du Dannevirke* et publiée en 1695. Ce poème, qu'on peut considérer comme une sorte de Marseillaise danoise, commence par ces lignes : « Le Danemark, prairie et pré des plus charmants, / entouré de vagues bleues... ». Il y est question de Thyra, épouse du roi Gorm l'Ancien, morte vers l'an 950. Son nom figure sur la petite pierre runique que Gorm a fait ériger à sa mémoire à Jelling, haut lieu de l'histoire danoise. Située tout à côté, l'autre pierre runique, nettement plus grande, rappelle le souvenir de Gorm et de Thyra et elle a été érigée par leur fils Harald-à-la-dent-bleue. Le nom de Thyra Danebod a donné lieu à de nombreuses spéculations. On a longtemps pensé que *Danebod* signifiait que la reine était la « parure » du royaume, mais une autre interprétation fait allusion au rôle politique qu'elle aurait joué en « secourant » le pays. Thyra est mentionnée dans les *Gesta Danorum* de Saxo Grammaticus, rédigées vers l'an 1200, qui lui attribuent la construction du *Dannevirke*, ligne de fortifications d'une trentaine de kilomètres destinée à protéger la frontière sud du Danemark contre les intrusions de l'empire carolingien. Les fouilles réalisées sur place ont montré qu'il s'agit d'un mythe, les travaux du *Dannevirke* ayant sans doute commencé quelque 300 ans avant la reine Thyra et s'étant prolongés sur une assez longue période. À l'époque de Grundtvig et du romantisme national, Thyra a joué un rôle symbolique important, comme étant la gardienne de la frontière, incarnation de l'idéal féminin de l'époque, à la fois mère et reine.

vie et en sacrifiant celle-ci. En effet, chez nous, le peuple tout entier connaît l'école pour la mort, car aucune des écoles qui commencent par les lettres de l'alphabet et finissent par une connaissance livresque, grande ou petite, ne fait exception. Cette remarque concerne par conséquent tout ce qu'on a appelé école durant de nombreux siècles, et tout ce qu'on appelle encore ainsi. Toutes les lettres de l'alphabet sont effectivement mortes, qu'on les écrive avec des doigts d'ange ou des plumes d'étoiles, et toute connaissance livresque est morte, si elle ne coïncide pas chez le lecteur avec une vie qui lui correspond. Et ce ne sont pas seulement les mathématiques et la grammaire qui ont un effet abrutissant et mortifère, c'est aussi tout le travail auquel on soumet une tête d'enfant avant que le cerveau se soit développé normalement en même temps que le reste du corps, et avant que la vie, intérieure aussi bien qu'extérieure, nous soit devenue assez familière pour que nous puissions la retrouver dans la description qu'on en fait, et que nous sentions un désir naturel d'être éclairés quant aux circonstances qui lui sont propres. Si, par conséquent, nous voulons inculquer aux enfants l'ordre, le calme, la réflexion et la sagesse de la vieillesse, nous ne faisons que leur inculquer la mort de l'âme et du corps qui provient de la faiblesse de la vieillesse. Chez un grand nombre d'entre eux nous ne faisons qu'anéantir toute force vitale, si bien qu'ils s'estompent comme des ombres, alors qu'ils ne sont encore que des adolescents, et le travail que nous faisons en eux tous détruit la nature humaine en s'opposant à ses lois. Donc, même si la vie animale l'emporte, elle ne trouve en nous, habituellement, dans sa force juvénile, que la vie humaine sous la forme d'un vieillard dépourvu de naturel, uniquement capable, dans son journal intime, de décrire et de condamner sa condition quotidienne d'esclave soumis au joug de l'animalité. Ce n'est pas du tout une lubie de ma part, ni simplement une remarque attristée venant de médecins compétents et philanthropes, en particulier en Angleterre et en Amérique. C'est aussi une vérité que l'expérience quotidienne et chaque page de l'histoire moderne révèlent et confirment à tout œil humain ouvert. L'erreur fondamentale qui explique cette rage de l'école pour une science de collégiens, ou, plus exactement, pour les dieux souterrains, vient, comme les médecins anglais le font remarquer fort justement, de ce qu'on s'imagine qu'il y a une opposition entre l'âme et le corps, de sorte que l'âme doit gagner ce que le corps perd.

Bien que cette opposition, pas plus que les conséquences qu'on en a tirées, ne soit pas dans l'esprit du christianisme, sa lettre et son ombre ont incontestablement servi à sanctifier l'un et l'autre, sachant que lorsque l'école nous déposait dans la tombe ou déformait notre saine nature humaine et consumait notre force vitale, nos pères se consolaient manifestement à l'idée que c'était uniquement notre corps qui était tué, que seule notre nature entièrement corrompue était soumise à mauvais traitement, et qu'une fois que nous avions appris notre catéchisme et la langue de la Bible en compagnie des meilleurs, nous avions obtenu du même coup la garantie de la vie éternelle, et la mort physique, loin de nous en séparer, était le seul chemin et la voie d'accès qui y mènent. Cette superstition à l'apparence chrétienne est sûrement loin d'accabler ou de consoler beaucoup de gens, de nos jours, mais ce que nos pères attribuaient en particulier au christianisme qu'on peut apprendre dans les livres et imposer aux enfants, on l'attribue maintenant à toute la connaissance livresque et à la réflexion mécanique, comme si elles devaient être un gain éternel pour l'âme, quels que soient ici-bas leur inutilité ou leur caractère néfaste à la fois pour l'âme et le corps, pour toute l'habileté pour laquelle la vie humaine a des dispositions, et pour toute l'activité sur laquelle reposent à l'évidence notre bien-être matériel, notre gaieté et notre bon sens, conformément à la volonté de la Providence et à notre constitution naturelle !

Là où règne ce parti pris contre-nature pour la mort, il est certain qu'il est inutile de défendre la vie noir sur blanc ou d'énumérer les péchés mortels de l'école, mais nous qui, grâce à notre force naturelle ou à des circonstances particulièrement favorables, avons gardé suffisamment de force vitale humaine pour survivre à cette maladie, et qui voyons comment l'école travaille à la destruction des derniers restes de notre glorieuse nature, de sorte que tous les gens cultivés sont obligés de devenir esclaves de l'animalité qui est en eux et de la barbarie qui est en dehors d'eux, nous ne pouvons rien faire d'autre que de témoigner, exhorter et prévenir, d'abord par nos paroles et notre exemple, dans toute la mesure du possible, et ensuite par la plume, pour montrer au moins à quel point les lettres de l'alphabet auxquelles on sacrifie la vie des enfants et desquelles on attend des fruits éternels, sont mortes et impuissantes.

La question est d'ailleurs loin d'être aussi désespérée qu'il y paraît, surtout au Danemark, où ce qu'on appelle le « monde cultivé » est en fait beaucoup plus naturel qu'il semble l'être ou qu'il ose le reconnaître, si bien qu'il est très rare ici que quelqu'un souhaite lui-même mourir, ou que ses enfants meurent à cause de son éducation ou de ses connaissances livresques. C'est pourquoi, en tout cas chez nous, au grand déplaisir de la mort, et pour servir les intérêts de la vie, les paroles et les écrits rencontreront certainement suffisamment d'approbation, et même un succès pour ainsi dire général, si seulement on apprend à comprendre quel est leur sens. Et nous ne devons pas nous étonner que ce soit difficile, car nous qui parlons et écrivons, de même que ceux qui écoutent et lisent, justement parce que nous avons raison de prétendre que le système scolaire mort est pernicieux, nous manquons beaucoup de vivacité et sommes des dilettantes à l'égard de notre langue maternelle.

Le sentiment qu'il nous manque une école pour la vie et que nous en avons grandement besoin – une voix du peuple retentissante nous l'a d'ailleurs appris récemment à Roskilde et Viborg[1] –, doit être très répandu au Danemark, car lorsqu'on réclame malgré tout davantage d'écoles pour la mort, il est évident qu'il s'agit simplement d'une erreur, qui s'explique facilement en partie par le fait qu'on n'a pas une vision claire de la vie que cette aspiration présuppose, et en partie en raison de la crédulité danoise qui, lorsqu'une école comme l'école latine, loin de reconnaître son « alliance avec la mort », se fait audacieusement passer pour le « chemin étroit de la vie »[2], on prend cela toujours, jusqu'à nouvel ordre, pour un article de foi. C'est pourquoi, autant nous pourrons apprendre à parler et à écrire de façon naturelle, claire et enjouée, au sujet de cette « question de vie » à l'école, autant l'éducation danoise et vivante que nous aimerions tellement voir prendre la place de l'éducation latine et morte, sera comprise et appréciée. Si cette question semble désespérée, cela vient manifestement en partie de l'honnête ambition propre à la plupart des latinistes, jeunes et vieux, grands et petits, et en partie de la faiblesse naturelle des Danois en matière de logique; car cette honnête ambition se révolte à l'idée que la scolarité n'ait pas été un pas de géant en avant en direction des lumières, mais simplement une marche à reculons pour la vie; et, malgré les arguments contraires les plus forts et l'expérience quotidienne, la faiblesse

1. Les idées libérales issues de la Révolution de Juillet 1830, qui mit Louis-Philippe sur le trône de France, trouvèrent d'abord un écho limité au Danemark, mais le duché de Holstein, qui faisait partie du royaume de Danemark, était également membre de la Confédération germanique et avait droit, à ce titre, à la création d'une assemblée provinciale spécifique. Pour s'acquitter de cette obligation tout en préservant l'unité du royaume, le roi Frédéric VI publia le 28 mai 1831 deux décrets instaurant des assemblées provinciales consultatives (*rådgivende provinsialstænderforsamlinger* ou *stænderforsamlinger*) à Itzehoe pour le Holstein, Slesvig pour le Schleswig, Viborg pour le Jutland et Roskilde pour les îles. Au cours des trois années qui suivirent, une commission travailla sur ce projet de loi, et le 15 mai 1834, le roi honora l'engagement qu'il avait pris en publiant les ordonnances concernant la création des quatre assemblées provinciales. Celles des îles (Roskilde) et du Holstein (Itzehoe) tinrent leur première session d'octobre 1835 à février 1836, et celles du Jutland (Viborg) et du Schleswig (Slesvig) en avril 1836. Simplement consultatives, ces assemblées fonctionnèrent comme une sorte de « caisse de résonance » pour les idées libérales et contribuèrent efficacement au débat public et à la démocratisation du pays. Étape importante sur cette voie, une nouvelle constitution instaura la monarchie constitutionnelle le 5 juin 1849.

2. *Matthieu* 7, 14.

en logique accepte facilement de croire que c'est dans la grammaire ou dans les mathématiques qu'on trouve un remède universel qui, avec le temps, bien que ce soit incompréhensible pour nous, pourra la guérir. Il faut dire que c'est apparemment une véritable folie de penser que la nature humaine, la vie du peuple et la langue maternelle pourront faire triompher leur cause devant un « tribunal combiné » constitué de cette manière ; mais l'apparence trompe, et ce, nulle part ailleurs plus qu'au Danemark, causant tantôt de la peine, tantôt de la joie, de sorte que, comme nous avons trouvé ici beaucoup de bonnes choses sous l'apparence du contraire, nous trouverons aussi de puissants défenseurs de la nature, de la vie et de la langue maternelle, quand bien même ces défenseurs devaient porter des habits de femme[1] !

Nous pouvons et devons croire avec certitude que la femme danoise et ses filles auront vite fait de nous comprendre, bien que nous parlions un peu bizarrement et à l'envers au sujet de l'avantage certain de la vie, de l'activité rapide et énergique, et de la langue maternelle dans toutes les circonstances et surtout pour « l'usage de tous les jours », de préférence aux mathématiques et à la grammaire, à l'algèbre, à la calligraphie et toutes les formes de scolastique. Et lorsque nous aurons gagné la femme, au Danemark, nous aurons gagné la reine immortelle du royaume, à qui le roi n'a jamais le cœur de refuser quelque chose bien longtemps[2], nous aurons alors aussi gagné le cœur du Danemark, que la tête n'aura jamais envie d'écraser[3]. Comme cela repose sur une raison profonde et naturelle, on le trouvera un peu partout, mais c'est vrai au Danemark plus qu'à n'importe quel autre endroit et d'une façon si entière et si radicale, que si personne d'autre ici ne sait comment s'y prendre pour faire entendre raison à un homme, sa femme le sait sûrement. Et chez nous, il n'y a pratiquement pas de vieux directeur d'école et encore moins de jeune maître à qui les jolies jeunes filles ne pourraient pas apprendre à élever leur langue maternelle

1. Alors que Grundtvig considérait les hommes comme « la tête », c'est-à-dire comme les plus intellectuels, actifs et socialement responsables, il considérait les femmes comme les porteuses de la sagesse, c'est-à-dire comme le sexe le plus humble, fidèle, sensible, spirituellement ouvert et humain. C'est pourquoi il pensait que les femmes constituaient son premier public et le plus réceptif à ses idées. Plus généralement, il considérait que le peuple danois lui-même était « féminin » et que c'était lui qui était en mesure d'apporter la sagesse aux autres nations.

2. Grundtvig se réfère ici à « Mère Danemark » (*Mor Danmark*), âme nationale et idéal de féminité. Il fait peut-être aussi allusion à la relation étroite qu'il entretenait avec la princesse héritière Caroline-Amélie de Schleswig-Holstein, qui était alors sur le point de se marier avec Christian VIII (1839 à 1848).

3. Allusion à *Genèse* 3, 15.

bien au-dessus de toutes les langues mortes. Il suffira que la femme se rende compte que sa langue et toutes les lumières et l'éducation qu'elle peut acquérir sans apprendre ni les mathématiques ni la grammaire latine sont considérées comme de la grossièreté et de la barbarie dans le vieux système pour que le vieux système disparaisse tout seul.

Je le vois de mes propres yeux, à chaque fois que ma femme, malgré mon interdiction formelle et la description touchante que je fais de tout le malheur qui en découlera presque à coup sûr, a fait du rangement et nettoyé les fenêtres de mon cabinet de travail, et me presse avec insistance de lui donner un baiser en contrepartie, tandis que je me gratte derrière l'oreille et ne peux pas nier que la pièce est plus claire et plus belle, et que les petits objets qui ont été égarés sont beaucoup plus faciles à trouver que tout ce qui se cachait avant dans la pénombre sous la poussière et les piles de papier; car c'est certainement ce qui arrivera avec le cabinet de travail intérieur qui est dans la tête des Danois, dès que la femme danoise aura eu le courage de faire du rangement et de nettoyer les vitres au dedans.

Mais n'est-ce pas une sorte de haute trahison d'enseigner au beau sexe, qui est certes charmant, séduisant, remarquablement habile dans la façon de traiter les hommes, mais pourtant totalement étranger à la grammaire, aux mathématiques et à la science, et par conséquent dépourvu d'esprit, de raison, et barbare[1], à prendre conscience de ses forces, ou en tout cas à en faire usage dans la question scolaire, dans laquelle les femmes ont jusqu'ici, en toute modestie, laissé les hommes décider! N'est-ce pas une force physique aveugle[2], et justement la plus puissante, la plus dangereuse et la plus redoutable, avec laquelle nous faisons alliance pour renverser ce que nous appelons une tyrannie, sans avoir la moindre garantie que, dans son action aveugle, elle n'aggravera pas les choses et ne nous ramènera pas précipitamment à la barbarie!

Si le beau sexe dont nous parlons ici n'était pas la femme danoise et ses filles authentiques, ou si je n'étais pas quelque peu historien et scalde[3] nordique, il est certain que je ne sais pas ce que je pourrais et voudrais répondre; mais la chose parle d'elle-même, car je ne peux pas faire autrement, tout comme tous les écrivains sérieux du Danemark, que de remercier la femme danoise et ses filles, de ce que, contrairement aux

1. Exemple de l'ironie dont Grundtvig savait faire preuve. Cette critique des femmes correspond à la vision latine des choses.

2. L'expression « une force physique aveugle » renvoie à la représentation que les hommes se faisaient communément des femmes à l'époque de Grundtvig.

3. Ici, synonyme de poète, mais dans la société viking, le scalde était un poète chargé de célébrer les hauts faits d'un roi ou d'un chef et de commémorer les grands événements.

écrivains d'Amérique du Nord[1], nous n'avons pas été obligés d'émigrer pour trouver des lecteurs, et j'ose affirmer, en tant qu'historien, que les représentantes du beau sexe qui ont abusé de leur supériorité au détriment de l'esprit et de la vie, n'étaient pas celles qui veulent faire alliance avec moi. Ce ne sont pas les amies du naturel, de la langue maternelle et de l'action utile, bien au contraire, alors que la femme danoise a mis des enfants au monde et que ses filles ont couronné les héros qui ont défendu le royaume contre tous les barbares, ainsi que les scaldes qui, dans tous les pays, sont les prêtres nés de l'esprit du peuple, et les auteurs de sagas qui ont érigé à l'action d'éclat des monuments évocateurs. À ceci s'ajoute pour finir que ce n'est absolument pas parce que je manque d'arguments valables contre l'école qui combat la nature, la vie du peuple et la langue maternelle que je sens le besoin de solliciter le soutien du beau sexe, mais uniquement parce que la prédilection insensée pour l'absence de naturel, le travail des rats de bibliothèque et les langues mortes s'oppose à tous les arguments raisonnables, et ne peut être vaincue que par un autre amour naturel, un amour plus fort pour quelque chose qui place la vie bien au-dessus des livres et se fond avec la langue maternelle. C'est uniquement pour montrer cela, uniquement pour m'assurer de l'alliance avec la femme danoise et ses filles, pour montrer son innocence, les conséquences bénéfiques et la victoire qu'elle promet et doit obligatoirement remporter, c'est uniquement pour cela, et en aucune manière parce que je fais confiance à l'effet produit par les arguments raisonnables dans les circonstances actuelles, que je vais maintenant m'efforcer de montrer la nécessité d'une haute école populaire et civique, qui, bien loin de mettre au ban la femme danoise et de blesser ses sentiments les plus profonds, satisfera à la fois sa tête et son cœur.

Je commencerai par m'efforcer de dire aussi clairement que possible ce que je comprends par école pour la vie, car j'ai remarqué que la plupart des gens se font une idée non seulement très vague, mais aussi très fausse d'une institution de cette nature, qui n'existe malheureusement encore que sous forme d'idée et sur le papier, si bien qu'on s'imagine que ce doit être une maison où l'on travaille avec des livres, et où l'on inculque et fait rentrer dans les esprits les règles selon lesquelles on doit corriger, améliorer et, en fait, transformer la vie de fond en comble, ce qui commence évidemment par une décomposition, donc une mort. Cette illusion

1. On ne sait pas exactement à qui Grundtvig fait allusion ici. Certains pensent qu'il pourrait s'agir de deux des poètes et écrivains américains les plus connus à l'époque, H. W. Longfellow (1807-1882) et Washington Irving (1783-1859), qui séjournèrent plusieurs années en Europe.

typiquement allemande, qui veut que la vie puisse et doive être expliquée avant même d'être vécue, puisse et doive être recréée selon la tête des savants, cette illusion, qui transforme obligatoirement toutes les écoles qui se fondent sur elle en ateliers de décomposition et de mort, où les vers mènent grand train au détriment de la vie, j'ai entièrement renoncé à elle, et je prétends que pour que l'école devienne réellement une institution d'éducation profitable à la vie, il faut d'abord qu'elle ne se fixe pas pour but l'éducation en elle-même, mais ce qui est nécessaire à la vie, et ensuite, il faut qu'elle prenne la vie telle qu'elle est véritablement, et qu'elle s'efforce simplement d'éduquer et de promouvoir son utilité, car aucune école ne peut créer une vie nouvelle en nous, et elle ne doit par conséquent ni détruire la vieille vie, ni perdre son temps à élaborer les règles auxquelles une vie différente et meilleure devrait se conformer, pense-t-on, une fois que nous l'aurions obtenue.

Comme la vie humaine dans toute sa diversité peut être ramenée à trois orientations principales : la religion, la vie sociale et la science, on peut aussi imaginer trois sortes d'écoles pour la vie, à savoir l'école de l'Église, l'école civique et l'école savante, qui doivent bien sûr être aussi différentes que la vie qui leur correspond ; mais comme c'est simplement l'absence de l'école civique qu'on a déplorée à Roskilde et à Viborg[1], c'est sur elle que je vais m'attarder ici, et ce, d'autant plus que c'est la seule qui puisse nous être commune à tous. Nous pouvons et devons en effet tous être des citoyens danois éclairés et utiles, mais très peu nombreux sont ceux qui sont appelés à être des professeurs et des savants. Et si nous ne croyons pas que l'école de l'Église puisse créer une vie religieuse et chrétienne là où celle-ci n'existe pas, nous sommes obligés de conclure que nous avons assez d'écoles de l'Église et d'églises proprement dites, car là où la vie manque, il est tout à fait superflu de dispenser de la lumière sur elle. Il est pour finir indiscutable que nous avons plutôt trop que trop peu d'institutions dans lesquelles on forme des pasteurs et des professeurs, et elles sont plutôt trop grandes que trop petites, tandis que nous n'en avons aucune pour former des citoyens danois, de sorte que même si toutes nos autres institutions scolaires étaient excellentes et appropriées, elles seraient néanmoins grandement insuffisantes, aussi longtemps qu'il nous manquera une haute école pour la vie du peuple et du citoyen, à laquelle nous pouvons et devons tous participer, et nous devons de plus la considérer comme la racine et la source naturelles de tous nos vifs efforts,

1. En 1836, à Viborg et à Roskilde, les assemblées provinciales consultatives se déclarèrent en faveur d'une « École pour la vie ».

de sorte que lorsque cette vie est méprisée et négligée, toutes les autres lumières sont obligatoirement mortes en elles-mêmes, ont un effet mortifère sur le peuple et nuisible sur le royaume.

Je sais bien que c'est une grande hérésie pour les savants, car les latinistes prétendent qu'il faut avant tout se garder du danois et de tous les danismes si on veut devenir un bon latiniste, et, si l'on veut être familier des Anciens, prendre constamment ses distances par rapport à la barbarie, pour atteindre le « sol classique » ; tandis que les mathématiciens prêchent une science pure qui ne se soucie en fait ni de la vie ni de la mort, ni d'aucune sorte d'activité humaine, et, dans l'usage qu'on en fait, est tellement universelle et cosmopolite qu'il est impossible qu'elle se limite à une langue, ou qu'elle prenne surtout égard aux besoins et aux intérêts d'un peuple particulier, à moins que ce soit là que les mathématiques, dans leur pureté et l'usage qu'on en fait, soient le plus utilisées et qu'elles trouvent le plus grand espace de liberté. Sans renier mon hérésie savante, qui est à peu près à égale distance des deux confessions, et proclame la vie humaine dans toute son étendue et sa grandeur, la vie de l'espèce, qui n'exclut pas mais englobe celle des peuples et l'homme individuel, et en fait l'objet et la mission de toute science vraie et vivante, je veux éviter ici avec soin toutes les querelles savantes, et faire simplement remarquer, uniquement à partir de ma position modeste de citoyen, que cela rend un très mauvais service au pays et au peuple d'avoir des hommes pétris de connaissances qui se méfient de leur langue maternelle, et que ce n'est pas beaucoup mieux d'avoir des gens qui veulent tout ramener à des mesures et des chiffres; de sorte qu'ils rendraient le meilleur service à tous les pays en fondant une « république savante »[1] dans la Nouvelle-Galles du Sud[2], ou à quelque autre endroit où il y aurait assez de place, et où ils feraient du latin une langue maternelle, ou créeraient une langue universelle dans laquelle ils communiqueraient au monde par voie maritime les découvertes qu'ils feraient en matière de grammaire latine ou de mathématiques pures, ou de quelque chose à mi-chemin entre les deux. On leur aurait sûrement déjà donné ce conseil depuis longtemps si on n'avait pas été d'avis que les langues mortes, et surtout la grammaire latine, étaient non seulement la source de tout savoir approfondi, mais aussi de l'éducation qu'on pourrait souhaiter à tous les fonctionnaires d'État et exiger des pasteurs, des juges,

1. Grundtvig se réfère à *La République* de Platon, qui indique que dans l'État idéal, le peuple doit être gouverné par une élite de philosophes.

2. La Nouvelle-Galles du Sud est le plus ancien et le plus densément peuplé des États australiens issus de la colonisation. À sa fondation, en 1788, il couvrait presque tout le continent.

etc., et on a de plus le sentiment que les mathématiques peuvent faire des miracles pour améliorer et ennoblir toutes les activités de la vie pratique, en même temps qu'elles aiguisent l'intelligence et permettent d'expliquer toutes sortes de choses.

Pour traiter la chose aussi brièvement et clairement que possible, je ne prendrai pas parti sur la question de savoir si les pasteurs, les juges danois, etc., pour devenir des fonctionnaires compétents dans leur domaine, doivent obligatoirement étudier avec acharnement la grammaire latine dès leur enfance, et rédiger d'innombrables compositions en latin, et ensuite, une fois qu'ils sont à l'université, en plus des manuels de mathématiques, d'astronomie, de physique, de philosophie pratique et spéculative, apprendre aussi, les uns à traduire et à expliquer le Nouveau Testament en latin, les autres à appliquer le droit romain au contexte danois et à traduire la loi danoise en latin. Je ne prends pas parti, car cela n'apporte rien à la bonne cause si ma plume s'attaque à un préjugé aussi profondément ancré, mais je confesse que je suis fermement convaincu que toute science de collégiens est nuisible, et que le fait de travailler comme un rat de bibliothèque, de se séparer du peuple, de déprécier la langue maternelle et d'idolâtrer les écrits latins hostiles à tous les peuples et à tous les rois, ainsi que les discours qui chantent les louanges de la tyrannie et de la révolte, sont, pour des fonctionnaires royaux danois, l'éducation enfantine la plus inappropriée que je puisse imaginer !

Mais supposons maintenant que je sois totalement dans l'erreur à cet égard, et que je doive moi-même à la grammaire latine et aux compositions, aux lectures classiques et à l'exégèse latine du Nouveau Testament d'être devenu le pasteur et le patriote danois responsable que je m'imagine être. Il n'en est pas moins évident que ce n'est pas par la grammaire, les compositions ni la scolarité latines qu'on apprend à aimer le Danemark, ou que son peuple et sa langue maternelle nous deviennent familiers, de sorte qu'il y a manifestement une lacune dans nos établissements destinés à former les fonctionnaires qui doivent exercer une influence active sur la vie du peuple et des citoyens, comme c'est le cas en particulier des fonctionnaires ecclésiastiques et juridiques, et cette lacune ne peut certainement pas être comblée par autre chose qu'une haute école pour la vie du peuple et des citoyens, où la langue maternelle exercerait un pouvoir absolu et où tout tournerait autour du roi, du peuple et de la patrie. Même si on voulait prétendre qu'une connaissance exacte du latin, si opposé au danois, et, d'une façon générale, de la Rome tyrannique, hostile au roi et au peuple, serait la meilleure façon de se préparer à préférer tout ce qui est danois et à en avoir une connaissance intime, car les contraires, quand on les rapproche, s'éclairent le mieux l'un l'autre (*opposita justa posita magis illucescunt*[1]), on ne peut pas nier qu'on fait preuve d'une audace inouïe en s'arrêtant à mi-chemin et en laissant le hasard déterminer s'il y aura ensuite une éducation danoise qui montrera la formation latine sous son vrai jour, avec ce qu'elle a de haïssable et d'abominable.

Car si cela n'a pas lieu, nous serons manifestement d'autant plus inaptes à être des fonctionnaires royaux danois que nous aurons appris à écrire et à parler le latin, que nous aurons compris pleinement et assimilé la manière romaine de voir, de penser et de parler, toutes choses qui, non seulement sont totalement étrangères à la nature, à la langue maternelle et aux conditions de vie danoises, mais leur sont manifestement hostiles. Pour ce qui me concerne, il m'a fallu au moins une trentaine d'années pour arriver à me débarrasser à peu près de Rome et du latin, comme on peut le voir et l'entendre maintenant, et le résultat est encore bien médiocre à de nombreux égards, bien qu'en fait je n'aie rien eu d'autre à faire et que je me sois rarement laissé aller à la paresse. Si, par conséquent, on devait encore estimer qu'il est judicieux d'amener les fonctionnaires royaux danois à emprunter ce détour par la Voie Appienne[2] ou par le latin pour atteindre la danité dont ils ne peuvent absolument pas se passer, il faudrait rendre aussi facile que possible cet abandon du « sol classique » et ce renoncement à la façon de penser romaine et à la composition latine, si l'on ne veut pas que la plupart d'entre eux, même avec les meilleures dispositions à l'égard de la patrie, lui restent étrangers pendant toute leur vie, incapables de participer à la vie du peuple, et à plus forte raison de la diriger et de la conduire.

Si donc une haute école royale danoise n'était pas nécessaire pour d'autres dans tout le royaume, elle le serait tout de même jusqu'à nouvel ordre au plus haut point pour les latinistes, dès leur enfance, eux qui, pour qu'ils apportent quelque chose de bon dans l'exercice de leur charge, doivent parler et penser en danois, aimer et connaître la patrie et sa constitution aussi bien que les meilleurs. Mais, d'une part, cela ne pourra pas se faire s'ils n'ont pas, au sein de la haute école, un contact et des échanges avec des hommes du même âge qui ne savent que le danois, mais connaissent par expérience une partie plus ou moins grande de la patrie, du peuple et de la vie des citoyens bien mieux que ce qui est décrit dans n'importe quel livre, et à plus forte raison dans ceux des latinistes. De plus, les futurs fonctionnaires auraient fortement besoin d'un tel enseignement vivant dans leur langue maternelle et d'une connaissance vivante du peuple

1. Il s'agit d'une maxime de la philosophie médiévale.
2. La Voie Appienne était la plus célèbre des voies romaines.

et du pays, même si, comme nous espérons que cela se produira un jour, ils obtenaient une formation préliminaire qui n'aurait aucunement une attitude hostile envers la danité, mais serait liée à elle de la façon la plus favorable possible. Même si, comme je le souhaite ardemment et l'espère avec confiance, on refuse aux stylistes latins, aux penseurs classiques et aux orateurs romains de devenir fonctionnaires, la connaissance préalable de la Bible et de sa langue originale qu'on attend du pasteur, et la connaissance des lois et des décrets qu'on exige du juge, rendront nécessaire une certaine préparation livresque, laquelle, quand on est jeune et qu'on s'y livre avec application, crée une certaine fatuité, une raideur peu engageante, une passion pour les livres et une rigidité qui, à elles seules, rendraient les échanges au sein d'une haute école populaire presque nécessaires.

Si ceci s'applique à tous les fonctionnaires royaux danois qui, pour être vraiment compétents et utiles, doivent à la fois être proches du peuple et du pouvoir royal, que dire alors de ceux qui veulent se préparer d'une façon appropriée aux fonctions ecclésiastiques et temporelles supérieures, lesquelles exercent nécessairement une grande influence sur les règles de conduite générales et fondamentales ! Combien la connaissance vivante du peuple et du pays tels qu'ils sont doit leur être absolument nécessaire, de même qu'une vue d'ensemble aussi claire que possible de l'utilité qu'ils ont eue et de celle qu'ils pourront raisonnablement avoir à toutes les époques, pour ne pas passer, avec la meilleure bonne volonté, à côté des souhaits du peuple et des intérêts du pays ; ils sont doublement nécessaires maintenant et dans un avenir proche, après que, pendant quatre siècles, l'Église latine et le droit papal ont d'abord affaibli la force du peuple, et pendant trois siècles, l'école latine et le droit romain ont ensuite assombri la vie du peuple, élargi et compliqué la législation, limité la liberté tout aussi indispensable au roi qu'au peuple, et chez nous tous, que nous soyons de condition élevée ou modeste, porté atteinte à la tournure naturelle de notre pensée et à la pureté de notre langue maternelle, choses dont elles ne se remettront peut-être jamais tout à fait. Dans ces conditions, étant donné que nous ne pouvons même pas évaluer pleinement tous les dégâts que l'influence étrangère et hostile a causés au pays et au royaume, et, avec la meilleure bonne volonté, soit en un instant soit au cours de toute une vie humaine, encore moins y porter remède, on voit facilement que même si nous nous limitions à examiner la préparation des fonctionnaires supérieurs, une haute école danoise où on s'efforcerait de rendre les échanges de la jeunesse du pays aussi étendus et vivants que possible serait tout à fait nécessaire pour que des temps meilleurs soient envisageables.

Mais si une haute école danoise aussi royale, libre et populaire que possible est nécessaire à la formation des fonctionnaires, l'est-elle moins pour la grande partie du peuple qui ne veut ni ne peut devenir fonctionnaire, mais est obligée de se nourrir elle-même en même temps que ceux-ci ? L'idée que cette racine et ce tronc du peuple, métayers et propriétaires terriens, grands et petits, artisans de toutes sortes, marins et commerçants, n'ont pas besoin d'autres lumières et d'autre formation que celles qu'ils reçoivent derrière la charrue, à l'atelier, en haut du mât ou en bas dans la boutique de l'épicier, doit être le fait de barbares et de tyrans ; cela n'a jamais été la façon de penser nordique, ni chez les rois ni dans le peuple, et cela ne pourra jamais le devenir, car d'où que nous venions, nous sommes tous « d'un seul sang »[1], si bien que les mêmes dispositions à l'éducation se trouvent dans les chaumières et dans les châteaux. Cette égalité naturelle, qui ne se trouve vraiment que dans les royaumes nordiques, où aucun étranger n'a pénétré ni réduit les anciens habitants à l'esclavage, nous ne pouvons pas lui accorder trop de valeur, car elle est capable de donner à l'amour de la patrie une autre profondeur et à l'éducation populaire une autre vérité que cela aurait été possible autrement. Et si l'histoire de notre école ne devait pas avoir d'autre point lumineux, c'en est indiscutablement un que l'école, dès la Réforme, et surtout depuis 1660[2], a affranchi et pour ainsi dire ennobli le garçon de la plus misérable chaumière pour qu'il puisse participer au plus haut degré de développement et accéder aux plus hautes dignités. C'est ainsi par exemple que, récemment, un fils de petit fermier de Fionie est devenu non seulement le plus grand grammairien mais aussi l'un des plus grands philologues d'Europe, et si ses recherches linguistiques n'avaient pas assez de vie et d'esprit pour vaincre les tentations provoquées par toute la grammaire et l'attachement à la lettre de

1. L'expression « d'un seul sang » est souvent utilisée par Grundtvig pour signifier que l'unité de l'humanité ne repose pas simplement sur des valeurs et des idées que l'on partage, mais plus fondamentalement sur le *sang,* c'est-à-dire notre ascendance commune, notre origine commune et notre parenté biologique. Pour lui, l'humanité est incontestablement une et indivisible, car dans notre histoire physique et spirituelle commune et dans notre apparence commune en tant qu'humains, nous partageons consciemment ou inconsciemment la même aspiration humaine et la même relation au divin que symbolise la notion de « sang » de la *Genèse* et de la tradition chrétienne. C'est cette conscience de nos « liens de sang » innés humains et de notre fraternité qui explique l'intérêt particulier que la pensée de Grundtvig attache à l'*égalité*, et son souci de l'éducation et du bien-être de chacun.

2. C'est en 1660 que la monarchie absolue fut établie au Danemark.

l'alphabet, ce serait manifestement uniquement parce que l'école latine l'a affaibli[1].

Si aucun autre peuple sous le soleil n'était digne d'avoir une haute école en langue maternelle, le peuple danois le serait, et si aucun autre peuple ne pouvait attendre de son gouvernement qu'il prenne soin de l'éducation générale et patriotique, le peuple danois le pourrait, lui dont les rois paternels ont longtemps été des modèles que l'Europe souhaiterait que tous les rois imitent, dans ce domaine comme dans tout ce qui concerne le peuple. S'il devait toutefois y avoir le moindre doute quant au fait que le peuple danois est digne d'avoir une éducation selon son cœur ou que le roi des Danois reconnaît la chose et s'en préoccupe avec sollicitude, comme père de la patrie, ce doute serait indiscutablement dissipé, sinon brillamment, du moins joyeusement, par la voix libre du peuple que le roi Frédéric le bienheureux a fait retentir dans les anciennes capitales de Seeland et du Jutland[2]; car il est absolument évident qu'il faut, de nos jours, une éducation patriotique pour que la voix du peuple soit assurée et digne, et qu'il n'y a pas de requête à laquelle Sa Majesté prêterait davantage l'oreille que celle concernant une école pour la vie du peuple et des citoyens.

Nous vivons en effet à l'Âge de l'intelligence[3], et cela ne veut pas du tout dire que le peuple naisse maintenant avec toute l'intelligence dont il a besoin, mais que nous avons tous une très forte envie d'en faire à notre tête; ce qui fait que le manque d'intelligence n'a jamais fait plus de mal qu'il n'en fait maintenant, et qu'il n'en fera par la suite, si on ne fait pas en sorte de dispenser à temps une éducation générale appropriée qui porterait surtout sur les choses de la vie civique, et qui pourrait rassembler la plupart des bonnes têtes sous un seul chapeau, à savoir le chapeau d'or sur la tête du peuple, qui est la couronne du père de la patrie. Une telle éducation réussira au demeurant plus ou moins bien partout dans la chrétienté où on s'appliquera à la promouvoir, mais je suis certain que cela ne réussira nulle part mieux que dans notre Nord, sans doute nulle part d'une façon aussi

1. Grundtvig évoque ici Rasmus Rask (1787-1832), un pionnier internationalement reconnu dans le domaine de l'étude comparée des langues. Il était fils d'un tailleur d'un modeste village de l'île de Fionie (Brændekilde).

2. Ici et dans la suite du texte, Grundtvig fait allusion aux assemblées provinciales consultatives créées en 1834 dans les « anciennes capitales » de Seeland et du Jutland, Roskilde et Viborg par le roi Frédéric VI qu'il qualifie de « bienheureux ».

3. « L'Âge de l'intelligence » est l'une des expressions utilisées par Grundtvig pour désigner la modernité, au cours de laquelle l'esprit scientifique passe tout naturellement de l'immaturité à la sagesse, c'est-à-dire de la dissolution égocentrique des liens naturels à la réintégration de l'humain dans l'ordre naturel à un niveau d'expérience supérieure.

complète qu'au Danemark, qui, contrairement à d'autres pays, n'a jamais été troublé par de fortes passions, mais dont les ennemis héréditaires les plus dangereux ont été la somnolence et la naïveté, qui n'acceptent la victoire de l'ennemi que lorsque l'éducation est négligée ou mal faite.

Par rapport à d'autres pays, l'éducation n'a jamais été vraiment négligée au Danemark, mais elle a été manifestement mal faite jusqu'à présent, car elle a eu pour but de transmettre à tous la façon allemande de considérer le ciel et la logique, et aux fonctionnaires une compréhension romaine du monde entier, mais pas une compréhension saine de ce qui nous touche du plus près : à savoir notre propre nature, les conditions de vie de la patrie et le bien commun ; ce qui, non seulement est « la seule chose nécessaire »[1] au regard de la vie civique, mais certainement la seule chose que les Danois, pris dans leur ensemble, peuvent comprendre. C'est pourquoi on ne doit pas s'étonner, car c'est plutôt une conséquence nécessaire et triste de l'erreur que j'ai signalée, que la plupart des gens, au Danemark, sentent et confessent qu'ils n'y connaissent rien aux choses matérielles, réelles et civiques, en dehors de leur propre occupation, leur activité et la façon dont ils gagnent leur vie, et que presque toute la compréhension qu'ils croient avoir des choses naturelles et civiques d'une façon générale, en tout cas en ce qui concerne le Danemark, est faussée. Car, étant donné la voie que nous avons suivie, c'est en règle générale ou bien la façon romaine ou bien la façon allemande de penser concernant la nature humaine, la vie civique et le bien commun qu'on s'est efforcé de s'approprier; ce que les Danois n'arrivent à faire que d'une façon très médiocre, et lorsque cela réussit le mieux, cela engendre la méprise la plus dangereuse, car même si les façons de penser romaine et allemande avaient créé dans leurs régions d'origine tellement d'unité et de bonheur civique, bien que l'histoire enseigne le contraire, elles ne feraient, dans un peuple aussi peu allemand et romain que le peuple danois, que des dégâts.

Néanmoins, le malheur qu'une façon de penser aussi totalement étrangère a créé jusqu'à présent par rapport aux questions naturelles et civiques, serait peu important, comparé à celui qu'elle serait amenée à causer à l'avenir, en égarant la libre voix du peuple ou en s'opposant à elle, à moins qu'une éducation vivante, naturelle et patriotique ne chasse, chez la plupart, la façon de penser étrangère, et, chez les autres, ne la rende impuissante, c'est-à-dire inoffensive quant à la vie civique. Mais à l'Âge de l'intelligence, une éducation aussi douce et bonne doit aussi tout naturellement se développer au Danemark, dès que l'occasion en sera donnée,

1. *Luc* 10, 42.

car toute intelligence vivante ou toute compréhension de la vie n'est rien d'autre qu'un sentiment présent en nous qui vient à la lumière et prend conscience de lui-même[1]; et quand les Danois parviennent à une compréhension qui est en accord avec le sentiment que le peuple le plus doux, le plus pacifique et le plus fidèle a manifesté pendant des siècles, quel mortel n'envierait pas au roi danois son bonheur, qui aurait envie de vivre et voir de bons jours sans souhaiter avoir une demeure au Danemark[2]? Où, dans le monde entier, pourrait-on donc, de nos jours, comprendre ou approuver avec plus de joie que le bonheur d'un peuple ne repose pas du tout, contrairement à ce que presque tous les étrangers pensent, sur le fait qu'il est son propre législateur, mais sur le fait que la loi est « juste et convenable »[3] et que le gouvernement a à la fois l'honneur et le pouvoir de respecter de telles lois; où, dans le monde entier, demandé-je avec confiance, pourrait-on, de nos jours, comprendre et approuver plus cordialement cette vérité importante si généralement méconnue, pour le malheur des peuples comme pour celui des princes, que là où le peuple, profondément conscient de ces choses, a remis solennellement au roi le pouvoir absolu illimité pour qu'il en fasse usage comme père de la patrie[4]? Et où, demandé-je à nouveau, serait-il plus certain que le monarque absolu se fera un point d'honneur de faire usage de son pouvoir illimité comme père de la patrie en aménageant toutes les lois et tous les décrets selon la nature éclairée du peuple et pour le bien commun; où serait-ce plus certain que dans le même pays où la nature du peuple est la source de vie du pouvoir royal, et dont le monarque absolu, après avoir donné des milliers de preuves de sa sollicitude de père de la patrie, a couronné son œuvre en élisant volontairement la voix du peuple pour qu'elle soit son conseil?

1. « Un sentiment présent en nous qui vient à la lumière et prend conscience de lui-même » est la façon dont Grundtvig explique que la pensée claire, même si on doit la considérer comme un idéal, n'est pas une prémisse donnée d'avance, mais le résultat d'un certain développement humain au cours duquel le désir d'apprendre ne prend conscience de lui-même que s'il se transforme en connaissance ou savoir-faire. En termes nietzschéens, la « volonté de savoir » précède la connaissance elle-même. Ainsi, pour Grundtvig, la pensée est un sentiment (un désir) qui prend conscience de lui-même. Cette façon de penser par développements immanents, par processus de croissance, ou « éducation par le bas », est un trait spécifique de la pensée de Grundtvig, qui insiste sur ce point, même s'il conserve en tant que chrétien la conception complémentaire d'une éducation par l'esprit ou « par le haut ».

2. En écho à *I Pierre* 3, 10.

3. L'expression « *juste et convenable* » figure dans le préambule de la *Loi du Jutland* (1241), un des principaux codes juridiques régionaux avant l'unification juridique du Danemark, en 1683.

4. Le Danemark fut une monarchie absolue de 1660 à 1849.

Assurément au Danemark, où l'oreille du peuple s'est élevée jusqu'à la bouche du roi et l'oreille du roi s'est courbée jusqu'à la bouche du peuple ; là où, mis à part une éducation patriotique naturelle, toutes les conditions terrestres nécessaires au bonheur civique le plus élevé sont présentes, où une telle éducation servira nécessairement à l'honneur et à la joie du roi et du peuple, si toutefois le Ciel veut ajouter sa bénédiction ; et où, demandé-je pour finir, pourrait-on, alors qu'on fait des efforts pour dispenser une éducation douce et bonne concernant la nature que Dieu lui-même a créée et les circonstances fixées par sa Providence, être plus certains de la bénédiction du ciel que là où, comme au Danemark, elle est descendue aux yeux de tous et a détourné des milliers de dangers, atténué tous les malheurs, tandis que nous nous égarions de l'ancienne voie royale et cherchions à tâtons ce qui était trop élevé pour nous ou ne méritait pas d'être possédé ?

C'est ici, en me souvenant de la bonne terre du Danemark et de sa bonne étoile, que je préférerais arrêter ma réflexion sur notre envie d'avoir une haute école populaire qui ne perdrait pas du tout de sa force si nous ne la partagions pas avec un autre peuple du monde, et sur les perspectives lumineuses qu'elle ouvrirait pour le bonheur des foyers et de la société, qui, s'il était sans égal n'en serait que plus inappréciable. Je préférerais terminer en évoquant l'heureuse considération que, lorsque Sa Majesté, qui veut tout ce qui peut servir à rendre le Danemark heureux, osera croire qu'une haute école royale danoise sert à cela, nous l'obtiendrons à l'instant-même ; elle sera certes très imparfaite, comme tout ce qui est humain sur la terre l'est au commencement, mais pourtant réelle, avec la possibilité de parvenir à toute la perfection possible ; c'est ce que je préférerais, mais je n'ose pas le faire avant d'avoir exprimé, aussi amicalement et franchement que je le peux, ma conviction au sujet de ce plan concernant l'école pour la vie, qui semble avoir la voix du peuple pour elle, bien qu'elle ait la nature du peuple et l'expérience de toutes les époques contre elle.

C'est en effet à l'école pratique pour garçons[1] que je pense. Elle est fondée sur les mathématiques avec la même rigueur scientifique que l'école latine l'est sur les langues mortes. Je la passerais volontiers sous silence, en souriant de la compréhension que les professeurs allemands ont

1. L'école pratique pour garçons (la *Real-Højskole* danoise) était initialement une institution allemande qui enseignait des sujets pratiques (*realia*). Au Danemark, elle a souvent pris la forme d'une école secondaire qui est venue s'ajouter à une école primaire déjà existante. Cette formule fut adoptée par les classes moyennes de Copenhague dans les dernières années du XVIIIe siècle. L'école pratique pour garçons (*Realskole*) formait les élèves au commerce, aux mathématiques, aux sciences et techniques et aux langues modernes (le français, l'allemand et, de plus en plus, l'anglais).

des besoins de la société civique, si la voix de notre peuple ne semblait pas vouloir célébrer hautement les louanges de cet effrayant atelier de la mort civique en le considérant comme l'école pour la vie dont nous avons besoin, mais dont je ne suis pas loin de désespérer. Aucun écrivain ne peut sentir plus profondément que moi l'impuissance de sa plume contre la voix du peuple, ou ce qui passe pour l'être; si cette nouvelle école pratique ne faisait pas obstacle à la haute école danoise, il serait de beaucoup préférable que je fasse comme si je ne la voyais pas et que je laisse l'expérience et la haute école corriger la voix du peuple ou faire la lumière sur cette méprise. Il faut pourtant que je m'efforce maintenant de montrer qu'une telle école mathématique pour garçons ne peut en aucune manière remplacer la haute école danoise ni produire le moindre de ses effets bénéfiques.

En me limitant en fait à cela, je veux simplement faire remarquer incidemment que si l'école latine pour garçons est inappropriée même pour les futurs professeurs et un grand malheur pour les fonctionnaires qui traitent de questions pratiques, l'école mathématique pour garçons[1] doit être tout aussi inappropriée pour les futurs professeurs et un grand malheur pour les citoyens actifs. Je veux simplement ajouter en passant que les dommages que les fonctionnaires formés d'une mauvaise façon causent à un pays, aussi importants fussent-ils, ne sont que peu de chose comparés au malheur causé par une société civile ensorcelée, qui, ou bien n'a envie de rien faire, ou bien n'a envie que de lire, de faire des calculs au tableau, de dessiner des figures et construire des conclusions logiques; car il faut tout de même se rappeler qu'il est totalement impossible de faire en sorte qu'un peuple soit uniquement composé de professeurs, de fonctionnaires et de personnes qui vivent d'aumônes, à moins qu'ils puissent tous littéralement vivre de l'air du temps. Pour finir, je veux simplement souligner comme en passant le fait irréfutable que les Anglais et tous les peuples qui ont été loin dans l'activité et le bien-être civiques, n'ont pas atteint ce but grâce aux écoles mathématiques pour garçons, mais uniquement par ce qui est incompatible avec celles-ci : l'envie de faire de l'exercice physique, une bonne maîtrise des tâches pratiques, et l'aspiration à avoir une position indépendante dès l'enfance.

Tandis que les Allemands, bien qu'ils aient ennobli leurs occupations quotidiennes et leurs activités économiques d'une façon scientifique, ont vu leur activité et leur bien-être diminuer et l'envie affreuse de trouver des « gagne-pains assurés » aux frais d'autres personnes s'étendre de jour en jour, même s'il fallait chercher ceux-ci dans une maison d'arrêt. Je suis

1. C'est le terme que Grundtvig emploie pour désigner l'école pratique pour garçons.

certes tout à fait sûr que si seulement on arrivait à établir un dialogue efficace avec les Danois, personne n'apprendrait plus facilement qu'eux la leçon selon laquelle les mathématiques auraient beau être la bourse de Fortunatus[1], la pierre philosophale et la source de la joie pour tous les autres peuples, elles ne seraient pourtant rien de tout cela pour eux. Mais pendant plus de trente ans d'activité d'écrivain, j'ai été profondément guéri de l'illusion qu'on puisse établir un dialogue avec le peuple en écrivant des livres, quand bien même ils seraient beaucoup plus lus que les miens, et c'est pourquoi je me contente, comme en passant, de faire remarquer au « petit nombre » ce qui, certes, est la question principale, mais reste tout de même pour la plupart un discours totalement obscur.

Il me semble en revanche qu'il doit être clair comme le jour que si l'école mathématique pour garçons était un aussi excellent détour pour exercer une activité dans la société qu'on a cru que l'école latine l'était pour entrer dans la fonction publique au Danemark, cela ne vaudrait toutefois que pour ceux qui la fréquenterait, et cela donne le vertige de penser à ce que le nombre d'écoles mathématiques pour garçons pourrait coûter pour accueillir ne serait-ce que les fils de toutes les villes, tandis qu'à la campagne, la plupart seraient exclus, alors qu'ils ne devraient pas demeurer dans la barbarie. Il est tout aussi clair, à mon avis, que le passage par le purgatoire mathématique aurait beau être un excellent détour menant à une activité dans la société, il faudrait néanmoins pour cela que les garçons en ressortent dans de bonnes conditions, qu'ils rangent tous les calculs et les démonstrations sur l'étagère, chassent de leur crâne toutes leurs habitudes de rats de bibliothèque, se revêtent de zèle en enfilant leurs habits de tous les jours, et s'appliquent assidûment à leur profession. Car sinon, ils seraient au mieux capables de devenir des professeurs de mathématiques ou des maîtres dans des écoles du même genre, ce qui créerait un cycle encore bien plus grand que celui de l'école latine : scolarité, examens et certains gagne-pains assurés, ce qui épuiserait les ressources du pays le plus riche et à plus forte raison du plus pauvre.

L'expérience enseigne toutefois qu'il n'est pas facile, lorsqu'on a passé son enfance dans une salle d'école avec des livres et des tableaux, une plume et de l'encre, et toutes sortes d'amusements, et qu'on a mené une vie paresseuse et facile aux frais des autres, de s'emparer d'un marteau et d'une pince, une hache ou une scie, ou une corde et des tonneaux de goudron et de s'en donner à cœur joie, ou, d'une façon générale, de se

1. Fortunatus est le personnage éponyme d'une légende allemande du XVIe siècle. Fortunatus avait beau puiser dans sa bourse, elle se remplissait toujours.

rendre capable d'effectuer – tout en y trouvant du bonheur – ce qu'on appelle le « dur travail », et d'accepter la position moins élevée, mais tout aussi convenable que modeste, que l'activité civique et le bien-être exigent; de sorte que je doute que même la meilleure haute école danoise puisse transformer les garçons mathématiques en jeunes pleins d'espoir pour la société, mais, pour ce qui me concerne, c'est une affaire entendue qu'elle serait en tout cas hautement nécessaire.

Pourtant, en admettant qu'il en soit autrement, en admettant que, par miracle, les mathématiques arrivent à dresser les garçons au travail assidu, à la modestie et la sobriété, elles arriveraient sans doute à peine à éveiller ou à entretenir l'amour pour la patrie, à les rendre familiers avec la vie du peuple ou à ajouter à leur âge les années qu'il faut obligatoirement avoir pour que le fait de raisonner avec nous sur la nature humaine et la société civique ne cause pas de dommages, mais soit bénéfique. Après avoir fréquenté l'école mathématique étant garçon, on aurait tout autant besoin, une fois qu'on aurait atteint l'âge de la jeunesse, d'une haute école populaire[1], on en aurait même généralement grandement besoin, car plus on s'efforce de développer l'intelligence des garçons, plus cela les rend sages à leurs propres yeux et plus on fait naître et favorise l'incompréhension pour la vie véritable que le garçon ne connaît pas par expérience.

Il est néanmoins préférable que je m'interrompe tout de suite, car ces choses ont beau être tout à fait évidentes pour moi, qui ai un fort penchant pour ce qui est nordique et me suis efforcé pendant trente ans de me débarrasser de toute cette façon de penser étrangère et artificielle, ma plume ne pourra guère le faire pour des lecteurs profondément ancrés dans la façon de penser romaine, sans même soupçonner qu'elle n'est cohérente que lorsqu'on considère le « monde cultivé » comme un groupe de Romains qui asservissent le reste du monde, et qu'elle est tout à fait inapplicable pour un peuple sans esclaves, qui doit manger son pain à la sueur de son front[2], et n'a les moyens de nourrir des fonctionnaires et des érudits que si la vie et les efforts de ceux-ci contribuent au bien commun; et à l'Âge de l'intelligence, ce peuple n'aura envie de faire cela que si l'éducation populaire générale le rend toujours plus capable d'apprécier la société et de comparer les avantages et les inconvénients des diverses professions, en même temps qu'il

1. Dans la pratique, la haute école populaire fonctionne principalement comme une sorte de rite d'initiation qui permet aux jeunes gens de s'affranchir de l'emprise que leur famille et l'école élémentaire exercent sur eux et de se préparer à la vie civique ; aujourd'hui elle prend le plus souvent la forme d'un temps de préparation à la formation professionnelle ou aux études supérieures.

2. *Genèse* 3, 19.

acquerra une éducation qui ennoblit et élève jusqu'au plus petit ! On s'égosille aujourd'hui en réclamant liberté et éducation, et nous en avons certainement tous besoin, mais les propositions qui vont dans ce sens ont généralement le même défaut principal que *La République* de Platon, où les gardiens de la liberté et de l'éducation engloutissent eux-mêmes l'une et l'autre[1], de sorte que le peuple, pour récompense de tout son travail, ne peut étreindre que l'ombre de ce qui est vertueux et beau, alors qu'en réalité, il lui faut écouter et nourrir de fiers tyrans, et, comme si cela pouvait le consoler, les admirer et les idolâtrer !

1. Dans *La République* de Platon, les habitants de la Cité sont divisés en trois catégories : a) ceux qui produisent les biens matériels ; b) les guerriers, qui protègent la Cité et l'ordre public ; c) les philosophes, qui ont atteint le plus haut degré de sagesse et qui gouvernent donc la Cité par des lois. En apparence le « philosophe-roi » pourrait ressembler au tyran, mais Platon rejette ce modèle au profit d'un personnage qui ne soit ni autocratique ni terrifiant, mais qui, grâce aux vertus liées à la recherche de la vérité, ne se consacre qu'au bien commun, c'est-à-dire qu'au bien-être de la Cité et du peuple. Il ressemble beaucoup au concept grundtvigien du « Monarque absolu », qui peut être considéré comme une transposition dans la monarchie héréditaire danoise de l'idéal platonicien du philosophe-roi généreux, populaire et amoureux de la sagesse. Par ailleurs, Grundtvig touche juste quand il critique le fait que l'État grec antique, quelle que soit sa version, était fondé sur l'esclavage. Même la démocratie athénienne ne concernait qu'une partie de la population : les « hommes libres » (les propriétaires mâles). Ce fut également le cas dans les assemblées consultatives provinciales au Danemark.

LA PATRIE ET LA LANGUE MATERNELLE

Présentation

Cet écrit fait partie d'un ensemble intitulé *Le trèfle à quatre feuilles danois ou Partialité en faveur de la danité*. Grundtvig y exprime en préface, et avec beaucoup d'honnêteté, son amour partial à l'égard de la « splendeur féconde du Danemark », un amour qui ne peut s'exprimer que par une image poétique, celle d'un trèfle à quatre feuilles dont chacune représente le Roi, le peuple, la patrie et la langue maternelle. Il insiste sur la beauté de ce trèfle et sur la joie qu'il pourrait apporter au pays. Grundtvig, qui décrit le déroulement de sa propre vie dans la suite du texte, note d'ailleurs qu'il lui fallut paradoxalement partir en Angleterre[1] et voir son pays de l'extérieur pour se rendre compte de sa valeur et pouvoir exprimer cet amour envers le peuple danois.

Dans ce texte ponctué d'extraits de poèmes et d'évocations mythologiques, Grundtvig revient plusieurs fois et de différents points de vue sur son argumentation en faveur de la patrie et de la langue maternelle. Il retrace l'histoire du Danemark, décrit le tempérament doux des Danois, puis vante les mérites de la langue danoise qui n'a pas disparu, malgré la prégnance de l'allemand et du latin. Il faut rendre une influence vivante à cette langue maternelle qui, au XVIIIe siècle, fut traitée comme une esclave. Et Grundtvig en appelle aux scaldes[2], passés et présents, qui seuls expriment l'esprit du peuple et peuvent répondre à son aspiration, et à qui il appartient « d'éveiller et de nourrir l'amour de la patrie et de communiquer à la langue maternelle force et richesse ».

1. Au moment où il écrivait ce texte, Grundtvig y avait séjourné trois fois en 1829, 1830 et 1831.

2. Poètes scandinaves dont la démarche intuitive et imagée permet, selon Grundtvig, d'exprimer la vie dans toute son intensité.

Le contexte politique du Danemark explique l'intérêt particulier de Grundtvig pour ces deux thèmes, et ce texte, écrit en 1836, marque même son entrée dans cette sphère[1]. Bien qu'il n'en ait jamais fait partie, Grundtvig porta, en effet, beaucoup d'intérêt à la création des assemblées consultatives danoises en 1834, dont on considère qu'elles constituèrent le premier pas pour l'introduction de la démocratie dans le pays. À cette époque, seuls deux pour cent des hommes de plus de trente ans pouvaient y siéger, le droit de vote n'ayant été élargi à soixante-treize pour cent d'entre eux qu'en 1848, au moment de l'adoption de la première constitution danoise[2]. C'est pourquoi Grundtvig parlera d'abord « d'élite de citoyens », avant de considérer ces assemblées, dans le présent texte, comme des « Conseils d'État », puis des « Conseils du peuple ».

Il suivit attentivement leurs débats et les perspectives politiques qu'elles ouvraient. Mais rapidement, il orienta sa réflexion de manière plus large vers les notions de peuple et de parole vivante, qu'il développa parallèlement à celles de communauté et de « verbe vivant » dans le domaine religieux. Il réfléchit également au moyen de contribuer à l'enrichissement de la vie démocratique, c'est-à-dire à la création d'une haute école populaire : c'est « le Conseil d'État du peuple, qui rend une haute école danoise tout à fait nécessaire ».

Le but de cette école est d'éduquer ou d'éveiller les citoyens danois – à la fois les membres des assemblées et leur électorat –, elle doit leur permettre de considérer leur vie « du point de vue plus élevé que créent l'esprit du peuple et l'amour de la patrie » pour pouvoir la mener de façon « beaucoup plus noble », quand par contraste, les prisons scolastiques que sont pour lui les écoles latines, ne parviennent qu'à corrompre la vie civile. Développer la conscience d'une culture partagée permet, en effet, de voir plus loin que son avantage personnel et immédiat, et de s'impliquer dans la vie de la nation. C'est ce qui explique l'importance première accordée à la langue maternelle, vecteur de cette culture commune, relativement aux autres matières d'enseignement, les mathématiques et le latin en particulier.

Au début de sa réflexion sur les affaires scolaires, Grundtvig envisageait la haute école comme une continuation de l'université. Mais pour la première fois dans ce texte, et sous l'influence du pragmatisme anglais,

1. Il ne sera élu qu'en 1848 membre de l'assemblée constituante, puis membre du parlement jusqu'en 1858. Il sera ensuite réélu à la chambre haute en 1866, à l'âge de quatre-vingt-trois ans.

2. Les femmes obtinrent le droit de vote en 1915, au Danemark.

il la voit indépendante, se préoccupant prioritairement de ressourcer la vie sociale et d'œuvrer au bien-être concret des citoyens.

Et Grundtvig fait la prédiction poétique de l'apparition de cette haute école danoise qu'il appelle de ses vœux, à Sorø[1]. Il précise cependant qu'il ne s'agit pas d'une vision, mais d'« une supposition aussi raisonnable qu'affectueuse », fruit d'une mûre réflexion, basée sur l'histoire du lieu et sur sa philosophie personnelle de l'histoire[2] : il suffit de réaliser maintenant, à l'époque de la raison, ce que cette institution contenait en germe au moment de sa création, de sa jeunesse, et de la rendre à sa destination manquée.

Dans le texte qui suit « La patrie et la langue maternelle », Grundtvig complète sa description du trèfle à quatre feuilles par la conception qu'il a de la relation entre « Le roi et le peuple ». Une fois encore, il en retrace l'histoire dont l'aboutissement, au Danemark, est la création récente des assemblées consultatives, expression d'un rapport de confiance nourri de longue date, et alliance de la libre parole du peuple à l'action du roi. Les idées libérales que Grundtvig vit à l'œuvre outre-Manche et dont il se fit ensuite l'écho dans tous les domaines, sont ainsi contrebalancées par des valeurs et un héritage plus traditionnels. Il se méfie en particulier de la notion d'État, abstraite et venant de l'étranger, à laquelle il préfère des mots ou expressions comme le roi, la patrie, les intérêts du royaume, le bien commun ou l'État danois, qui reflètent sa conception concrète et vivante du peuple. Cette « relation démocratique » entre le roi et la patrie, nourrie par l'usage de la langue maternelle, ne devrait pas seulement sauver le Danemark, confronté dans l'immédiat à des difficultés de politique intérieure et extérieure[3], mais ouvrir une « année d'Or », un âge caractérisé par un épanouissement de la vie sur Terre.

France ROY

1. Voir la présentation générale en début d'ouvrage.

2. Grundtvig voit le déroulement de l'histoire de l'humanité selon trois époques : l'Antiquité, caractérisée par l'imagination, le Moyen Âge par le sentiment et la modernité par la raison.

3. Voir la présentation générale en début d'ouvrage.

LA PATRIE ET LA LANGUE MATERNELLE (1836)

L'oiseau a un nid et le renard une tanière[1],
La vieille Gefion[2] *n'a qu'un sac et un bâton !*
La reine mendie à toutes les portes,
Mais elle a gardé la même allure ;
Les terres lui appartenaient, avec les champs et les prés,
L'héritier, ce petit garçon, est en vie,
Personne ne le chassera de la prairie par l'acier,
Si seulement il connaît sa langue maternelle !

Je ne suis certes pas favorable à ce qu'on s'étende en longs commentaires sur la langue des scaldes[3], mais pour que les runes[4] ci-dessus ne soient pas complètement mystérieuses pour la plupart des lecteurs, je dois néanmoins me résoudre à ajouter que « la vieille Gefion », reine de Lejre à

1. *Matthieu* 8, 20.

2. D'après l'*Edda en prose*, l'une des principales sources qui renseignent sur la mythologie nordique, rédigée au XIIIe siècle par le grand historien et poète islandais Snorri Sturluson, Gefion est la déesse qui, chargée par Odin d'une mission d'exploration en direction du nord, obtint du légendaire roi suédois Gylfi une terre dont la surface devait correspondre à celle que quatre bœufs pourraient labourer en l'espace d'un jour et une nuit. Gefion eut alors quatre fils avec un géant et elle les métamorphosa en bœufs, qu'elle attela à une charrue. Elle jeta la terre qu'elle put ainsi arracher au sol suédois dans la mer vers l'ouest, et c'est ainsi que se forma l'île de Seeland. Le roi danois Skjold, autre roi légendaire, fils d'Odin, ancêtre éponyme des rois de Danemark appelés Skjoldungar, épousa Gefion et ils s'établirent à Lejre, qui fut le siège de la dynastie jusqu'au Xe siècle.

3. À l'époque des Vikings, le scalde était un poète chargé de célébrer les hauts faits d'un roi ou d'un chef et de commémorer les grands événements.

4. Les Vikings utilisaient une écriture cunéiforme, les runes, pour rédiger les courts textes et inscriptions qu'ils gravaient sur des supports en matériaux durs, la pierre, l'ivoire, le cuir, le bois, etc.

l'époque du roi Skjold, désigne ici « la patrie » sous un aspect maternel, et « son jeune fils » l'« éducation et les lumières » qui, sans une réelle familiarité avec la langue maternelle, ne peuvent pas prendre des forces.

En ce qui concerne notre patrie, il n'y a guère de rat de bibliothèque qui la connaisse mieux que moi, de fond en comble, car je suis né dans la forêt, et étant enfant, j'ai joué entre les hêtres de la Seeland, j'ai grandi dans la lande noire du Jutland et me suis bien amusé dans la bruyère, les broussailles et la tourbe[1]. J'ai connu la passion dans ma jeunesse, dans l'île de Langeland, près de la ceinture enchantée de la sirène[2], et je grisonne maintenant dans la capitale, au bord du fier Øresund, tandis que les runes des époques antiques de la crémation et des tumulus, ainsi que les lettres de l'alphabet des moines du Moyen Âge, ont été, sous leur forme la plus vivante (c'est-à-dire dans l'histoire de la patrie), pendant trente ans mes préférées. Il est certain que je suis partial à l'égard de la « splendeur féconde du Danemark »[3], et je ne connais par expérience que peu de choses concernant les pays étrangers, mais j'ai acquis une assez bonne connaissance des meilleurs d'entre eux par les livres, et pendant la période de ma vie où j'étais le plus impartial et le moins patriote, j'ai tout de même fait un voyage jusqu'à l'autre rive de la mer du Nord[4], et j'ai comparé très froidement la sirène du bord de l'Øresund avec la reine des elfes près de la Tamise, la colline de Frederiksberg avec Richmond-Hill, la falaise de Møn avec les « côtes blanches d'Albion » et le paradis danois de la Seeland avec celui du Devonshire, en Angleterre. À cette occasion, j'ai vraiment trouvé qu'à l'étranger, ce qui était beau l'était beaucoup moins, et ce qui était laid m'a semblé l'être beaucoup plus, si bien que si j'excepte l'aimable modestie de la police, une partie des trottoirs de Londres et toutes les routes, l'indifférence à l'égard de tout ce qui est étranger et qu'on ne peut

1. Né à Udby en 1783, localité du sud de l'île de Seeland, où se trouve Copenhague, Grundtvig fut envoyé à l'âge de 9 ans à Thyregod, au centre du Jutland, pour s'y préparer à l'entrée à l'école latine. Il termina sa scolarité à Aarhus en 1800 et passa le baccalauréat avec succès à Copenhague, après quoi il fit des études de théologie, qu'il acheva en 1803. Les années qu'il passa à Aarhus ont laissé une trace indélébile dans sa mémoire. C'est là qu'il conçut une profonde aversion pour ce qu'il appelait « l'école noire ».

2. À l'âge de 22 ans, Grundtvig fut engagé comme précepteur dans le domaine d'Egeløkke, sur l'île de Langeland, où il séjourna pendant trois ans. Son élève était le fils de Constance Steensen-Leth, la propriétaire du manoir, alors âgée de 28 ans. Grundtvig éprouva pour elle une passion dévorante qu'il arriva néanmoins à réfréner et à sublimer.

3. Allusion à l'ouvrage topographique d'Arent Berntsen, *Danmarckis og Norgis fructbar Herlighed* (1650-1655).

4. L'Angleterre fut sa seule expérience de voyage à l'étranger. Il y séjourna trois fois entre 1829 et 1831, pour y travailler sur les manuscrits du Moyen Âge anglais, puis une quatrième en 1843.

pas s'approprier avec profit, mais avant tout l'activité libre et vivante des énergies, qui se déploie dans toutes les directions, autant de choses qu'on pourrait fort bien imiter ici, je ne sais pas ce que le petit Danemark pourrait envier à la grande, célèbre et très riche Angleterre. Mais, mis à part sa constitution déraisonnable qui ne convient qu'aux « hommes les plus déraisonnables », il n'y a sûrement rien d'anglais que nous devions moins imiter que la seule institution contraignante de l'île, à savoir l'aide aux indigents, cet abîme artificiel qui est capable d'engloutir toute la richesse de l'Angleterre sans qu'elle puisse le combler le moins du monde.

Venons-en maintenant à la langue maternelle. Cela fait si longtemps que je suis un ouvrier dans ce domaine, par « la bouche et la plume », qu'on pourra difficilement me refuser la liberté de m'exprimer, et bien que je sois naturellement extrêmement partial à cet égard et que j'aie soigneusement évité jusqu'après « la quarantaine » d'être moi-même « germanisé », j'ai pourtant encore dans la bouche le goût empoisonné du latin, que j'ai vomi il y a une génération entière ; j'ai ensuite été entiché de l'islandais pendant un temps, j'ai été poussé par ma nature et mon activité historiques à m'occuper de langues étrangères, et finalement, je me suis mis sérieusement à l'anglais, qui est la langue qu'un latiniste danois peut le mieux maîtriser, et après tout cela, je peux vraiment me permettre de répéter tous mes éloges de la langue maternelle sans craindre les haussements d'épaules des philologues des temps à venir avec leurs lumières bien supérieures. C'est ainsi que je crois réellement que tout ce qui est beau et bon peut être traduit en danois sans qu'on y perde quoi que ce soit, tandis que le meilleur danois ne peut être traduit dans aucune langue, même pas en anglais, sans qu'on y perde au moins la moitié, car il en va de la langue de la sirène comme de la mer, qui est vivante jusqu'au fond et tout aussi naturelle sous toutes ses multiples formes, depuis la mer étale la plus calme jusqu'à la tempête la plus violente.

Chacun est libre de mettre cela autant qu'il veut sur le compte de ma partialité, car je n'ai pas encore trouvé d'étranger jouissant d'un minimum de liberté de parole qui n'ait reconnu aussitôt que

> le Danemark, prairie et pré des plus charmants,
> entouré de vagues bleues[1],

est un beau pays, et que le danois, surtout sur les lèvres de notre beau sexe, est une langue douce, merveilleusement riche et profonde, souple et sonore

1. Ce sont les deux premiers vers de la *Chanson du Dannevirke*, écrite par Laurids O. Kock vers 1685. Grundtvig en a donné une version révisée publiée pour la première fois en 1817.

dans les livres de nos scaldes, de sorte que si la question était examinée correctement, je n'ai guère de doute que tous les étrangers, après celui de leur propre langue, feraient l'éloge du Danemark et du danois, comme les chefs grecs le firent de Thémistocle[1]. Mais même si j'en ai trop dit à ce sujet, le beau Danemark et la douce langue maternelle ont, pour le peuple danois, indiscutablement l'avantage sans égal d'être sa propriété, si bien qu'il serait injuste de lui en vouloir de les préférer de beaucoup, comme tous les autres peuples, d'ailleurs, à tout le reste du monde avec toutes ses langues. Ce trait fondamental, qui est inséparable de la nature de tout peuple encore vivant, je n'aurais par conséquent pas du tout à le souligner, mais uniquement à le considérer comme admis, si on ne prétendait pas que cette prédilection naturelle pour la patrie et la langue maternelle, avec tout ce qui s'y rattache, a disparu depuis longtemps.

J'en ferais volontiers un sujet de plaisanterie en demandant où cette prédilection a bien pu émigrer, étant donné qu'on ne l'a trouvée nulle part à l'étranger, mais comme les apparences sont trop défavorables au Danemark et que cette question est trop sérieuse, je dois citer les arguments les plus importants qu'on puisse invoquer en faveur de la plus fantastique des migrations et montrer que, par bonheur, ce n'est, malgré toute vraisemblance, qu'un conte absurde et, du fait de sa longueur excessive, extrêmement ennuyeux.

On dit en effet qu'au Danemark, tout semble être organisé avec le plus grand renoncement à soi-même, en partie pour la commodité des étrangers et en partie selon leur goût, et que c'est manifestement en accord avec l'esprit ou l'absence d'esprit du peuple, étant donné que, d'habitude, les gens cultivés connaissent bien mieux le nom de tous les départements français et les gouvernements russes que l'endroit où se situent Salling et Thy[2], et qu'ils sont prêts à demander pardon même à un Russe et un Polonais de ne pas parler leur langue, tandis qu'ils trouveraient ridicule qu'un étranger s'excuse de ne pas savoir parler la leur.

C'est sans doute un peu exagéré, mais c'est assurément un fait, et les Anglais disent fort justement que les faits sont de drôles d'individus têtus (*facts are stubborn things*), de sorte que je préfère en rester là jusqu'à ce que, comme je l'espère, cette affirmation disparaisse d'elle-même. Mais je prétends hardiment que plus les apparences sont contre nous, plus cela prouve que la prédilection a été plus forte, puisque nous avons encore une

1. Thémistocle (524-459 av. J.-C.), homme d'État athénien. Habile stratège, il contribua de façon décisive à la victoire des Grecs sur les Perses lors de la bataille navale de Salamine (480 av. J.-C.) Ce qui lui valut une grande popularité.

2. Salling et Thy sont des régions du Nord-Ouest du Jutland.

patrie indépendante et une langue maternelle qui, dans les livres comme dans notre bouche, se distingue avantageusement de n'importe quelle autre langue.

Quand bien même notre patrie serait entièrement « entourée de vagues bleues », comme celle des Anglais, on peut tout de même comprendre que si notre docilité à l'égard des étrangers, le soin que nous prenons de leur commodité, et notre admiration pour leur goût avaient été illimités, ils se seraient depuis longtemps installés chez nous en si grand nombre que nous aurions dû, pour leur commodité et pour satisfaire leur goût, faire preuve d'un renoncement à nous-mêmes autrement plus fort, et procéder à des changements beaucoup plus profonds « du château à la chaumière » que ceux que nous avons été assez bien élevés pour inventer nous-mêmes ou assez dociles pour accepter. Que « les vagues bleues » ouvrent tout autant qu'elles ferment la porte à de tels visiteurs qui se sont invités eux-mêmes, l'Angleterre l'a ressenti par le passé profondément, et elle nous l'a aussi prouvé clairement plus tard[1]. Et étant donné que maintenant, comme le dit la chanson, « la barrière est sortie de ses gonds », de l'autre côté du champ[2], cela ne peut pas être autre chose qu'une imposture de parler du manque d'amour pour la patrie d'un petit peuple, qui, dans des circonstances aussi dangereuses, a fait pour ainsi dire lui-même signe de la main aux étrangers, et est pourtant resté le plus vieux des peuples d'Europe jamais asservis et indépendants. L'Anglais a senti lui-même le premier jeudi saint du dix-neuvième siècle, que notre docilité notoire n'a commencé qu'à partir du moment où il a cédé, et lorsque par la suite il a fait des efforts et s'est hâté « pour nous faciliter les choses », celle-ci n'a pourtant pas du tout été à la hauteur de son attente; car la capitale a préféré être réduite en cendres et perdre ses millions flottants[3] plutôt que de se laisser désarmer par des menaces, et le fait que le Danemark ait préféré endurer une guerre de sept ans totalement désespérée plutôt que de considérer la conquête de la Seeland[4] comme une visite d'ami, est au regard de l'histoire universelle un

1. Grundtvig fait ici allusion aux expéditions vikings et à la « revanche » que l'Angleterre prit bien plus tard au moment des guerres napoléoniennes : le 2 avril 1801, jour du Jeudi Saint, lors de la première bataille de Copenhague entre les forces danoises et britanniques (*bataille de la Rade*), puis en 1807, lors de la seconde bataille de Copenhague, à l'issue de laquelle les troupes britanniques confisquèrent la flotte danoise et l'emmenèrent en Angleterre.

2. « La barrière est sortie de ses gonds », autre citation de la *Chanson du Dannevirke* de Laurids O. Kock. Allusion à la frontière sud qui sépare le Danemark de l'Allemagne.

3. Allusion au bombardement intensif de Copenhague (septembre 1807), qui dura trois jours et fit de nombreuses victimes, et à la flotte danoise, enlevée par les troupes britanniques la même année.

4. Débarquement des troupes anglaises sur l'île de Seeland, en septembre-octobre 1807.

profond témoignage d'amour de la patrie, auquel l'intermède des « poules de Køge »[1] n'enlève strictement rien.

La faim est une dure épée, dit le proverbe à juste titre, et si le Danemark l'a lui-même bravée pendant la guerre de Sept Ans pour défendre son indépendance, et si même beaucoup de ses fils l'ont bravée de façon tout à fait évidente sur les bateaux de prisonniers, nous pouvons certainement nous permettre de dire qu'une nouvelle « offrande alimentaire » a été placée sur l'autel de la patrie, qui témoigne d'une dévotion extrême, d'une façon encore plus valable que tous les « sacrifices immolatoires », et si, en faisant violence à notre propre nature, nous avons nous-mêmes rendu ce sacrifice plus lourd qu'il ne l'était réellement, cela a sûrement été une grande erreur, mais celle-ci rehausse encore notre triomphe.

Ce que le Danemark maltraité et extrêmement incompris a supporté patiemment, justement en ce siècle, avec son roi populaire, pour sa vieille indépendance, la bonne fortune le lui rendra et la génération à venir l'admirera, et à la fin de la guerre de Sept Ans, lorsque l'Europe entière s'est jetée sur nous parce que nous avions été les complices de Napoléon[2], bien qu'on n'ait pas trouvé chez nous un fil de son butin mais seulement des traces de ses aigles, j'étais là, saisi d'enthousiasme pour la patrie, parmi la jeunesse du Danemark qui avait étudié dans les livres, et je voyais leurs yeux briller et leurs joues s'empourprer tout comme les miens[3], et la seule chose que je

1. Allusion à la défaite cuisante essuyée en août 1807 à Køge par les troupes danoises face à l'armée anglaise. Cette bataille est parfois désignée sous le nom de « bataille des sabots », du fait que les troupes danoises locales étaient composées de paysans mal équipés et mal préparés, alors que les troupes britanniques leur étaient largement supérieures. Le terme « poules de Køge » (*Køge Høns*) vient d'une expression très ancienne souvent employée à l'époque : « voir les poules de Køge ». Son sens a beaucoup varié au fil du temps. Le simple fait d'évoquer Køge a sans doute créé chez Grundtvig une association d'idées avec cette expression. On trouve le même rapprochement entre Køge, les poules et la bataille de 1807 chez le conteur Andersen, dans l'histoire du « Petit Tuk » publiée en 1847.

2. En réalité, les Danois ne souhaitaient pas s'allier à Napoléon, contrairement à ce que supposaient les Anglais. Le bombardement de Copenhague et les autres actes de guerre ne leur laissèrent pas le choix. C'est presque à leur corps défendant qu'ils se rangèrent du côté de l'empereur.

3. En janvier 1814, le traité de Kiel ayant attribué la Norvège à la Suède, un fort courant d'opinion prit fait et cause pour défendre les intérêts de la Norvège et une forte résistance s'organisa autour du prince Christian Frédéric (le futur Christian VIII), qui avait été envoyé en Norvège par le roi Frédéric VI pour maintenir l'ordre, mais prit la tête d'un mouvement patriotique dont les représentants rédigèrent une constitution et élurent le prince danois comme roi de Norvège le 17 mai de la même année. Ce « règne » ne dura toutefois que quelques mois. C'est dans ce cadre que Grundtvig appela les milieux étudiants de Copenhague à protester en mettant sur pied une division prête à intervenir par les armes. Pendant quelques mois, la tension entre la Suède et les patriotes norvégiens fut grande, mais il n'y eut pas d'opération

pouvais m'imaginer était que toute la jeunesse du Danemark capable de porter les armes se vouerait elle-même au premier signal à un sacrifice sanglant dont on aurait vainement cherché un équivalent dans l'histoire universelle, et ce, pour un sacrifice qui ne concernait pas la patrie au sens le plus strict, mais le « Royaume jumeau » du Nord[1] qui n'a pas son pareil et qui, pendant des siècles, a semblé n'avoir qu'une seule âme dans deux corps. La Norvège n'était pourtant pas une partie du Danemark, et même pour le frère le plus cher, ce sacrifice inutile pour lui aurait été trop grand, ainsi en a jugé la Providence, et son jugement a déjà été justifié. Il n'en est pas moins certain que bien que l'amour danois de la patrie ait eu les apparences contre lui, il a néanmoins la vérité pour lui, ce que personne ne niera, lorsque nous oserons nous montrer tels que nous sommes dans la vie quotidienne, de sorte que l'amour de la patrie, qui est l'âme de la vie de notre peuple, sera aussi l'âme de toutes nos institutions, et il deviendra le dénominateur commun de toutes nos fractions. Et cela va sûrement se faire, notre devise va devenir : *Le Danemark avant tout*, et *ensuite les étrangers*, suivant la façon dont ils se comporteront à notre égard. Car jusqu'à présent, ils ont causé au vieux Danemark tout le malheur qu'ils ont pu et ils ne pourront donc pas faire plus de mal lorsque leur colère sera à son comble ; et quelle que soit la façon dont cela finira, il ne pourra rien nous arriver de pire que l'effondrement, si nous continuons à être dociles à l'égard des étrangers au détriment de la patrie. On peut parler autant et aussi bien qu'on veut de la justice sévère et de la pure vertu, mais lorsque la patrie est détruite, que donnent les étrangers et que nous donne la justice sévère en échange, à nous et à nos enfants ? Fais aux autres ce que tu veux que les autres te fassent[2], c'est le droit des peuples autant que le droit de l'homme, mais si c'est tout ce que nous pouvons exiger et bien plus que ce que nous avons obtenu des étrangers, pourquoi devrions-nous avoir une dureté de cœur aussi peu naturelle ou une ambition assez ridicule pour exiger davantage de nous-mêmes ?

militaire de grande envergure. Sous la pression des armes et des grandes puissances impliquées, le roi Frédéric VI dut s'incliner et céder la Norvège à la Suède.

1. Pendant plus de quatre siècles, de 1380 à 1814, il n'y eut pas de royaume de Norvège indépendant. On désignait volontiers le royaume de Danemark-Norvège sous le nom de « royaume jumeau ». La capitale était Copenhague et la Norvège était traitée comme une lointaine province, mais les rapports entre les deux parties du royaume étaient bons. La séparation ne fut pas le résultat d'une insurrection, mais d'un ajustement géopolitique. La Norvège fut en effet attribuée à la Suède sous la forme d'une « union personnelle », pour compenser la perte de la Finlande, devenue grand-duché russe en 1809. Cette nouvelle alliance dura jusqu'en 1905, date à laquelle la Norvège retrouva sa totale indépendance.

2. *Matthieu* 7, 12 ; *Luc* 6, 31.

Voilà, après la patrie, la langue maternelle ! Ce qu'elle a dû supporter, depuis que Saxo, à l'époque de Valdemar le Victorieux[1], a écrit *La chronique du Danemark* en excellent latin[2], ma plume ne peut pas plus le décrire que ce qu'a dû souffrir « ce vieux frêne »[3] dont le tronc pourrit, les feuilles sont mangées, la racine est rongée, et dont l'aigle et l'écureuil méditent le malheur. Mais ce que le danois est encore et ce qu'il peut devenir, après six cents ans d'esclavage sous le joug écrasant du latin et le fouet impitoyable de l'allemand, je le sais à peu près ; et est-il possible que le danois puisse encore être une langue vivante, pas seulement pour les paysans et les enfants, mais pour le roi et tous ses scaldes[4], si le peuple, malgré tout son mépris apparent, ne l'avait pas aimé du fond du cœur et ne l'avait pas honoré comme la prunelle de son œil ? Non, si les Anglais eux-mêmes ont admiré la façon dont les Danois se sont battus après quatre-vingts ans de paix[5], le monde entier admirera certainement comment les scaldes danois ont utilisé leur langue maternelle à la fin du XVIIIe et au début du XIXe siècle[6] ! J'ose affirmer sur mon honneur et ma conscience historiques qu'on n'a pas entendu de chœur de scaldes aussi populaire et patriotique dans un autre pays depuis que les chanteurs de la Grèce se sont tus, et qu'y a-t-il entre le ciel et la terre – depuis l'essor de la pensée qui s'élève au plus haut du ciel jusqu'au vol le plus léger qui plane au-dessus des fleurs dans la prairie, et depuis le tonnerre qui gronde dans les nuages jusqu'au doux murmure qu'on entend dans la chambre du cœur – que la langue maternelle de ces scaldes n'aient pas pu exprimer de façon vivante, gracieuse et plaisante ! Et où les scaldes l'ont-ils reçue ? Ils ne l'ont sûrement pas fait venir de pays étrangers où personne ne la comprend ? Ils ne l'ont certainement pas lue non plus dans la maudite grammaire latine ni dans les classiques romains empoisonnés ! C'est avec l'oreille, qui a été formée pour cela sous un cœur de mère, qu'ils ont saisi parmi le peuple ce que le peuple comprend et reconnaît comme sien, ou qu'ils ont forgé quelque chose de nouveau avec le même bronze et le même son. C'est sûrement l'esprit du peuple qui leur a enseigné cet art. L'esprit du peuple a

1. Valdemar II « le Victorieux » régna de 1202 à 1241.

2. Le titre latin de cet ouvrage est *Gesta Danorum*.

3. Il s'agit d'*Yggdrasil*, l'immense frêne que la mythologie nordique situe au centre de l'univers.

4. Grundtvig prend ici le mot « scalde » au sens figuré de poète particulièrement représentatif de la culture danoise.

5. La Grande Guerre du Nord, qui opposa la Suède au Danemark, à la Russie et à leurs alliés, prit fin en 1721. Le Danemark fut à nouveau en guerre en 1801, contre le Royaume Uni.

6. Grundtvig pense ici à des écrivains et poètes comme Henrik Steffens ou Oehlenschläger, qui introduisirent le romantisme au Danemark.

donc aussi peu disparu que le cœur du peuple a gelé, et il a au contraire prouvé de nos jours de façon très vivante, malgré la « mort noire » qu'est la « composition latine », non seulement sa présence mais aussi son pouvoir : il a eu le verbe haut, si bien que le latin et l'allemand se sont tus dans les champs, il s'est honnêtement efforcé, bien que cela ait été en vain jusqu'à présent, de rendre au peuple ce qui appartient au peuple, à savoir une bouche ouverte pour exprimer tout ce que la nature lui a donné, ou ce qu'il peut s'approprier de vivant, et bannir le reste.

On a beau estimer qu'il est invraisemblable que toute la richesse de la langue maternelle des livres de nos scaldes se trouve dans la bouche du peuple, rassemblée grâce à l'aumône des pauvres[1], cela n'en est pas moins vrai, et tout le mystère réside dans l'oreille du scalde, qui apprend avec une telle facilité qu'elle perçoit chaque ton populaire dans toute sa sonorité naturelle, et est à ce point avare qu'elle ne relâche jamais aucun prisonnier. Il y a ainsi certains proverbes danois, de même qu'un grand nombre de locutions et d'expressions authentiques que je suis certain de n'avoir entendues qu'une seule fois, souvent uniquement dans mon enfance, et c'est pourquoi je suis d'autant plus sûr que si on ne remédie pas à notre époque à la pauvreté extrême de la bouche du peuple par la richesse que nous lui avons volée en douceur, elle ne s'en remettra jamais. Mais cela prouve simplement que la nature a maintenant besoin de l'aide de l'art, et en aucune manière que le naturel d'un peuple en butte aux armes ennemies les plus élaborées ait pu jusqu'ici se tirer d'affaire aussi bien que le peuple danois l'a fait !

Bien que le Danemark, écrasé par le latin et dévasté par l'allemand, ait oublié il y a de nombreux siècles le nom de sa vieille dise[2], la femme à l'habit de plumes qui enseignait au scalde savant des chansons d'amour, mais partageait aussi pour moitié avec Odin, chaque jour sur le champ de bataille, la conclusion est par conséquent qu'il existait néanmoins encore au XIXe siècle des scaldes au Danemark qui portaient l'habit de plumes de la même dise et étaient suffisamment puissants pour aller, ainsi vêtus, là où ils en avaient envie. Sur leurs langues, on trouvait les mêmes sons émouvants quand ils chantaient avec douceur la joie secrète, qu'ils

1. *Marc* 12, 42-44.

2. Dans la mythologie nordique, les dises étaient des divinités en rapport avec la fécondité. Il s'agit ici de Freya, déesse de la fertilité et de l'amour, qui avait un habit de plumes qu'elle prêtait parfois à d'autres divinités. Elle recevait la moitié des guerriers morts au combat, l'autre moitié revenant à Odin.

chantaient en danois le bonheur de l'amour, sans que le chant de Bjarke[1] ait pour autant dépassé leurs forces ou qu'ils aient eu le souffle trop court pour faire retentir le cor de Gjallar[2], de sorte qu'il pourra être remédié à tout ce que la langue maternelle a souffert et perdu, si seulement elle est autorisée à se reproduire de façon vivante dans le pays, telle qu'elle vit encore, dispersée dans le peuple, mais rassemblée uniquement auprès des prêtres et des prophètes naturels que sont les scaldes. On nous avait fait croire que cela pouvait se faire avec « la plume et l'encre », mais il est clair comme le jour que, de cette façon, on ne fait que flatter un peuple, et on lui fait perdre son héritage. Si le peuple danois a encore un tant soit peu d'amour pour sa belle langue maternelle, pour cette manière naturelle, fluide, vigoureuse de s'exprimer au sujet de tout ce qui est dans son cœur et tourne dans sa tête, qu'il sollicite alors ses scaldes, pendant qu'ils sont encore vivants parmi eux, et qu'il les harcèle tout en douceur pour faire sortir d'eux tout ce qu'ils ont volé de la même manière jusqu'à devenir riches, et qu'ils feraient bien mieux de restituer à leurs vrais propriétaires pendant qu'ils sont encore en vie, plutôt que de l'emporter avec eux dans la tombe, de l'enfouir dans les livres et de revenir sous forme de fantômes !

On va sûrement pouvoir se rendre compte maintenant si c'est avec l'approbation du peuple que le latin a régné ici pendant six cents ans, mais de la même façon qu'on n'a pas parlé latin ni voté pour lui à Roskilde, la voix du peuple sera certainement favorable à une haute école danoise – plus vite cela se fera, mieux ce sera – où tout tournera autour du roi et du peuple, de la patrie et de la langue maternelle, et où les scaldes, qui chantaient le roi et la patrie avec la parole qu'ils ôtaient de la bouche du peuple, seront contraints de travailler pour leur nourriture et leur honneur, mais, en tant que Danois nés libres et en tant que personnes imprévisibles, ils n'y seront naturellement contraints que par l'esprit du peuple, poussés uniquement par l'amour de la patrie qui les habite, et par la perspective de l'immortalité dans la langue du peuple qui les enchante.

On imagine facilement que je sais que beaucoup trouveront ridicule de prétendre que les « scaldes » doivent enseigner le peuple, et si je ne suis pas moi-même capable de m'élever au-dessus de ces rires, comment le peuple le pourra-t-il? Je ne veux donc rien faire d'autre pour les calmer que de signaler très sobrement qu'il n'est pas du tout question ici de former des

1. *Le Chant de Bjarke* (*Bjarkemål*) est un poème de la mythologie nordique, cité par Saxo Grammaticus dans *Gesta Danorum*.

2. Le *Gjallarhorn* (le cor de Gjallar) est le cor avec lequel le dieu Heimdal doit envoyer un message pour réveiller tous les combattants d'Odin et les prévenir de l'imminence du *Ragnarok*, c'est-à-dire la fin cataclysmique du monde.

passionnés de la lecture ou de préparer à des « examens », mais simplement d'éveiller et de nourrir l'amour de la patrie et de communiquer à la langue maternelle force et richesse. Et si les érudits pétris de culture classique avaient été meilleurs que les poètes danois dans ce domaine, ils auraient certainement mieux écrit dans leur langue maternelle et pour celle-ci, et il y a longtemps qu'on aurait parlé un bon danois dans les hautes écoles, au lieu d'un mauvais latin. Si donc nous voulons avoir de nos jours une haute école danoise où l'amour de la patrie devra souffler et la langue maternelle fleurir, il faut remercier Dieu pour les scaldes et leur permettre, s'ils le peuvent, de gagner un peu de faveur auprès du peuple pour leurs chants patriotiques et ce qu'on trouve d'autre dans les livres des scaldes. Et qui peut avoir quelque objection à faire contre cela si ce n'est les latinistes endurcis que le Danemark ne peut pas avoir éduqués, car même les plus endurcis avouent que malgré les rêveries et la superstition, le relâchement et la légèreté, l'école latine ne peut pas se passer d'eux à cause du goût, de la vivacité et la richesse de la langue, car si l'école « pour la mort » elle-même ne peut pas se passer des poètes « morts », l'école « pour la vie » peut manifestement encore beaucoup moins se passer des poètes vivants.

Je n'ai pas peur non plus d'être mal compris, car je répète bien sûr ici à dessein ce que j'ai déjà dit, à savoir que le Conseil d'État du peuple[1], qui rend une haute école danoise tout à fait nécessaire, doit aussi être présent de façon vivante à notre esprit lors de l'organisation de celle-ci. Et si quelqu'un me croyait capable d'avoir le désir insensé que les membres du Conseil d'État soient des dilettantes en matière d'esthétique, on voit tout de même par les louanges que j'ai exprimées lorsqu'il s'est réuni pour la première fois, d'une façon qui manquait totalement de poésie, que je suis loin d'être de cet avis. Qu'ils soient au contraire aussi bien informés que possible au sujet de la nature du peuple, la constitution de l'État et la patrie à tous égards, est un désir que le roi et le peuple doivent partager avec moi, et d'autres que les scaldes ont là une occasion de faire de leur mieux, mais il ne faut pas, d'une part, que ces lumières soient dépourvues de l'empreinte supérieure que donne l'esprit du peuple, et d'autre part, sans l'amour de la patrie, elles cesseraient d'avoir un effet bienfaisant, et elles ne sont, pour finir, ni pensables ni utilisables sans la force de la langue maternelle, de sorte que les scaldes sont tout à fait indispensables. À ceci s'ajoute le fait que « les lumières », pour qu'elles soient authentiques, doivent pour l'essentiel avoir leur origine dans la vie de l'individu ou pour le moins

1. Grundtvig fait ici allusion aux quatre assemblées provinciales consultatives annoncées par le roi Frederik VI en 1831 et effectivement créées en 1834. Celle de Roskilde citée plus loin dans le texte était l'une d'entre elles.

résister à l'épreuve de celle-ci, mais l'« atmosphère » qui façonne sa propre vie, l'« œil » avec lequel il perçoit les événements qui en font partie, et le « ton » sur lequel il exprime ses expériences – il doit introduire tout cela dans sa vie dès sa jeunesse, et c'est l'une des raisons principales qui plaident pour une haute école populaire. Ceci étant, est-il si difficile de comprendre que la situation serait désespérée pour tous ceux qui n'ont que le strict nécessaire et pour le royaume tout entier, si les propriétaires de domaines qui élisent et constituent légitimement le Conseil d'État du roi ne tenaient compte que de leur propre avantage immédiat, n'apprenaient pas de mieux en mieux à apprécier et à utiliser leur position aussi honorable qu'importante, ne se sentaient pas de plus en plus profondément comme les nouveaux « chevaliers du Dannebrog »[1] du royaume, et ne se présentaient pas de plus en plus clairement comme tels, en plaçant leur honneur dans le bien commun, et en faisant avec joie les sacrifices qu'il exige. Nous serions des enfants sous le rapport de l'intelligence si nous pensions que ce genre de choses se faisait toujours par hasard, ou que la meilleure disposition naturelle qu'un peuple puisse avoir pourrait même se passer sur ses vieux jours d'un art qui, sans vouloir l'écraser ou la dominer, lui viendrait aimablement en aide, comme une fille le fait pour sa mère qui prend de l'âge !

Il est sans doute tout à fait juste que, dans une telle haute école, on devrait dans la mesure du possible avoir l'occasion de s'approprier les connaissances en langues étrangères ou dans d'autres matières que certains pourraient souhaiter acquérir, mais je leur attribue ici volontairement une importance secondaire, car, actuellement, la grande pierre d'achoppement sur le chemin de l'école qui mène à la compréhension de la vie, est justement que la dimension individuelle fait facilement oublier le tout, que les voies séparées cachent le bien commun, ou qu'on se déchire soi-même en mille morceaux pour faire des choses impossibles. L'expérience de l'ancien comme du nouveau monde enseigne qu'en considérant sa vie de citoyen à partir du point de vue plus élevé que créent l'esprit du peuple et l'amour de la patrie, on mène celle-ci d'une façon beaucoup plus noble et on la trouve beaucoup plus satisfaisante. Mais l'idée qu'en exerçant ses activités de citoyen à partir de ce qu'on appelle un point de vue scientifique supérieur, comme de simples expérimentations, on les exerce plus utilement et plus agréablement, n'est qu'une lubie allemande qui a eu jusqu'à présent toutes les expériences contre elle, si bien qu'il est sans doute plus sage de commencer par observer la vie civile allemande (au deuxième

1. Nom du drapeau danois.

degré[1]) pour voir si elle l'emporte sur l'anglaise, avant de se moquer de celle-ci et de s'approprier celle-là.

Il est plus éloigné de mes pensées que le soleil l'est de la terre de penser que notre formation civique doit être fondée sur les mathématiques avec la rigueur scientifique que la formation savante applique aux langues mortes. Car chez nous, la vie civile n'a manifestement pas besoin d'une école pour dépérir, et les Danois sentent sûrement eux-mêmes mieux que je ne puis le dire que les mathématiques ou la rigueur scientifique ne peuvent rendre vivants que des peuples très différents d'eux. D'ailleurs, ce qu'on a voulu à Roskilde, ce n'était pas davantage de mathématiques, de rigueur scientifique ou de latin. On s'est félicité au contraire à juste titre de s'être débarrassé de toutes les théories, et d'avoir pris le monde tel qu'il est, et si nous ne considérions pas les nécessités et les décorations du Conseil d'État du peuple comme le point culminant de notre formation populaire et citoyenne, nous serions des insensés incurables. De la tête et du cœur pour sa position importante et honorable, en tant que relation vivante entre le monarque absolu et le peuple né libre, une tête aussi éclairée et un cœur aussi chaud que possible pour cette vocation de citoyen la plus élevée, voilà ce que nous exigeons du Conseil d'État.

Il est toutefois évident que cette lumière et cette chaleur ne proviennent ni des mathématiques ni d'une quelconque rigueur scientifique, mais de l'amour pour la patrie et d'une façon de penser danoise simple qui s'en tient à la vie réelle et emprunte sa force à l'esprit du peuple. Ces mêmes qualités que nous exigeons du Conseil d'État, nous devons considérer qu'elles sont présentes chez les électeurs, bien qu'à un degré moindre, et souhaiter qu'elles le soient chez nous tous, et nous aurons ainsi une idée précise d'une formation populaire qui n'a rien à voir avec la formation savante, à moins que la formation savante, loin de combattre celle du peuple ou de la repousser, s'efforce de l'intégrer, de sorte qu'elle ne perde pas la faveur du peuple, dont elle tire toute sa vie, non seulement extérieurement, comme lorsque Holberg a dit aux latinistes qu'ils mangeaient du pain danois[2], mais aussi intérieurement, car ce n'est certainement pas des livres ou de

1. Par l'expression « vie au deuxième degré », Grundtvig se moque d'une vie vécue seulement dans le domaine des idées, comme dans l'idéalisme allemand. Il préfère une approche pragmatique de type britannique.

2. Ludvig Holberg (1684-1754), professeur à l'université de Copenhague, historien, écrivain ayant joui d'une réputation internationale, fut aussi un auteur de comédies particulièrement prolixe. Dans la scène 4 de l'acte I de sa pièce satirique *Erasmus Montanus* (1723), il met en scène un personnage (Per) qui explique que beaucoup de mots latins viennent en fait du danois.

l'encrier, mais de la vie du peuple que toute l'érudition vivante tire sa nourriture.

Je me contenterai d'exprimer ici de façon lapidaire le juste rapport qui existe entre la formation savante et la formation populaire et qui n'amène assurément pas à considérer la disposition naturelle du peuple comme la mère qui n'a enfanté que des imbéciles dont on ne pourra faire des hommes que par les mathématiques ou le latin, avec un savoir livresque et le « savoir-faire naturel » qui s'y rattache. Il est clair comme le jour que notre formation savante a été jusqu'à présent aussi peu danoise que possible, et qu'elle ne peut par conséquent pas être poursuivie, mais qu'il faut la mettre totalement de côté en organisant une haute école « danoise ». Mais la rencontre de Roskilde a aussi prouvé que les « latinistes » pensent généralement d'une façon beaucoup plus populaire qu'ils veulent bien le reconnaître, si bien qu'ils trouvent sans doute déjà que j'ai agi très sagement en m'efforçant de me « danifier » moi-même en temps et en heure.

Il semble néanmoins indiscutable qu'il n'y a aucun espoir d'obtenir une « haute école populaire » dans un pays où le « sol classique », plus qu'à aucun autre endroit, a été considéré comme la patrie des érudits et le latin comme leur langue maternelle, et où l'on ne peut même pas devenir « étudiant » sans rédiger une « composition latine », ou pasteur danois sans parler le latin, si bien qu'il ne semble pas y avoir d'autre solution que la formule désespérée des Anglais : « Aidez-vous vous-mêmes ! » S'il n'y avait rien d'autre, nous devrions bien sûr y avoir recours, de sorte que ceux d'entre nous dont le mot d'ordre est « Le Danemark jusqu'au jugement dernier » devraient rassembler ce qu'ils ont de têtes ou de skillings[1] pour atteindre ce grand but, car ce n'est pas parce que les érudits sont malheureusement devenus des latinistes que le vieux Danemark doit périr au point de vue spirituel. Mais sous un roi aussi populaire que Frédéric VI, qui n'ignore pas la couronne de martyr pour la patrie de Christian IV, pendant cinquante ans protecteur et bienfaiteur sans égal de la langue maternelle, des scaldes danois et de la science nordique, sous son sceptre, on doit préférer de beaucoup le conseil danois de « s'adresser au roi » ! Si seulement le Conseil d'État du peuple, qui, à cet égard aussi s'est engagé sur la bonne voie, avait connu la *Chronique du Danemark* aussi bien que l'un d'entre nous, Sa Majesté aurait certainement volontiers prêté l'oreille lorsque les Danois ont demandé qu'on leur rende ce qui, depuis des temps immémoriaux, avait été manifestement destiné à la langue danoise et non au latin.

1. Pièce de monnaie en usage au Danemark à l'époque.

Et pourtant, sans qu'on le lui ait demandé, le roi Frédéric VI a fait à la langue danoise tout le bien qu'il a pu imaginer et que la Providence lui a donné le pouvoir de faire, si bien que je suppose que mon allusion, comme toujours insignifiante, est ici tout à fait superflue. Comme je suis néanmoins habitué à considérer toute ma personne comme superflue au Danemark, sans toutefois l'anéantir moi-même, je laisse tout de même mes traits de plume sans doute superflus pour ce qu'ils sont et être de quelque utilité, s'ils le peuvent, étant donné que, j'en suis convaincu, ils ne font de toute façon pas de mal.

Malgré tout, pour que le lecteur ne se trompe pas et qu'il n'aille pas penser que je suis aussi fort dans le renoncement à moi-même et poussé à la vertu d'écrire par des motifs aussi purs que ce qui est décrit ci-dessus, pris au sens strict, pourrait faire croire, je lui ferai la confidence que d'une certaine manière, j'ai prédit publiquement (c'est-à-dire dans un texte imprimé qui est comme un manuscrit à l'usage d'amis) que l'Académie équestre de Sorø allait bientôt devenir une haute école danoise, et comme on ne veut guère être un « faux prophète » quand on a prédit quelque chose de bien, il est tout naturel que je fasse tout ce que je peux pour être un vrai prophète, car si la prophétie est un peu boiteuse si on travaille soi-même à son accomplissement, qu'est-ce que cela peut faire ? Il est bien préférable de boiter que de ne pas marcher du tout !

À l'aube de l'Année d'or (à l'anniversaire du roi de 1834[1]), lorsque je regardais les étoiles à ma manière et chantonnais tout seul :

> Quel est ce petit
> Qui est bercé sur la mer,
> Où les vagues roulent,
> Où toutes les tempêtes se sont tues ?
> Qu'est-il écrit dans son étoile ?
> Qu'est-ce qui somnole dans son cerveau ?
> Qu'est-ce qui sourit dans son rêve[2] ?

Non seulement j'ai pressenti alors, chose qui s'est d'ailleurs réellement produite, que cette année couronnerait l'œuvre royale de Frédéric VI et deviendrait le nombre d'or de l'almanach danois, mais avant que je m'en sois rendu compte, toute la pièce se remplit d'étrangers (au sens figuré) et je

1. L'année 1834 a été marquée au Danemark par deux célébrations importantes : les 66 ans du roi Frédéric VI, le 28 janvier, et le cinquantième anniversaire de son règne, le 14 avril. Le terme « Année d'or » signale qu'il s'agit d'une année faste. C'est aussi le titre d'un poème de 73 strophes écrit par Grundtvig à l'occasion de ce double anniversaire et publié au début de l'année, deux jours avant l'anniversaire du roi.

2. Cette citation et la suivante sont tirées du poème « L'année d'or ».

n'ai pas pu m'empêcher, parmi beaucoup d'autres compliments amusants, de dire à mi-voix :

Oui, Bragi[1], toi qui es l'ornement des bancs,
Je t'aperçois à Sorø,
Comme tu interprètes clairement
Ce qui est grand dans le Nord,
Ce qui a été donné au Danemark,
Ce qui est bon pour la vie,
Et sage pour l'humanité[2] !
Une lumière se répand alors
Et protège la vie et la vérité
Dans les champs et les forêts,
Explique la loi de la liberté,
À laquelle les actes, les paroles et les pensées
N'imposent des limites
Que pour que la liberté puisse demeurer !

On dira peut-être que c'est stupide de ma part, mais je ne suis pourtant pas de cet avis, car je trouve justement que c'était habile, si je voulais devenir sans peine un vrai devin, car je dois dire au lecteur, comme il le sait sans doute déjà, que je suis ce qu'on appelle un peu « superstitieux », chose que les savants eux-mêmes estiment que j'ai le droit d'être en tant que poète, et je crois entre autres fortement aux présages, d'une espèce bien particulière, il est vrai, qui s'est confirmée si souvent à mes yeux que je ris de ceux qui rient de ma superstition.

Et je veux pourtant être tout à fait franc, pour que le lecteur puisse voir lui-même à quelles astuces j'ai recours quand je fais des prédictions, pour être à peu près sûr qu'elles se réaliseront, et qu'il juge ainsi par lui-même si c'était stupide de ma part de prédire la haute école danoise de Sorø !

À l'époque du roi Valdemar[3], à laquelle nous revenons toujours lorsque nous voulons savoir comment l'histoire ancienne du Danemark s'est terminée, l'évêque Axel[4] était, on le sait, celui qui dirigeait tout, et parmi ses nombreuses « bonnes actions » en faveur du bien commun, celle qui

1. Bragi est le dieu nordique de la poésie. Le terme « ornement des bancs » désigne généralement une personne qui n'est bonne qu'à faire de la figuration. Loke emploie ce surnom pour se moquer de Bragi dans le poème « Lokasenna » de l'*Edda poétique*, mais il n'a pas un sens péjoratif pour Grundtvig dans ce contexte.

2. Littéralement : « la descendance d'Ask », le premier homme selon la mythologie nordique.

3. Il s'agit du roi Valdemar Ier, surnommé Valdemar le Grand (1132-1182).

4. Il s'agit de l'évêque Absalon (1128-1201), frère de lait du roi Valdemar. Il joua un rôle politique de tout premier plan.

avait sans doute à ses yeux le plus de valeur était la fondation de la grande abbaye de Sorø; car étant évêque catholique, il croyait que ce serait bénéfique pour son âme comme pour celles de ses chers ancêtres, et qu'ils sortiraient ainsi du purgatoire dans des conditions supportables. Toutefois, comme on pense qu'il a imposé aux moines de Sorø non seulement de chanter la messe en latin, mais aussi d'écrire la *Chronique du Danemark*, et comme on a réellement trouvé sous le premier roi de la dynastie des Oldenbourg dans la même abbaye la *Chronique rimée du Danemark*[1], qui n'a pas été seulement le premier livre danois imprimé, mais, tout au long du XVIe siècle, le livre de lecture communément répandu au Danemark, et que c'est vraiment le livre danois le plus authentique que j'aie jamais lu de toute ma vie, c'était à mes yeux déjà un important présage annonçant que Sorø aiderait le vieux Danemark à sortir du purgatoire et, ouvertement à l'époque du renouveau national, comme cela a été le cas secrètement au Moyen Âge, que cela nourrirait un enthousiasme sans égal et simple pour la patrie et la langue maternelle comme celui qui anime la *Chronique rimée* du début à la fin.

Les choses sont toutefois loin d'en être restées là, car après que le domaine de l'abbaye fut devenu propriété de la couronne, Christian IV eut déjà l'excellente idée de créer une Académie équestre à Sorø, où la jeunesse prometteuse devait apprendre à obéir et à ressembler au roi qui connaissait et aimait la patrie, pour le bien de laquelle il a non seulement risqué mais aussi sacrifié sa vie pleine d'exploits, et qui maîtrisait remarquablement la langue maternelle. À cet égard comme à tous les autres, Christian IV a été notre martyr couronné, qui n'a récolté les fruits de ses efforts royaux qu'après sa mort, et il n'est pas facile de dire ce qui était le plus impossible : d'amener les latinistes danois du XVIIe siècle à parler leur langue maternelle, ou d'amener les nobles du même siècle à aimer leur patrie. Sous Christian IV, l'Académie équestre de Sorø fut par conséquent un « avorton »[2], qui n'a eu de nom que dans le ventre de sa mère et qui a reposé sur le bras de son royal père comme enfant mort-né, mais notre grand Christian a tout de même laissé un fils vivant en la personne de Frédéric III, qui était à son temps ce que l'étoile du matin est à la nuit, et, dès qu'il a pu porter le sceptre, il s'est mis à ressusciter merveilleusement les enfants que son père avait glorieusement conçus mais qui avaient été

1. La *Chronique du Danemark*, appelée plus tard *Chronique rimée du Danemark*, est le premier livre imprimé en langue danoise. Grundtvig pensait qu'en plus de l'édition de 1495, publiée à Copenhague par un imprimeur hollandais, il existait un exemplaire plus ancien imprimé entre 1478 et 1480, sous le règne de Christian 1er.

2. *1 Corinthiens* 15, 8.

étouffés à la naissance, et avec le temps, cette résurrection devait immanquablement toucher aussi l'Académie équestre de Sorø.

Et voici que dès que le Norvégien Ludvig Holberg[1] se fut fait un nom en s'en prenant au « fléau classique » et qu'il eut réveillé le génie de la langue maternelle de son sommeil, comme son vieux compatriote Erik le Parleur habile[2] s'était fait un nom en s'en prenant à la douce mère des Grep et avait réveillé Fredegod[3] de son sommeil, le roi Frédéric V réinstalla l'Académie équestre à Sorø, Holberg lui fit don de sa baronnie, honnêtement gagnée par des écrits pleins d'esprit en langue maternelle, et elle devint véritablement une haute école patriotique.

Ce n'était qu'un éclair de chaleur, peut-on dire, mais ce n'était pas seulement très beau, c'était vraiment une sorte d'aurore boréale tout à fait particulière, qui pendant toute une génération répandit une lumière et une chaleur doucement patriotiques, qui, certes, n'amena pas l'été, mais annonça la venue du printemps, comme lorsque Pierre jette la pierre chaude dans l'eau[4].

Néanmoins, puisque nous n'avons affaire ici qu'à des « présages », dont de tels éclairs de chaleur font indubitablement partie, nous ne nous attarderons pas sur ce que l'Académie équestre a été ou n'a pas été sous Frédéric V et Christian VII, ni sur la question de savoir si c'est à ses avantages ou à ses manquements qu'elle doit sa maladie mortelle, à laquelle les uns et les autres ont manifestement contribué. Mais je veux simplement ajouter qu'il y a à peu près une trentaine d'années, lorsque j'ai rendu pour la première fois visite à Sorø, alors que la haute école patriotique était vide et déserte, mais que de nombreux souvenirs de tout ce qui est noble, fort et

1. Né à Bergen, en Norvège, Holberg a passé pratiquement toute sa vie au Danemark. La Norvège faisait d'ailleurs partie du Danemark à cette époque.

2. Dans le cinquième livre des *Gesta Danorum*, Saxo Grammaticus raconte comment Erik le Parleur habile, héros légendaire norvégien, tue les trois frères Grep – nés le même jour, ils portaient le même nom – ainsi que leurs autres frères et leur père. L'expression « douce mère » désigne ironiquement la mère des trois Grep, Gøtwara (Gøtvor), qui était redoutée pour son éloquence belliqueuse. Erik le Parleur habile réussit à la vaincre par la ruse lors d'une joute oratoire, si bien qu'elle n'obtint pas réparation pour les meurtres commis sur les membres de sa famille.

3. Frode Fredegod est un roi légendaire danois de la dynastie des Skjoldungar. Son règne, qu'on considère comme une sorte d'âge d'or, et que Saxo situe à peu près à la même période que la naissance de Jésus-Christ, aurait été marqué par une paix profonde et durable. Dans le cinquième livre des *Gesta Danorum*, Saxo raconte comment Erik le Parleur habile sauva Frode Fredegod de la noyade et arriva à le convaincre de ne pas mettre fin à ses jours. Erik devint par la suite son conseiller.

4. Une croyance populaire veut que Saint Pierre ait jeté une pierre brûlante dans l'eau, un 22 février, pour faire fondre la glace et déclencher la venue du printemps.

courageux dans la patrie depuis les jours du roi Valdemar jusqu'à maintenant s'étaient accumulés dans le sein de la plus aimante des mères que j'aie jamais vue, et que, dans l'espérance certaine de la résurrection, ils semblaient sourire face à la mort, cela fit une impression si merveilleusement danoise sur moi que j'ai eu pour de bon envie de me daniser moi-même, ce qui ne m'a pas si mal réussi, d'ailleurs.

Si, en pensant à de tels présages, j'avais osé dire : le roi Frédéric VI établira sûrement à Sorø la haute école danoise dont l'évêque Axel, il y a déjà six cents ans, a posé le fondement, à laquelle Christian IV a donné un nom et Frédéric V sa première forme, et dont la simple ombre mériterait que tous les jeunes Danois y viennent en pèlerinage, on aurait pu l'appeler à peu près comme on aurait voulu, mais comme je n'ai fixé ni nom ni année pour ma prédiction concernant Sorø, et ai simplement dit : il va certainement y avoir sous peu une haute école danoise comme celle qu'il y avait ici autrefois, le lecteur comprend sans doute lui-même que je n'ai rien osé, mais que je me suis simplement un peu exercé dans l'art de la prédiction historique, qu'on ne doit pas mépriser.

Si donc tous les signes historiques ne trompent pas, chose qui n'est possible qu'à condition que la Providence ait fait une erreur de calcul, ce qui est exclu, nous aurons bientôt une haute école danoise à Sorø qui sera à la fois hautement royale et ouverte au peuple, et on y apprendra comment le vieux Danemark va pouvoir revivre sous une forme entièrement nouvelle, de la même façon que le vieux parlement (*landsting*) à Isøre[1] a repris vie au palais de Roskilde, et plus d'un jeune Danois trouvera ce savoir tellement plaisant (en particulier parce qu'il n'aura pas d'examens à passer) que lorsqu'il rentrera chez lui, il cherchera non seulement à le répandre, mais avant tout à l'éprouver sur lui-même pour voir s'il tient bon, et s'il voit que c'est le cas, il travaillera avec plaisir pour que le monde entier puisse le voir en douceur, sans forcer la porte de notre maison, bien qu'il puisse aussi le voir de cette manière, s'il y tient absolument. On appelle cela de « doux rêves », de nos jours, et il est tout à fait vrai qu'ils accompagnent le « doux sommeil » qui règne ici actuellement, mais il y a beaucoup d'autres choses douces au Danemark que le sommeil et les rêves, car une chose correspond à l'autre, si bien que la femme danoise est douce, elle aussi, en tant que mère comme en tant qu'épouse, et sur ses lèvres, la langue maternelle est bien sûr aussi douce qu'elle peut l'être, et lorsque les femmes verront que les hommes danois ne veulent plus être ni latinistes,

1. Isøre, localité située au Nord-Ouest de l'île de Seeland, fut le siège du premier parlement danois, au début du Moyen Âge.

ni Allemands, ni Français, ni Anglais, mais uniquement eux-mêmes dans la foi et l'honneur, elles nous rendront la vie tellement douce que nous ferons facilement tous les sacrifices, et lorsqu'elles et la patrie, notre douce mère commune, seront à nouveau en danger, « la victoire ou la mort » sera alors notre pensée la plus douce !

> Là où Axel repose
> Dans le chœur plein de lumière,
> Là où Holberg sourit
> Des défauts du Nord :
> Du cœur de la Seeland,
> De l'arche du roi Frode,
> Projette, cierge du souvenir,
> Sur les champs du Danemark
> Ta douce lumière !
> Ravive ta flamme, même s'il est tard,
> Ce sera tout de même le bon moment !

C'est ainsi que le scalde de la saga aurait terminé son discours, mais le rat de bibliothèque, qui, à mesure que les jours passent, se comporte de plus en plus comme le maître de la maison, fit remarquer sur un ton piquant qu'un discours qui n'a pas de commencement n'a pas non plus besoin d'une fin, tandis qu'un livre qui cherche à plaire au lecteur ne pourrait pas se terminer plus mal qu'en faisant allusion à des sentiments « indescriptibles ». Il se peut même, ajouta le rat de bibliothèque d'un ton autoritaire, que ce soit déjà une erreur qu'il ait eu la permission de transcrire ses idées dans un livre « avec la bouche », mais il faut me confier la fin, sinon, je quitte la maison !

Le lecteur n'imagine pas quel mal éprouve la pauvre plume qui doit ainsi servir « deux maîtres »[1], si bien qu'il serait hautement souhaitable qu'on les sépare en douceur, de sorte que le scalde utilise sa bouche, ce qui est le plus utile pour lui et pour les auditeurs, et que le rat de bibliothèque conserve la plume, qui ne convient qu'à lui. Mais comme c'est justement cette « répartition de l'héritage »[2] que les deux héritiers réclament, chacun pour les raisons qui lui sont propres, et qu'ils recommandent, chacun à sa manière, il semble être tout simplement équitable que ceux qui, ici, dans la maison, sont tous les deux limités à la plume, soient autorisés à montrer par elle dans la mesure du possible à qui elle appartient légitimement.

1. *Matthieu* 6, 24.
2. *Luc* 12, 13-14.

Il ne revient néanmoins à aucune des parties d'achever le livre, mais uniquement à la personne impartiale que l'historien doit s'efforcer d'être, et c'est à lui que le lecteur est maintenant prié d'accorder son attention pendant un instant !

Un peuple sans langue maternelle est comme un roi sans royaume, et ils n'ont l'un et l'autre aucun profit à retirer du fait que leurs possessions figurent seulement « sur le papier ». C'est là une affirmation indiscutable qui découle de l'expérience. Et ce n'est pas non plus un grand secret qu'une langue sans esprit dans la bouche du peuple est comme un sceptre sans pouvoir dans la main du roi ; car c'est « l'esprit commun » qui rend les royaumes forts, et si, dans tous les peuples naturels, la langue maternelle est son corps et sa façon d'exprimer la vie, aucun royaume ne fleurira, à moins que la langue maternelle ne règne réellement sous sa forme la meilleure et la plus forte. Ce que la Réforme du XVIe siècle a apporté de bienfaisant pour le peuple et pour la vie civique a par conséquent été l'instauration des droits naturels de la langue maternelle, mais il n'y a qu'en Angleterre que celle-ci s'est faite de façon à peu près complète ; car en Allemagne et chez nous, le latin s'est mis à régner à l'école, et comme, à son tour, l'école dominait l'Église, et que la langue maternelle, contrairement à ce qui était le cas en Angleterre, ne pouvait pas s'appuyer sur une voix du peuple à la fois publique et libre, elle ne put faire autrement que de sombrer dans la vacuité d'esprit et le mépris dans lesquels le XVIIIe siècle l'a trouvée. Tout au long de ce siècle, elle s'est certes efforcée de se faire remarquer par la plume, et cela lui a réellement valu honneur et gloire sur le papier, mais c'est bien tout, et il ne peut pas en être autrement lorsque la vie ne peut pas se développer dans une complète indépendance par rapport à l'école, comme en Angleterre, ou lorsque la langue maternelle ne règne pas vraiment en elle. C'est pourquoi on l'a, d'une certaine manière, introduite dans toutes les écoles tout au long du XVIIIe siècle, mais pas du tout en tant que seigneur, uniquement comme esclave, dans les écoles savantes comme esclave du latin, et dans toutes les écoles comme esclave du texte écrit, qui, dans le meilleur des cas, n'est que l'ombre de la langue maternelle qui doit suivre le corps, et pas du tout avoir le dessus sur lui.

Dans de telles circonstances, la situation semble être vraiment désespérée, car le fossé qui sépare l'homme du commun de ceux qui puisent leur savoir dans les livres est devenu au fil des siècles un abîme vertigineux qui semble à peine pouvoir être franchi avec le plumage du scalde, et la construction d'un pont serait certainement aussi un échec si la vraie voix du peuple n'avait pas retrouvé sa place naturelle à l'oreille de Sa Majesté. Mais cela doit inspirer à ceux qui puisent leur savoir dans les livres un tel respect pour la langue maternelle et engendrer une conviction tellement vivante que le privilège et l'avantage de s'exprimer revient à la bouche, qu'ils ne puissent plus considérer la conception étrangère qu'ils ont de la langue maternelle et la façon morte dont ils la traitent comme quelque chose de parfait ou d'insignifiant, mais comme un grand malheur auquel il est extrêmement important, pour eux comme pour le peuple, de remédier, aussi bien et aussi vite que possible. Autant il était autrefois certain, à quelques exceptions près, que ceux qui puisent leur savoir dans les livres déconseilleraient et refuseraient une haute école libre et populaire comme celle qui est proposée ici, ils la trouveront maintenant hautement souhaitable, si seulement ils comprennent ce qui est avantageux pour eux, sachant que c'est le seul moyen par lequel les adeptes du savoir livresque pourront progressivement regagner la maîtrise de leur langue maternelle et du même coup l'influence vivante sur l'opinion et la voix du peuple qui seule pourra remplacer la domination injuste qu'ils ont exercée sur celles-ci et qu'ils ont perdue pour toujours. Si l'on ajoute à cela l'amour pour la patrie et « l'amour de la vie »[1] qu'on est certain de trouver en tout cas chez les plus jeunes adeptes du savoir livresque, on trouvera qu'une haute école danoise pour la patrie et la langue maternelle est loin d'être un rêve fumeux, d'autant plus que c'est un désir populaire nécessaire que le gouvernement et les adeptes du savoir livresque gagneraient infiniment à satisfaire aussi vite et aussi bien que possible, pendant que nous remercierons Dieu d'appartenir à un peuple qui n'est ni excessif dans ses prétentions, ni ingrat envers ses aimables dirigeants, sur la voie naturelle qui mène aux lumières au sujet des choses qu'il souhaite connaître et à un but bienheureux qu'il a lui-même envie d'atteindre. C'est évidemment quelque chose de difficile, mais il est nécessaire d'essayer, c'est l'envie qui fait avancer les choses, et le bonheur du Danemark est sans égal, car c'est rarement ce qui est le plus vraisemblable qui y est couronné de succès, mais toujours ce qui est le meilleur.

Oui, le bonheur du Danemark est sans égal, car la suppression du latin même dans l'école savante, qui a déjà eu lieu en France[2], actuellement le principal pays roman, viendra d'elle-même en Angleterre, en Allemagne et dans les pays nordiques, et par la domination de la langue maternelle, l'éducation deviendra d'elle-même d'une certaine manière elle aussi populaire, que ce soit avec ou sans esprit et sans cœur. Dans d'autres pays,

1. *Psaume* 34, 12 ; *1 Pierre* 3, 10.

2. Grundtvig aurait pu savoir que les Lumières françaises n'ont pas cherché à supprimer le latin, mais simplement à réduire fortement son enseignement. Au Danemark, le latin comme matière obligatoire fut aboli par la réforme de 1902.

cette évolution inéluctable pourra devenir une affaire très préoccupante pour le gouvernement comme pour les adeptes du savoir livresque, mais dans l'antique royaume du Danemark, qui a pour ainsi dire épousé l'esprit de l'Histoire et du même coup toute la science humaine, ce sera aussi bien le triomphe du roi et des érudits que celui du peuple, si seulement ce qui est plein d'esprit et humain l'emporte sur ce qui est dépourvu d'esprit et animal. Alors que l'histoire et la poésie romaines étaient la nourriture de l'âme la plus empoisonnée qu'on puisse imaginer, à la fois pour les fonctionnaires « royaux » et les érudits « nordiques », le danois sera manifestement ce qu'il y a de mieux pour les deux, si bien que la domination de la langue maternelle et le caractère populaire des lumières créeront obligatoirement une année d'or pour tout ce qui est noble et bon, pour les gens de haute comme de basse extraction, pour les profanes comme pour les savants.

Les Danois sont le peuple le plus pacifique qui soit, et ils préfèrent se laisser opprimer plutôt que de se disputer tous les jours avec quelqu'un. C'est pourquoi il est fort possible que même si toute l'Europe se révoltait, le Danemark resterait tranquille. Mais s'il ne s'était pas déjà réveillé après avoir été affranchi des liens qui lui font perdre son courage et sa force, il serait englouti par ses voisins, et la reine du Nord finirait comme esclave, probablement des Allemands. Cela se serait sans doute terminé de cette manière si Sa Majesté, après avoir vainement utilisé tous les autres moyens, qui, de l'avis de gens intelligents, pouvaient réveiller l'esprit commun et pousser à l'activité, n'avait pris la bonne décision en fournissant à la voix libre du peuple une nouvelle bouche correspondant aux besoins de notre époque. Mais cela ne servira sans doute pas seulement à sauver le Danemark, cela l'élèvera dans ces temps nouveaux à la même gloire que celle qui l'a manifestement entouré à l'époque du roi Fredegod, âge d'or de tous les pays nordiques. Il est toutefois clair comme le jour que la voix du peuple ne pourra réaliser d'aussi grandes choses qu'à condition qu'une haute école populaire la forme et la guide avec amour, de sorte que tout, dans le royaume, puisse progressivement prendre forme en ayant un rapport vivant avec elle. Non seulement il est impossible que le Conseil d'État du peuple remplisse sa fonction sans qu'il connaisse mieux la nature du peuple et les besoins de la patrie et sans qu'il ait la maîtrise de la langue maternelle, mais il est tout aussi impossible que le Danemark fleurisse sans être d'abord libéré des contraintes imposées par l'Église, l'école et l'aide aux indigents, qui sont toutes d'origine étrangère et effrayent une vie populaire aussi sensible et délicate, aussi affectueuse et féminine que la vie du peuple danois a toujours été et doit toujours rester !

Si tous les rois défilaient
Dans leur puissance et leur gloire,
Ils n'arriveraient tout de même pas à faire pousser
La moindre feuille sur une ortie[1] !

Et qu'est-ce qu'une ortie, comparée à un être humain ! Combien la vie de l'homme est beaucoup plus secrète, plus libre et plus étonnante que celle des plantes des champs ! Il n'est pas surprenant, dans ces conditions, que les maîtres d'école, en voulant transformer toute la vie du peuple selon leur tête et leurs lettres de l'alphabet, n'aient fait que – autant que cela a été possible – tuer tous les peuples spirituellement parlant; et en ce qui concerne le peuple danois, on peut sans doute avoir l'impression qu'on peut faire de lui ce qu'on veut, comme de la femme, mais c'est justement pour cela, que, comme la femme, il est au fond tout à fait impossible à changer. Celui qui a sa force dans sa tête ne semble pas facilement avoir changé de tête, mais celui qui, comme la femme et le peuple danois, a sa force dans son cœur, donne facilement cette impression, alors que ce changement n'est rien d'autre qu'une apparence vide et qu'il n'est vrai que s'il a pour effet que le cœur se brise ou qu'il saigne !

Quand je pense combien cela est loin de la façon de penser latine ou allemande qui a détenu le pouvoir sur nos têtes pendant six siècles par le moyen de l'Église et de l'école, et que quand le cœur murmurait ou se serrait malgré tout devant l'absence de naturel, on l'intimidait par « la Bible et le christianisme », comme si c'était contre ces choses surnaturelles que « la pensée de la chair »[2] se révoltait, je trouve tout à fait inimaginable que les langues des anges[3] elles-mêmes puissent convaincre la génération actuelle quelque peu dure d'oreille de marcher « en nouveauté de vie »[4], et il est encore plus inimaginable que ma plume sourde-muette puisse apporter la moindre contribution dans ce sens. Celui que j'appelle « Maître et Seigneur » apparaît alors vivant à mes yeux, lui dont toutes les langues confesseront que personne n'a eu comme lui la maîtrise de la parole, et de qui je crois qu'il a accompagné sa parole de manifestations incomparables de la force divine et de l'amour pour les hommes. Il est là devant mes yeux, vivant, des larmes sur les joues, le regard fixé sur la capitale de son peuple, et ces paroles douloureuses sur les lèvres : si seulement

1. Citation tirée de l'hymne *Op, al den ting, som Gud har gjort* (*Debout, toutes les choses que Dieu a faites*), composé en 1734 par l'évêque danois Hans Adolph Brorson, psalmiste et poète.

2. *Romains* 8, 6.

3. *1 Corinthiens* 13, 1.

4. *Romains* 6, 4.

tu savais en ce jour ce qui sert à ta paix, mais maintenant, cela est caché à tes yeux[1] !

Ce n'est par conséquent pas du tout en rêve ni dans une sorte d'ivresse que j'exprime le grand espoir apparemment inimaginable qui concerne l'avenir immédiat du Danemark, c'est uniquement parce qu'après avoir mûrement réfléchi, j'ai trouvé qu'il y a beaucoup plus de raisons d'espérer le meilleur, et j'ai trouvé qu'il m'était impossible de faire autre chose avant d'avoir indiqué, aussi tranquillement et clairement que possible, la voie nouvelle jonchée de roses que j'ai vu s'ouvrir pour la vie du peuple danois grâce à l'action de son Sauveur à la couronne d'épines qui, selon moi, est le surnom civil qui convient à Frédéric VI. Il faut dire que c'est par sa main que la paysannerie danoise a été sauvée de son long esclavage immérité, c'est par sa bienveillance que le vieux chant de Hjarne[2] qui était enfoui dans le cœur du Danemark depuis les jours de Fredegod a été tiré de l'oubli, et, pour finir, il a coupé dans la bouche du peuple le malheureux filet qui était devenu si vieux qu'il semblait être un défaut naturel inguérissable. C'étaient les trois miracles que le renouveau exigeait, et il était naturel de douter qu'ils pourraient avoir lieu. Mais, en comparaison de cela, ce qui manque encore ne représente que peu de choses et la main du roi pourra sans aucun danger l'accomplir d'un trait de plume quand elle en éprouvera le besoin ; car à l'exception de la contrainte, presque toutes les institutions peuvent rester telles qu'elles sont, et, nous l'avons vu, même la « haute école danoise » a été fondée et équipée il y a longtemps, si bien qu'il suffira de la rendre à sa destination manquée.

Cela requiert un grand changement dans la façon de penser, mais ce changement n'est tout de même pas plus grand que celui qui a eu lieu dans la tête d'un pasteur de la vieille école avant que cette plume pointe dans cette direction, et comme il va depuis les temps les plus reculés dans le sens de ce qui est populaire, il peut manifestement avoir lieu en un instant chez des centaines de milliers de Danois, surtout qu'il n'a jamais cessé de dominer chez notre Dame : la femme danoise. Comme le pasteur ose de plus assurer maintenant avec le plus grand sérieux tous ceux qui tiennent compte de ses sermons que « Christ », loin d'avoir le moindre grief contre la liberté de l'Église, de l'école et de la bienfaisance, qui est la liberté de la foi, de l'espérance et de l'amour, la recommande au contraire à tous ses disciples, et veut à l'évidence bénir le royaume terrestre où elle sera « la loi et le droit », ce n'est pas une rêverie, mais une supposition aussi

1. *Luc* 19, 42.

2. Hjarne est un scalde légendaire dont l'œuvre composée en mémoire du roi Frode Fredegod lui valut la distinction d'être élu comme successeur du roi.

raisonnable qu'affectueuse, que le Danemark, après avoir fait les premiers pas, ceux qui coûtent, fera aussi les suivants, qui seront récompensés, et ne refusera pas du tout de retrouver ses propres traces, très anciennes et louables, maintenant que l'œil de l'intelligence les redécouvre, et que le temps qui s'est écoulé a enlevé lui-même les obstacles qu'il a accumulés, non pour interrompre la voie, mais pour empêcher des efforts inopportuns.

Les seuls obstacles véritables au joyeux renouveau de la vie populaire danoise sont « la dette et la question paysanne »[1], mais si seulement les nobles forces naturelles parviennent à nouveau à exercer librement leur activité dans l'ordre royal nouvellement créé, si nous ne nous déchirons pas nous-mêmes en mille morceaux en essayant de faire des choses impossibles et si nous ne touchons pas à l'endroit sensible plus que ce qui est strictement nécessaire, ces deux vieilles blessures guériront certainement beaucoup plus vite que ce qu'on aurait pu penser, l'une grâce au temps et à la bonne fortune, et l'autre grâce à l'incomparable cœur danois. En effet, de tout ce qu'on adorait comme des dieux sur la terre, dans l'aveuglement païen, rien n'était aussi divin que ce cœur, que le roi et le peuple ont eu en commun depuis les temps les plus reculés, et qui est fermement attaché à la patrie et présent sur les lèvres par notre belle langue maternelle, de sorte qu'il peut faire des choses plus grandes encore et enseigner au peuple à chanter avec joie :

Alors que, dans la maison du conseil et sur le champ de bataille,
Les éclairs et le tonnerre qu'on avait provoqués
Chassaient la paix de la terre,
Répandaient la mort et le tourment,
Les prairies du Danemark retentissaient
De chants d'allégresse
À la louange de la paix et de Frédéric !

Ils retentissaient sur toute la terre :
« Il défait tous les liens »,
Le noble prince du Nord,
L'esprit de liberté l'anime ;
C'est seulement la main injuste
Qu'il lie d'en haut par la loi,
Quant à son peuple, il le lie à lui avec amour[2] !

1. Jusque dans les années 1830, la dette accumulée à l'occasion des guerres napoléoniennes avait lourdement pesé sur l'État danois, qui s'était retrouvé en banqueroute totale en 1813. Et malgré les réformes agraires de la fin du XVIIIe siècle, la condition paysanne laissait encore beaucoup à désirer.

2. Citation tirée du poème *L'Année d'Or*, écrit par Grundtvig en 1834.

L'ÉDUCATION POUR L'ÉTAT

PRÉSENTATION

«*L'éducation pour l'État*» est un manuscrit inachevé et inédit, que Grundtvig voulait intituler *Oplysning*. Parmi l'ensemble des textes qui le composent, trois sont présentés ici : «L'État et l'individu», «L'école communale» et «Éducation pour l'État».

Ces textes sont à lire à partir de l'intense préoccupation de Grundtvig dans les années 1830 pour le sujet de l'éducation. Le concept d'*oplysning* s'y réfère. Sa traduction est parmi les plus difficiles des textes du philosophe danois. Il faut sans doute entendre derrière ce mot cette sorte de rencontre entre lumières et éducation – ces deux concepts sont rendus par le seul mot *oplysning* – mais dans un sens tout à fait différent de celui qui est alors employé dans le reste de l'Europe. Un éveil éclairé mais qui ne renie en rien l'importance de l'émotion et du cœur est sans doute le type de périphrase qui rendrait le plus précisément l'objectif de Grundtvig lorsqu'il donne une telle importance à ce terme.

Selon Grundtvig, il ne peut être question de Lumières intellectuelles, érudites, centrées sur les connaissances, les opinions et les intérêts de l'individu. Il veut sortir de cet individualisme rationaliste qui met l'orgueil et l'obsession de soi au cœur de la vie occidentale, et fait décliner toute passion sociale. Les troubles révolutionnaires de la période en témoignent à ses yeux. L'enjeu de l'éducation est au contraire pour lui de revenir à sa forme originellement collective, et la dimension sociale partagée de l'éveil est centrale. Il s'agit clairement de retrouver le sens que l'imagination et le sentiment accordent à ce que l'on apprend ; autrement dit de proposer concrètement au peuple les moyens de renouveler à chaque génération son unification par l'apprentissage de ce qu'il est. Et l'oral, bien plus que l'écrit, est indispensable à cette grande œuvre.

La saisie des liens profonds qui unissent l'individu à la société tout entière sont ainsi l'objectif premier de toute éducation. Ainsi, le développement des capacités émotionnelles, corporelles, spirituelles et créatives appartient au processus d'*oplysning* qui englobe non seulement l'intellect, mais aussi l'ensemble de la vie humaine. La référence à « l'épée d'Alexandre » qui tranche le nœud gordien du développement humain est la métaphore que Grundtvig utilise pour mettre en cause les méthodes d'enseignement souvent lourdes et autoritaires employées par les églises catholiques et protestantes pour contrer la tendance individualiste. C'est précisément ici qu'il rompt avec les nouveaux idéaux éducatifs libéraux, car il se rend compte que la violence, la contrainte et l'apprentissage par l'écrit ne pourront jamais remettre en cause l'égocentrisme. Ils conduisent au contraire par leur suffisance à une plus grande perversion de la personnalité et à une dégradation des liens sociaux. La vie humaine est une et ne peut se transformer en simple objet de raison à consigner dans les livres. Grundtvig veut retrouver le sens de cette vie par définition collective, et propose donc de ramener le développement de la société par l'éducation sur ce qu'il considère comme la bonne voie.

Christophe MIQUEU

ÉDUCATION POUR L'ÉTAT
(1834)

« C'est une époque mouvementée. » On entend cela tellement souvent de nos jours que la bouche est prête à le répéter pour son propre compte, c'est-à-dire sans consulter les yeux, mais la bouche devrait hésiter à le faire, car, ce faisant, elle pourrait aisément faire croire aux oreilles que c'est de plus de tranquillité que nous avons besoin, et cela affecterait manifestement la bouche, qui est le membre le plus mobile et le petit soufflet qui met en mouvement le ciel et la terre[1]. Si, par conséquent, la langue comprenait vraiment ce qui sert le plus à son bien et au bien commun, je pense en toute modestie qu'elle ferait bien mieux de dire : c'est une époque affreusement tranquille et ennuyeuse, surtout parce qu'on écrit tellement et qu'on parle si peu, et qu'on sait à peine quoi dire, même lorsqu'on sait ce qu'on voudrait et devrait dire, si seulement on voulait s'en donner la peine.

Il faut néanmoins que j'explique un peu plus clairement ce que je veux dire, car on ne peut pas nier que, de nos jours, les corps sont passablement remuants et agités et la bouche a beaucoup plus de choses à dire que ce qu'on pourrait souhaiter, si bien que c'est évidemment le monde de l'esprit et non celui de la main que je trouve trop tranquille, et je n'attire l'attention sur la bouche que parce que c'est tout ce qu'on peut faire avec une pauvre plume, pour, spirituellement parlant, mettre le ciel et la terre en mouvement, ce qui doit nécessairement être notre ardent désir une fois que nous avons découvert le grand secret que c'est avec raison qu'on aime la vie, car le ver de terre lui-même se recroqueville face à la mort, et que la vie sans mouvement peut convenir aux carottes et aux têtes de choux, qui ne connaissent rien de mieux, mais qu'elle n'est pas loin d'être un tourment pour les pinsons et les chameaux, sans parler des enfants des dieux, qui dès

1. *Jacques* 3, 4-5.

leur enfance ont toujours été en mouvement entre la terre et le ciel et partout dans le vaste monde[1].

Il fut un temps où, moi et mes pairs, nous estimions ne manquer de rien lorsque nous avions la plume à la main et des livres jusqu'au plafond, car nous pouvions alors voyager de par le monde de l'esprit dans nos propres pensées, en faire le tour en bateau chaque jour; nous étions debout sur nos jambes et n'avions mal ni au ventre ni à la tête, et ne redoutions pas les étagères à pain vides ni les critiques déplaisants, ni quelque autre désagrément causé par le corps dans le monde de l'esprit. Nous nous imaginions même que c'était la faute des gens s'ils n'étaient pas aussi libres et s'ils n'allaient pas aussi bien que nous, étant donné que pour partager notre bonheur, ils n'avaient qu'à apprendre à lire, acheter nos livres et les apprécier. Ils n'avaient qu'à enfourcher avec nous notre Pégase[2] pour se rendre gratuitement au royaume des cieux ou en enfer, ou à quelque autre endroit où nos affaires nous appelaient. Ce temps est néanmoins entièrement révolu, en tout cas pour moi, et je ne souhaite même pas qu'il revienne, d'une part parce que, de nos jours, cela n'avance à rien de voyager « sous enveloppe », comme le vieux Hadding[3], qui ne put même pas s'empêcher de montrer le bout de son nez alors qu'il chevauchait sur la croupe du cheval sous les ailes du vieillard borgne, et d'autre part, j'ai découvert à ma grande surprise que le cheval que je priais mes honorables lecteurs d'enfourcher n'était en fait qu'un « dada », certes innocent et très utile pour les enfants, mais pourtant pas du tout apte à faire de grands sauts ou à faire vraiment entrer les gens dans un nouveau monde. Il faut le reconnaître, bien qu'il soit dur pour un vieil aristocrate qui a la plume dans ses armoiries, dur pour un vieil écrivain qui, par-dessus le marché ne semble être absolument rien d'autre, de reconnaître franchement entre nous que la plume n'est donc pour le monde entier qu'un « dada » qui ne se déplace que si la main le tire, de sorte que si ce n'était pas une question d'honneur, on pourrait aussi bien se déplacer sur ses jambes que faire le

1. Grundtvig évoque ici l'échelle de la nature (*scala naturæ*), des végétaux aux animaux puis aux hommes. Les « enfants des dieux » – c'est-à-dire les hommes – ont l'avantage, par rapport aux végétaux, de pouvoir se mouvoir librement, et par rapport aux animaux de pouvoir voyager dans le monde spirituel en tant qu'êtres conscients. L'accent mis sur le mouvement indique le caractère historique de la compréhension de la chaîne de la vie, qui était auparavant interprétée dans un sens plus statique, inspiré par la doctrine platonicienne.

2. Dans la mythologie grecque, Pégase, le cheval ailé, est le fils de Poséidon et de Méduse.

3. Selon les *Gesta Danorum* (les *Chroniques des Danois*) de Saxo Grammaticus, Hadding était un roi danois légendaire qui fut sauvé par un cavalier borgne (Odin déguisé).

tour du monde à cheval sur un Sleipner[1] ou un Pégase de cette espèce. On l'a certes accusé d'avoir pris le mors aux dents, d'être allé à tous les diables, avec beaucoup de beau monde, mais j'ai d'une part l'intime conviction que je dois considérer cela comme des restes de superstition du Moyen Âge, du même genre que les nombreux récits crédibles que nous avons sur les « manches à balai » que l'on chevauchait pour sortir par la cheminée et aller jusqu'au Bloksberg[2] ou à l'église de Tromsø[3], et il faudrait d'autre part de toute façon avoir recours à de la « sorcellerie » dans les deux cas, et cela ne ferait que prouver ce dont personne ne doute : que ce qui ne fait pas de bien peut malgré tout faire beaucoup de mal.

Aussi paradoxal que cela puisse donc paraître, il est pourtant vrai que c'est là où on déplore son absence que la liberté d'écrire agit le plus, mais pas toujours le mieux, car c'est là qu'on parle le plus d'elle et qu'on se raconte avec zèle et avec véhémence ce qu'on écrirait si on en avait le droit, et les limites étroites du cercle d'action de la parole sont non seulement largement dépassées par la vivacité de l'action, mais elles ne sont au fond qu'une illusion, car l'histoire des « rumeurs » nous enseigne indubitablement qu'une parole qui fait une impression ne se répand certes pas aussi rapidement qu'un journal, mais pourtant beaucoup plus vite que la plupart des livres. À une époque, où, en outre, non seulement tous les porteurs de courrier chevauchent au même train que Jéhu, fils de Nimschi[4], mais où presque tous ceux qui savent lire, savent aussi écrire, il se crée une différence tellement essentielle entre la « liberté d'expression » et la « liberté d'imprimer » qu'on va certainement arriver très rapidement partout au même résultat qu'à Paris, où seules les imprimeries qui publient des journaux valent la peine d'être surveillées et mises sous scellés de temps à autre. Si, comme nous l'avons longtemps fait croire à nous-mêmes et à nos lecteurs, il suffisait par conséquent que nous ayons le droit de faire imprimer à peu près tout ce que nous voulons pour que les lumières de l'éducation se répandent de la façon la plus souhaitable, nous pourrions être tout à fait tranquilles au sujet de l'éducation, car cette liberté, il est tout à fait certain que, si ce n'est pas nous, ce seront nos enfants qui

1. Dans la mythologie nordique, Sleipner est le cheval à huit pattes que monte Odin.

2. Le Bloksberg (ou Brocken) est le point culminant de la zone montagneuse du Harz, en Allemagne. Il est réputé abriter des sorcières et des démons.

3. Tromsø, ville du Nord de la Norvège, possédait l'église la plus septentrionale de l'Europe, à l'époque de Grundtvig. Elle symbolise ici un lieu éloigné.

4. Jéhu était le dixième roi d'Israël, il a vécu à la fin du IXe siècle av. J.-C. Il était connu pour « conduire d'une manière insensée », 2 *Rois*, 9, 20.

l'obtiendront[1], et pour ce qui me concerne, j'ai eu l'autorisation de faire imprimer tellement de choses que j'en suis presque ennuyé, mais il est clair que lorsque la plume devient libre, c'est en partie parce qu'elle est indomptable et en partie parce qu'avec toutes ses cabrioles, elle ne fait qu'imiter ce que la bouche a fait, ce n'est donc pas à cause de sa vertu, si bien qu'on a sans doute des raisons de se faire du souci pour l'éducation quand on voit que les miracles de la plume ne sont que du vent, tandis que la bouche est principalement au service de la nourriture, du corps et, dans le meilleur des cas, de la « plume ». Car c'est certainement une vérité méconnue que la plume ne peut pas agir plus fortement par la bouche, sur laquelle elle ne fait qu'attirer l'attention, que par l'œil, qu'elle pique pourtant, mais celui qui parle « comme un livre » ne doit certainement pas dénigrer la bouche.

Pour que le travail éducatif ne s'arrête pas, il faut donc que la bouche de l'homme, « secrètement » autant que « manifestement », prenne la parole bien autrement que maintenant, et qu'elle n'utilise la plume que comme son « serviteur muet », pour faire ce pour quoi elle a été créée et dont elle est capable : être un « indicateur » et une « perche » pour franchir les fossés et les trous, mais pas du tout pour se lier à la plume ou, ce qui revient au même, pour l'envoyer en ses lieu et place. Un vague sentiment de cette nature est la meilleure des raisons qui créent maintenant partout l'envie d'avoir des « assemblées nationales », qu'elles soient ecclésiastiques ou séculières. Et bien que, pour des raisons historiques, je les croie plus aptes à promouvoir la décomposition que les lumières de l'éducation, je n'ose tout de même pas nier que si la bouche ne peut passer à l'action que par leur moyen, elles sont toujours un moins grand mal que le mutisme auquel elles mettent fin. Si donc je regarde d'un œil un peu soupçonneux ce pourquoi on se passionne généralement maintenant, et que ma plume danoise a du mal à exprimer autrement qu'en utilisant le terme équivoque d'« assemblées nationales » ou de « parlements nationaux », ce n'est ni parce que j'en veux à la bouche, que, malgré toutes les choses flatteuses que j'ai dites sur la plume, j'ai toujours volontiers utilisée, ni parce que j'en veux à la liberté, qui peut manquer un peu de temps à autre à un écrivain indépendant soumis à la censure[2], mais uniquement parce que je crois que la bouche peut et doit

1. La franchise avec laquelle Grundtvig s'exprime ici sur la liberté d'expression et de publication peut expliquer au moins en partie pourquoi il choisit de ne pas publier ce texte de son vivant. La liberté d'expression fut confirmée par la Constitution danoise de 1849.

2. En 1826, après avoir publié un violent pamphlet contre le théologien H. N. Clausen, Grundtvig fut condamné pour diffamation et ses écrits furent alors soumis à la censure pour le reste de sa vie. Cette sanction fut néanmoins levée en 1837. En signe de protestation contre le jugement prononcé contre lui, il démissionna de son poste de pasteur en 1826. Il fut toute-

être employée beaucoup mieux que cela ne peut se faire dans un parlement, et qu'en un tel lieu, on perd la liberté authentique bien plus qu'on ne la gagne[1].

Cependant, avant que j'expose plus en détail comment je comprends le fait d'« utiliser sa bouche » de la bonne manière pour promouvoir l'éducation, il est nécessaire de préciser ce que je comprends et ce que je ne comprends pas par « vraie éducation », étant donné que la qualité des moyens réside uniquement dans leur adéquation, si bien qu'il va de soi que si l'éducation que je souhaite ou qu'un autre souhaite promouvoir est une mauvaise chose, les meilleurs moyens qui y mènent devraient autant que possible être détruits, et si elle est insignifiante, il ne vaut même pas la peine de passer ces moyens en revue.

Il n'aura sans doute échappé à l'attention d'aucun de mes honorables lecteurs que le mot « éducation » est un mot très ambigu, il a même d'une certaine manière un millier de sens possibles, étant donné qu'il existe des milliers de pensées, de choses et de personnes, et tous, sauf la clarté du soleil elle-même, ont besoin de lumière ; et si l'on réduit l'expression « éducation » à son sens le plus étroit, on peut imaginer non seulement une éducation céleste et une éducation infernale, mais même si nous restons sur cette terre[2], il y a une différence sensible entre une éducation qui vient d'elle-même chez tous les hommes, si seulement on lui en donne le temps, et une éducation qui requiert certaines connaissances et une réflexion approfondie. Tandis qu'il serait tout aussi déraisonnable de prendre des mesures importantes pour une éducation qui vient d'elle-même que de craindre qu'elle cesse, il peut manifestement être très sage et nécessaire de préparer et d'entretenir soigneusement une éducation qui, sans cela, ne verra pas le jour ou dépérira.

Mais, d'une certaine manière, l'expérience quotidienne nous enseigne comme le dit la chanson :

fois autorisé à prononcer des sermons à la *Christianskirken*, mais l'administration du baptême et de l'eucharistie lui fut interdite.

1. Grundtvig était monarchiste et il n'accepta l'idée de la démocratie qu'après de longues hésitations. Il fut membre de la première Assemblée constituante en 1848.

2. Selon les notions les plus fondamentales de la mythologie, la grande chaîne de la vie n'a que trois niveaux : un monde supérieur nommé « Ciel » (dans la mythologie nordique *Asgaard*, demeure des dieux), un monde intermédiaire nommé « Terre » (dans la mythologie nordique *Midgaard*, demeure des humains) et un monde inférieur nommé « Enfer » (dans la mythologie nordique *Utgaard*, lieu où habitent les géants, ainsi que le serpent de *Midgaard*, le loup Fenrir et Hel, gardienne du monde des morts).

Que lorsqu'on devient vieux, on devient aussi
Quelque chose qui est pire encore : on devient sage[1].

Cela veut dire qu'avec l'âge, on apprend habituellement à garder la tête plus froide, mais cela ne veut absolument pas dire qu'on soit plus indifférent à ce qui concerne sa propre personne, ses avantages personnels et sa manière individuelle de voir les choses, qu'on distingue et sépare au contraire beaucoup plus clairement qu'avant de tout le reste, et qu'on défend de toutes ses forces et avec beaucoup plus de ténacité, sans trop se soucier de savoir si cela porte préjudice à d'autres personnes, à leurs avantages et leurs manières individuelles de voir les choses. Il est vrai que l'histoire universelle enseigne que tous les peuples, lorsqu'ils atteignent un certain âge, parviennent pour l'essentiel à une éducation semblable, par laquelle l'individu, qu'il soit jeune ou vieux, distingue sa personne et tout ce qu'il appelle sien de toutes les autres choses qui sont dans le ciel et sur la terre avec beaucoup plus de clarté que ce n'était le cas chez les peuples anciens, et exige, quoi qu'il en coûte, ce qu'il appelle son droit, en tant qu'être libre doué de raison.

On comprend facilement que c'est un danger pour tous les rapports sociaux qui, dans un grand nombre de cas, se fondent en partie sur le respect d'un droit supérieur à celui de l'individu et en partie sur de multiples sacrifices individuels faits en faveur du tout, c'est donc un danger pour la société civile, à toutes les époques et sous toutes les latitudes, si bien qu'il est dommage de demander à un État qu'il répande ou qu'il favorise une éducation dont l'influence entraîne obligatoirement la ruine de l'État. Cependant, comme l'État n'est une personne qu'au sens figuré, il peut aisément arriver que les autorités favorisent et répandent cette éducation pour un temps, parce qu'elles sont elles-mêmes d'accord avec la façon de penser de leur époque et qu'elles trouvent mesquin de défendre leurs propres intérêts au détriment de millions de personnes, et lorsqu'elles se rendent ensuite compte de leur erreur, il est trop tard, comme l'histoire nous l'enseigne, pour changer les choses, de sorte que tout ce que les autorités font alors pour arrêter ou pour faire reculer cette éducation dangereuse semble justement être condamné à la promouvoir et à accélérer son effet destructeur qui dissout tout.

Cette éducation qui part toujours des besoins de l'individu et le présente sous un jour qui ne tolère pas d'autres lois que celles qu'il approuve lui-même, pas d'autres sacrifices que ceux qu'il propose lui-même, pas d'autres autorités que celles qu'il choisit lui-même, et pas de qualité chez

1. Extrait d'une chanson de Johan Vibe (1637-1710), qui fut gouverneur de la Norvège.

les autres qui leur donne le moindre avantage sur lui, cette éducation, on le sait, est loin de nous être étrangère, elle est même bien près d'être dominante dans toute la chrétienté, et comme l'état d'esprit qui en découle est incompatible avec toute constitution étatique correcte, on a fait, au cours de ce siècle, depuis les colonnes d'Hercule[1] jusqu'à la Mer Noire, de multiples tentatives tantôt pour l'exterminer totalement tantôt pour l'ennoblir, sans qu'aucun de ces efforts ne semble devoir être couronné par une issue favorable. Nous qui sommes familiers de l'Antiquité et connaissons cette éducation pratiquement depuis notre enfance, par la Grèce et Rome, sommes les derniers à nous attendre à ce qu'elle puisse cesser là où elle a pris naissance, ou qu'elle se laisse ennoblir, car nous avons vu qu'elle a survécu pendant des siècles à la dissolution de l'État et à tous les tyrans qui ont triomphé sur les ruines de l'État. Mais nous pouvons tout de même servir notre époque avec l'information selon laquelle l'individu, pas plus que la race humaine, n'y gagne quoi que ce soit à dissoudre la société civile, et qu'il souffre les tourments de l'enfer à cause des tempêtes de l'anarchie comme du calme plat de la tyrannie, sans avoir la moindre certitude de pouvoir parvenir au calme intérieur qui pourrait ressembler ne serait-ce qu'un peu à l'image de rêve dont les chevaliers des Lumières étaient entichés.

C'est assurément une chose qui, confirmée à nouveau par les Révolutions françaises, a déjà conjuré mainte éruption violente de la montagne qui crache le feu, selon le terme qui convient à cette éducation, mais si elle continue à dominer chez les gens cultivés et à se répandre parmi ceux qui ne le sont pas, une telle chose ne fera que créer un court répit et, sous son influence, nos États se désintégreront totalement de l'intérieur, à tel point qu'ils ressembleront à des arbres creux, prêts à tomber au moindre coup de vent.

Il est tout à fait impossible d'anéantir cette éducation par la force ou d'empêcher qu'elle se répande, parce qu'elle ne résulte pas d'une connaissance qu'on peut refuser aux gens, et qu'elle procède beaucoup moins d'une communication venue de l'extérieur que d'un développement intérieur, chose qu'on peut constater entre autres par le fait que sa description claire a été lue de génération en génération par des milliers de gens dans de vieux livres, sans que cela produise un effet, tandis qu'elle apparaît maintenant tout aussi bien chez des gens qui ne savent ni lire ni écrire que chez les plus érudits. Autant il est impossible d'empêcher les

1. Il s'agit des montagnes qui marquent l'entrée du détroit de Gibraltar. Allusion à un exploit légendaire d'Hercule.

gens de parvenir à l'âge de raison autrement qu'en les tuant, autant il est impossible d'empêcher les gens de parvenir à cet âge de raison particulier quand le moment est venu, et si on essaie de le faire, on ne fait qu'aggraver les choses, car moins la suffisance est liée à des connaissances et à la réflexion, plus le danger est grand, comme nous le voyons tous les jours chez nos enfants, et c'est pourquoi nous nous efforçons soigneusement, avant qu'ils ne deviennent majeurs, de leur communiquer des connaissances et d'aiguiser leur réflexion pour affaiblir leur suffisance et leur montrer les conséquences néfastes qu'entraîne le fait de laisser régner son amour-propre.

C'est par une éducation plus approfondie qu'il faut donc combattre l'éducation superficielle si on veut triompher d'elle, et on a bien remarqué cela dans les pays protestants de la chrétienté, bien que, à mon avis, on n'ait pas eu jusqu'à présent le bonheur de concrétiser l'idée glorieuse qui, en l'honneur de la vérité et de l'éducation et dans l'intérêt de la race humaine va, à certains endroits, nécessairement sauver la société civile. Le fait que cela n'ait pas réussi dans l'Antiquité ne doit pas nous abattre et ne doit pas nous surprendre, car, d'une part, une éducation soignée n'a été essayée qu'en Palestine et en Achaïe [1], où elle a vraiment été utile pendant un temps, et d'autre part, l'âge de raison est manifestement venu trop tôt chez les peuples anciens, si bien qu'il n'a pas coïncidé, comme maintenant, avec l'âge de raison de l'espèce humaine, étant donné que les conditions d'une éducation approfondie sont de nature à la fois intérieure et extérieure.

La seule chose à faire est donc qu'à un endroit donné, tandis que les autorités ont encore un pouvoir supérieur à celui que donnent les baïonnettes, on sache prendre les choses par le bon bout, et qu'on guérisse le mal à la racine, chose qui, autant que je sache, a été négligée jusqu'à présent partout.

Les sacrifices ne manquent pas du côté des gouvernements, car ils en ont même fait de plus grands que ceux qu'ils peuvent défendre, mais il est tout aussi inutile, dans une maison, de donner à des garçons obstinés la moitié de la liberté de mouvement qu'ils demandent que, dans un État, de donner à l'individu une position qui ressemble bien plus à celle à laquelle il aspire qu'à celle qu'il avait auparavant, si on ne peut pas lui apprendre en même temps à se contenter de celle-ci, et on ne pourra pas du tout le lui

1. Il s'agit de la Grèce antique (le pays des Achéens). Dans son *Manuel d'Histoire universelle* (1833), Grundtvig affirme que, comme les Hébreux et les Grecs, les peuples nordiques ont été les seuls à se sentir attachés spirituellement et d'une façon vivante aux dieux et à leurs ancêtres. Par conséquent, c'est seulement chez eux que l'Histoire a été véritablement comprise et que son déroulement a été retracé consciencieusement.

apprendre en lui expliquant que l'État lui a cédé autant qu'il a pu sans mettre sa propre existence en danger, car la génération qui reçoit le sacrifice et ressent le changement a beau éprouver davantage qu'une satisfaction immédiate, cela n'a pourtant pas la moindre influence sur la génération suivante, si ce n'est que cela l'encourage à obtenir un changement de situation aussi sensible que celui dont leurs pères bénéficient. Je n'ai pas besoin de décrire combien la situation dans laquelle l'État se trouve actuellement est malheureuse, avec sa jeunesse montante qui, au lieu d'être son espoir, lui fait horreur, car ces choses sont bien mieux décrites dans les journaux français que dans mes livres, et celui qui a vu une maison où les parents avaient peur du jour où leurs enfants deviendraient grands en sait plus sur le malheur que ce qu'il demande.

Non, l'éducation qui pourra apporter une aide et, c'est là l'essentiel, une aide beaucoup plus grande aux jeunes qu'aux vieux, et être encore plus bénéfique avec le temps, cette éducation doit sans doute présupposer ce qu'on désigne sous le nom d'éducation, mais seulement pour nous ouvrir les yeux pour qu'ils voient notre propre honte, qui nous frappe non à cause de notre vertu mais à cause de nos péchés, et ne fait pas du tout de nous des dieux, mais nous transforme, si nous ne prenons pas garde, comme les princes ensorcelés des ballades héroïques, en loups garous, en ours ou en d'autres animaux privés de l'usage de la parole, à qui le fait d'être conscient ne fait que causer du tourment. Au lieu de cacher aux jeunes ou aux vieux qu'il existe bien un feu follet[1] comme cette prétendue éducation, nous devons au contraire leur demander de prendre bien garde, car s'il ne les a pas encore trompés, il le fera certainement un de ces jours à la tombée de la nuit. Nous ne devons toutefois pas oublier non plus d'indiquer d'une façon aussi enjouée que possible l'origine de cette « personne », sa naissance et le récit de sa vie, ou d'exposer en détail la raison naturelle du phénomène, afin, si possible, d'exterminer la superstition. Pas plus que la vaccination physique, cette vaccination spirituelle ne sera une garantie absolue contre la variole naturelle, mais beaucoup y échapperont tout de même par ce moyen, et si la vaccine est authentique, la variole la plus maligne sera elle-même atténuée de façon sensible chez ceux qui auront été préparés. Il en va en effet de la suffisance, l'obstination, et l'avidité d'indépendance comme de la variole : si elle s'est déjà déclarée, l'inoculation ne sert à rien, et c'est pour cela qu'il faut la faire le plus tôt possible, pendant que l'imagination et

1. Selon une croyance populaire, les feux follets étaient des êtres surnaturels – parfois des fantômes – qui, munis d'une lampe, entraînaient les êtres humains vers des marécages ou d'autres lieux dangereux.

les sentiments sont encore les facultés les plus fortes et forment un contrepoids naturel aux errements du raisonnement.

Mais une telle éducation qui, en s'étendant à toute la vie humaine et en mettant en évidence la cohérence profonde entre la vie de l'individu, celle du peuple et celle de toute la race humaine, développe une façon de penser souhaitable pour tous les rapports sociaux, cette éducation, l'État ne doit aucunement la livrer à elle-même, c'est-à-dire aux pères de famille et aux maîtres isolés et dispersés qui s'efforceront toujours du mieux qu'ils pourront de la répandre dans leur cercle restreint. Cette éducation, les autorités doivent s'en charger paternellement à tous les niveaux de formation : depuis les gens du commun jusqu'aux plus érudits, si l'on veut que l'État soit sauvé et qu'il fleurisse, au lieu d'aller à sa perte par le moyen de l'éducation.

L'expérience confirme en effet, et c'est dans la nature des choses, que l'éducation que la suffisance et l'obstination développent et répandent naturellement aggrave toujours la situation en opprimant et, autant que possible, en exterminant l'imagination et le sentiment, qui ont créé nos rapports sociaux et en sont par conséquent les défenseurs-nés, leurs porte-paroles intérieurs qui ne peuvent pas se taire sans que leurs créatures se retrouvent sans défense et soient déformées et dignes de la mort dont le raisonnement les menace.

C'est cela le nœud, le nœud gordien[1] du développement humain qui, au fond, a toujours été tranché jusqu'ici par l'épée d'Alexandre, mais doit nécessairement être dénoué avec ménagement et avec patience, si l'on veut que l'État soit sauvé et qu'une éducation humaine authentique progresse jusqu'à la fin des jours. Il ne suffit pas qu'un seul penseur profond[2] comprenne que l'imagination et le sentiment font autant partie d'un homme normal que le raisonnement, et qu'ils ont, comme ce dernier, leurs vertus et leurs vices. Il faut aussi avant tout que les autorités comprennent que, quoi qu'il en soit de l'imagination débridée et du sentiment obscur, ils sont beaucoup plus dévoués et utiles à la société civile que la raison et le raisonnement pleins de suffisance, et maintenant qu'ils sont vieux et faibles, qu'ils doivent être soignés avec précaution et protégés du jeune homme déluré et dominateur qui est jaloux d'eux.

1. Le nœud gordien est la métaphore de la résolution d'un problème difficile par une action audacieuse. Selon la légende, Alexandre le Grand, ne trouvant pas le moyen de défaire le nœud liant le joug au timon du char du roi Midas (selon un oracle, cet acte devait lui ouvrir les portes du pouvoir sur l'Asie), trancha le nœud par le milieu d'un coup d'épée à Gordion en 333 av. J.-C.

2. Grundtvig pense sans doute ici à Kant, mais peut-être aussi à Herder.

En effet, les gouvernements doivent s'exercer à faire la sourde oreille à tous les cris contre la superstition, l'enthousiasme excessif et le fanatisme, lorsqu'il ne s'agit pas de faits mais seulement de points de vue, car la raison et le raisonnement ont eux aussi leur superstition, leur enthousiasme excessif et leur fanatisme, comme l'imagination et le sentiment, et ils sont d'une espèce beaucoup plus dangereuse pour l'État et tous les rapports sociaux, d'une part parce que la raison et le raisonnement sont maintenant les éléments dominants de la vie humaine, d'autre part parce que tous leurs errements ont l'apparence de l'éducation, et enfin parce que leur sphère particulière est ce qui est temporel, visible et palpable, si bien que leurs errements sont toujours d'ordre pratique et peuvent faire en un instant plus de dégâts que ce que des siècles peuvent réparer.

On voudra bien noter que je dis : la sourde oreille à tous les braillements qui ne concernent pas les faits mais simplement la manière de voir, et aussi les braillements à l'égard des errements du raisonnement autant qu'à ceux de l'imagination et du sentiment, car quels que soient les plus dangereux pour l'instant et par la suite, aucun d'entre eux, aussi longtemps qu'ils ne mettent pas des mains en mouvement, ne pourra être combattu avec succès autrement que par une éducation approfondie, qui englobe toute la vie humaine et progresse librement.

Oui, je sais bien qu'il ne sert à rien de vouloir épancher son cœur par le moyen de la plume, elle ne donne que de l'encre, tout aussi noire et tout aussi terne, que le sentiment qui la met en mouvement soit fort et vrai ou vide et feint, mais je ne peux pas faire autrement que de témoigner que cela devrait être le souhait le plus profond de toutes les personnes nobles, et si elles ont un Dieu qu'elles osent invoquer, leurs prières quotidiennes devraient être que tous les gouvernements de la chrétienté prennent la ferme décision de mettre en liberté l'esprit, l'esprit de l'homme, ce qui ne leur ferait pas perdre une once du pouvoir réel qu'ils ont, qui ne peut pas toucher le royaume de l'esprit et encore moins le dominer, mais par lequel non seulement ils répondraient aux exigences de notre époque, mais ils détourneraient aussi l'orage des bâtiments vieux, vénérables, indispensables et irremplaçables, et auraient à leur service presque toutes les forces qui, aussi longtemps qu'il faut contraindre l'esprit d'aller dans une direction particulière, restent oisives ou bien se consument dans le plus nuisible des combats, le combat de fin du monde qui entraîne tout ce qui y est mêlé.

Le mal s'enseigne lui-même, dit le proverbe, et l'œil que nous avons ouvert pour nous voir nous-mêmes ainsi que les manquements et les défauts inhérents à toutes les institutions humaines, ne serait aucunement fermé chez nos enfants même si on nous tuait, si on les élevait dans l'ignorance et leur mettait un bâillon sur la bouche. On ne ferait qu'augmenter inutilement les désagréments de la société civile, que les enfants haïraient doublement, et on obstruerait les sources de l'éducation qui sont les seules à pouvoir sauver les États en montrant clairement que leur joug est bénéfique et leur fardeau léger[1], comparés à ce qu'on peut trouver et développer sur la terre sans eux, et qui doit être beaucoup plus précieux à l'esprit humain et au cœur de l'individu que son plaisir immédiat ou son avantage. C'est pour une telle éducation de l'esprit et du cœur que je combats, et elle est le seul antidote capable d'anéantir les pires effets de l'éducation dépourvue d'esprit et de cœur issue de l'autodéification du raisonnement, de la suffisance et de l'obstination, et de les atténuer tous. C'est elle que, si j'en avais le pouvoir, je convaincrais tous les gouvernements de promouvoir comme l'affaire d'État la plus importante, étant donné que le bien de l'État en dépend, maintenant et par la suite, et je prétends que c'est elle qu'on ne peut pas promouvoir efficacement autrement que par une communication vivante et orale, qui, à l'heure actuelle, n'a lieu qu'à titre vraiment exceptionnel et dans des cercles restreints. Ce n'est en effet que lorsqu'elle est dans la main du poète qu'on peut dire d'une certaine manière que la plume parle à l'esprit et au cœur, et même là, non seulement le discours est énigmatique, mais on ne le qualifie de discours qu'au sens imagé et figuré, et c'est pour cela que l'expérience a prouvé à toutes les époques que les écrits des poètes n'ont été d'aucune utilité pour tous les gens qui, dans le peuple, avaient surtout besoin de discours qui s'adressent à l'esprit et au cœur, car ce sont bien eux chez qui l'élément relatif à l'esprit et au cœur est tellement faible ou tellement grossier que tout poème est pour eux un livre scellé ou la chose la plus déraisonnable sous le soleil.

C'est de ce sentiment que tout le système scolaire est issu, car si les livres pouvaient donner une vraie éducation, nous en avons eu un assez grand nombre depuis l'Antiquité, et nous n'aurions qu'à appliquer au peuple une fois pour toutes la méthode de Lancaster[2], mais le système

1. *Matthieu* 11, 30 : « car mon joug est doux, et mon fardeau léger. »

2. Conjointement avec Andrew Bell, Joseph Lancaster introduisit en 1819 en Angleterre la méthode pédagogique mutuelle, par laquelle les élèves les plus âgés enseignaient aux élèves les plus jeunes ce qu'ils avaient eux-mêmes appris. Tout d'abord sceptique, Grundtvig se rendit en Angleterre en 1829 et constata lui-même le succès des écoles lancastériennes.

scolaire a tellement dégénéré partout que les hommes ne sont la plupart du temps que les appendices des livres, en quelque sorte les porte-paroles des morts et les porte-voix des muets. Pour l'éducation de l'esprit et du cœur, les écoles de la chrétienté font certainement beaucoup plus de tort que de bien, et si on ne les réforme pas de fond en comble, elles iront bientôt à leur perte avec ce qui les a créées, mais qu'elles ont aidé à détruire[1].

Que personne ne croie néanmoins que je pense qu'il serait sage de mettre sens dessus dessous les écoles pour leur donner tout de suite la forme que je considère comme la bonne. Non, cette folie était pardonnable au siècle dernier, où l'on a découvert qu'elles servaient la mort au lieu de la vie, mais nous qui avons vu que la mort était la seule à y gagner par toutes les prétendues réformes fondamentales qu'on a faites pour améliorer la vie, nous ne serions pas pardonnables si nous imaginions pouvoir accomplir d'un seul trait de plume ce dont, de notre propre aveu, les plumes et les livres du monde entier sont incapables : de vivifier l'école pour l'utilité de l'individu, de l'État et de la race humaine. Nous devons limiter nos souhaits à instaurer la sorte d'école qui manque, à détruire les barrières qui coupent l'école de la vie, et à briser les chaînes qui paralysent l'action, car ce que l'esprit et le cœur ne sont pas capables d'accomplir eux-mêmes lorsque l'occasion se présente et la parole est libre, aucun pouvoir humain ni aucune sagesse humaine ne peuvent le produire.

Il importa donc la méthode mutuelle dans sa propre philosophie de l'apprentissage en tant qu'« interaction mutuelle et amicale ».

1. C'est-à-dire, selon Grundtvig, l'Esprit du Christ, créatif, vivifiant et libérateur.

L'ÉCOLE COMMUNALE (1834)

Si je commence par l'école communale[1], ce n'est pas du tout parce qu'elle est à mes yeux la plus importante ou qu'elle me semble mériter la grande attention qu'on lui accorde partout en ce siècle, mais c'est uniquement à cause de cette attention qui, méritée ou non, est toujours un fait important dont on est obligé de tenir en compte. Quand je réfléchis en effet à l'utilité que les écoles communales ont eue au Danemark, où elles sont en activité depuis longtemps, et que je vois qu'encore maintenant, d'une façon générale, le bas peuple les considère davantage comme un fardeau que comme un bienfait, je suis obligé de conclure ou bien qu'elles sont venues beaucoup trop tôt, ou bien qu'elles ont très mal correspondu à leur destination, car une fois que le temps des lumières est venu, les parents n'ont pas besoin de vouloir qu'on rende leurs enfants intelligents. En tout cas, je ne suis pas du tout étonné que ce soient surtout les paysans de Seeland qui ne comprennent pas pourquoi ils devraient envoyer leurs enfants à l'école s'il n'y avait pas les amendes[2], car, que ce soit parce que je suis moi-même Seelandais ou pour d'autres raisons, je dois avouer que je ne le comprends pas non plus, exception faite du cas très isolé où le maître d'école est un ami des enfants, qui sait parler aux petits des choses qu'ils

1. Les *almueskoler* dont parle Grundtvig (littéralement : "écoles du bas peuple", traduit ici par "écoles communales") désignent les écoles primaires rurales et les écoles pour les classes populaires. On les trouvait dans les villages ou les petites villes, tandis que les *borgerskoler* (littéralement : "écoles citoyennes ou civiques") se trouvaient dans les grandes villes.

2. Quand l'obligation scolaire fut instituée par la loi sur l'école de 1814, une disposition fut prise pour sanctionner financièrement les parents en cas d'absentéisme de leurs enfants. Cette réglementation a toutefois été rarement appliquée mais, quand elle le fut, elle provoqua localement de la colère parmi les paysans, au lieu d'obtenir leur soumission à la loi. Vers 1836 l'usage était plutôt d'en appeler à la responsabilité des parents et de ne les punir que rarement.

aiment bien entendre[1], et dans ce cas, j'ai remarqué que mes compatriotes le comprennent aussi.

Je sais bien que, mis à part les paysans de Seeland et moi, tous les gens raisonnables, ici comme ailleurs, considèrent que c'est un pas de géant vers les lumières que tous les paysans, ainsi que leurs femmes, sans doute, aient appris non seulement à lire, mais aussi à compter et à écrire, mais ce serait de la vantardise de ma part de dire que la chose est évidente à mes yeux. C'est pourquoi je préfère reconnaître ma faiblesse et avouer que je ne sais pas trop bien à quoi cela pourrait servir aux paysans de savoir lire et écrire parfaitement, mais je sais bien qu'ils ne l'apprendront jamais, aussi longtemps qu'ils n'en auront pas plus envie qu'actuellement. Ils ne l'apprendront jamais pour leur utilité, dis-je, car il ne sert manifestement à rien qu'ils sachent épeler et faire des additions, écrire des lettres de l'alphabet séparément et en attaché, s'ils ne comprennent même pas le livre dans lequel ils apprennent à lire, et encore moins d'autres textes, et sont incapables d'écrire deux lignes qui aient du sens, ce qui est sans aucun doute la plupart du temps encore le cas. Je sais bien qu'à cet égard, j'arriverai plus facilement à mobiliser des milliers de voix de gens raisonnables contre moi qu'une seule personne qui prenne mon parti, mais quand je réfléchis au temps et à la peine que cela m'a coûté et me coûte encore quotidiennement d'amener mes enfants, qui ne sont pourtant pas du tout plus bêtes que ceux d'autres Seelandais, à comprendre un livre danois, même des millions de voix ne pourront pas me faire renoncer à l'opinion que, même si les lectures de livres apportaient à nos paysans tout le profit qu'on croit, ce qu'ils apprennent habituellement par ce moyen n'est qu'un tourment pour eux.

Mais est-ce à dire que je crois qu'il est mauvais qu'on ait commencé à penser à des écoles communales en Angleterre et en France, alors qu'en Allemagne et chez nous, on devrait plutôt commencer à les fermer ?

Non, je ne le crois pas du tout, mais je crois en revanche avec certitude qu'en Angleterre, il serait très bien qu'on se fasse une idée claire de ce qu'on veut faire avec les écoles communales, et que nous y réfléchissions à

1. Grundtvig fut influencé de bonne heure par le mouvement philanthropiniste, inspiré par l'*Émile* de Rousseau et fondé par l'Allemand J. B. Basedow (1724-1790), professeur de morale et de belles-lettres à l'Académie de Sorø de 1753 à 1761. C'est en 1774 que Basedow ouvrit à Dessau une école modèle inspirée par Rousseau, le *Philanthropinum*. Le philanthropinisme influença grandement la réforme scolaire danoise de 1814. L'objectif des philanthropinistes était d'instruire la masse de la population grâce à une éducation élémentaire délivrée dans un climat bienveillant et non coercitif. Finalement Grundtvig trouva que les philanthropinistes étaient trop rationalistes et matérialistes.

deux fois avant de nous glorifier des nôtres : que nous réfléchissions d'abord pour savoir si elles n'ont pas donné au bas peuple un dégoût des connaissances difficile à guérir, et ensuite à quel point les écoles devraient être différentes pour répondre aux intérêts de l'État et du bas peuple.

Mais que faut-il donc faire à cet égard ? À mon avis, rien d'autre que de supprimer les amendes, car c'est déjà en soi une punition suffisante de payer pour une école qu'on ne veut pas fréquenter, et ensuite recruter petit à petit des maîtres d'école à qui on préfère donner de l'argent pour venir à eux plutôt que pour leur échapper.

Mais est-il bon pour l'État qu'une grande partie du bas peuple grandisse dans une profonde ignorance ? Certes non, mais il est toujours préférable pour lui de savoir que les choses sont ainsi, plutôt que de penser que le bas peuple est bien éclairé, alors qu'il est profondément ignorant de tout ce que l'État pourrait souhaiter qu'il sache, en même temps qu'il est en proie au tourment en apprenant certaines choses dont il ne peut pas se servir, et qu'on lui inculque habituellement de bonne heure une foi superstitieuse en sa raison et son raisonnement propres, ainsi qu'un goût très vif pour ce qui est qualifié de liberté, qui est une peste pour l'État[1]. Si, en revanche, les maîtres d'école ont une formation adéquate, il sera certainement dans l'intérêt de l'État que les enfants d'indigents en profitent aussi, mais cela doit se faire d'une manière telle que l'État prenne entièrement en charge de tels enfants, car on ne peut sûrement pas les obliger à fréquenter l'école en leur infligeant des amendes dont le paiement serait garanti par leur profonde pauvreté. Il n'est pas non plus possible d'imposer à la paroisse de subvenir à leurs besoins, et ce qui doit effrayer l'État n'est pas tellement le fait que les enfants d'indigents n'apprennent rien, mais c'est plutôt ce qu'ils apprennent de leur parents et par eux-mêmes.

Mais tous les enfants doivent tout de même apprendre « leur christianisme »[2] !

Oui, si le christianisme s'apprenait comme une leçon, non seulement les enfants d'indigents devraient l'apprendre, mais aussi les enfants des gens haut placés, qui ne savent que rarement ce que cela signifie, mais les siècles n'ont montré que trop clairement que c'était une grave erreur de calcul, car plus on apprenait de choses à l'école, moins il y avait de

1. Le mot à la mode à l'époque – *la liberté* – est selon Grundtvig une arme à double tranchant. Il argumente en faveur de la liberté pour tous, aussi bien pour le peuple que pour les individus, mais il craint le processus d'individualisation qui mène au respect des droits individuels plutôt qu'à celui des devoirs qui servent à la cohésion du peuple.

2. L'apprentissage par cœur du catéchisme de Luther était la norme dans les écoles communales de village, où le sacristain était souvent aussi maître d'école.

christianisme parmi le peuple, si bien qu'il vaudrait sûrement mieux chercher à savoir s'il ne revient pas de lui-même quand on cesse de l'enseigner.

Cela semble sûrement paradoxal, surtout de la part d'un pasteur orthodoxe, mais ce n'est pas ma faute, c'est uniquement la faute de ceux qui ont confondu le verbe vivant avec la lettre morte, et la foi vivante avec la connaissance morte, sans que la mort et le monde des ombres n'apportent quoi que ce soit à l'État et à l'individu, qui sont bien au contraire cruellement trompés quand ils les prennent pour tout à fait autre chose.

Comme, en outre, la foi et la théologie entrent encore moins en ligne de compte dans le recrutement de maîtres d'école qualifiés que dans le recrutement de pasteurs compétents, alors que l'État doit respecter la foi des parents, le christianisme ne pourra plus jamais devenir une matière d'enseignement ordinaire dans les écoles communales, mais uniquement une chose dont les maîtres d'école qui en ont envie peuvent parler avec les enfants dont les parents ou tuteurs le souhaitent. Il faut ici en effet tenir compte du fait qu'il y a une bien plus grande différence entre ce que les scribes appellent de nos jours le « christianisme » et ce qu'il était lorsqu'on comparait le christianisme et le judaïsme selon les anciens critères, et si l'on trouve maintenant qu'il est juste que des juifs qui envoient leurs enfants dans une école chrétienne décident eux-mêmes s'ils doivent entendre parler du christianisme, on trouvera encore beaucoup plus juste que des chrétiens qui envoient leurs enfants dans une école qui, à leurs yeux, est anti-chrétienne, décident eux-mêmes si leurs enfants doivent écouter ce qu'on y appelle le christianisme. Je suis aussi certain que cette liberté légitime réconcilierait immédiatement une partie de nos paysans avec l'école, là où on y est finalement le plus attaché, à savoir au Jutland, même si ce n'est pas uniquement parce que cette liberté leur a manqué que certains ont dû faire de la prison à Viborg[1]. La foi chrétienne a toujours été une pierre d'achoppement dans le monde[2], elle le restera jusqu'à la fin, et plus l'État, conscient de ses effets bénéfiques, fera d'efforts pour l'imposer

1. À la fin du XVIIIe siècle, des paysans jutlandais que l'on surnomma les « Jutlandais forts » (*de stærke Jyder*) formèrent le premier mouvement de réveil piétiste et anti-rationaliste du Danemark. Ses adeptes s'opposèrent fortement à une série d'innovations, entre autres l'introduction d'un nouveau recueil de cantiques et celle du manuel de préparation à la confirmation publié par l'évêque Balle en 1791, jugés non conformes au credo luthérien. Les autorités ecclésiastiques réagirent avec fermeté et prononcèrent diverses sanctions qui allèrent jusqu'à des peines de prison. Les « Jutlandais forts » obtinrent gain de cause en 1839. Ils furent alors autorisés à utiliser les livres d'enseignement religieux qu'ils voulaient et fondèrent peu de temps après plusieurs écoles libres dans les paroisses de la région de Horsens et de Vejle.

2. *1 Corinthiens* 1, 23.

à tous, moins de bien elle fera, et plus ses vrais adeptes auront à souffrir, de sorte que nous servons au mieux les intérêts de l'État et ceux des croyants en demandant qu'on la garde à l'écart de tous les affrontements désagréables qui peuvent être évités.

C'est la raison pour laquelle on doit exclure le christianisme de l'enseignement donné à l'école ordinaire, chose qui ne va pas tarder à être acceptée, mais à l'intention de ceux qui sont chrétiens comme moi, je dois tout de même ajouter que, à l'école ou à la maison, on rend un très mauvais service à l'une et à l'autre en voulant à tout prix faire entrer de force le christianisme dans les enfants comme une leçon, sans parler de ce qu'on appelle les « explications »[1], qui, même lorsqu'elles sont les plus chrétiennes, sont pourtant une horreur pour moi par rapport aux enfants. En entendant notre confession chrétienne, qui est assez courte et bonne pour être répétée souvent, en lisant une histoire biblique dont ils connaissent déjà le contenu, et ensuite la partie historique du Nouveau Testament, qu'on retient facilement, et en apprenant enfin quelques beaux cantiques qui ne présentent pas de difficultés, nos enfants peuvent facilement acquérir la connaissance du christianisme dont ils ont besoin et qu'ils peuvent utiliser pendant leur croissance, et le reste dépend de leur cœur et de notre exemple, chose que les livres ne peuvent ni créer ni remplacer.

Mais si je voulais qu'on exclue presque totalement le christianisme de l'école communale et qu'on traite même la lecture, l'écriture et le calcul comme des choses secondaires, quelle est la chose que je voudrais considérer comme essentielle ?

C'est malheureusement une question à laquelle tout le monde, sauf moi, considérera sans aucun doute qu'il est impossible de répondre, et il n'est par conséquent pas très utile d'y répondre pour l'instant, mais je dois tout de même absolument y répondre, ne serait-ce que pour que le lecteur puisse voir à sa grande surprise que cela ne m'embarrasse pas du tout, sauf si je me mets à sa place.

Je dois d'abord reconnaître franchement qu'il est beaucoup plus important à mes yeux que le bas peuple ait de l'école une opinion bonne, empreinte de respect et d'amour, plutôt qu'il y apprenne quelque chose de particulier, car toute sa vie et son activité sont tellement loin d'être sédentaires, livresques ou spéculatives, qu'il conçoit facilement du mépris pour tout ce genre de choses, et de la haine à cause de l'argent que cela coûte, dès

1. Grundtvig fait ici allusion aux commentaires qui figuraient dans le livre de catéchisme publié en 1737 par l'évêque danois Erik Pontoppidan (1698-1764), *La Vérité pour la dévotion*, et dans le *Manuel concernant la religion chrétienne évangélique* publié en 1791 par l'évêque Nicolai Edinger Balle (1744-1816).

qu'il découvre de quelles poches il sort. C'est pourquoi on devrait simplement faire en sorte que l'école communale répande et entretienne une opinion bonne et élevée de l'école d'une façon générale, et cela ne se fait manifestement pas en enseignant aux enfants ce contre quoi les parents pestent ou dont ils se moquent éperdument, mais en racontant aux enfants ce que les parents auraient bien voulu savoir ou ce qu'ils aimeraient bien entendre, et, le lecteur comprendra tout de suite que cela nous donne une toute autre vision de l'école communale que celle qu'on a habituellement.

Une fois arrivés à ce point, si nous nous rappelons quelle façon de penser et quel mode de réflexion l'État souhaite trouver chez le bas peuple, nous tomberons sans doute facilement d'accord sur le fait que, bien qu'il puisse y avoir des paysans qui souhaiteraient savoir où passe tout l'argent que le percepteur d'impôts ramasse et qui aimeraient bien entendre quel mal on peut dire, si on l'ose, de lui et de l'administrateur du district, du maître du domaine, du chef de police du canton, etc., ce n'est pourtant pas du tout de telles choses qu'il faut raconter aux enfants de l'école communale, mais quelque chose de tout à fait différent, qui fait joyeusement appel chez eux à quelque chose de meilleur que le soupçon et l'égoïsme, et développe chez eux quelque chose de meilleur que le contrôle des comptes de l'État et l'envie de conserver pour soi-même ce qu'il coûte. Il faut donc leur raconter quelque chose qu'ils ont envie d'entendre, mais qui sert en même temps à les réconcilier avec leur situation et à développer et nourrir leur amour de la patrie, avec le sentiment élevé qui en découle, chacun s'appropriant toutes les choses bonnes et grandes qui se sont produites dans son pays natal et que ses compatriotes des temps passés et présents ont réalisées, en paroles et en actes !

Cela signifie en clair que l'histoire de la patrie et ses vestiges du passé le plus ancien, les proverbes savoureux et tout ce que la langue maternelle a de populaire, devraient être l'objet des conversations à l'école communale, pour nourrir l'imagination et le sentiment dans une direction inoffensive, aussi utile à l'État qu'à l'individu, et j'ose au moins répondre pour le Danemark qu'une école communale qui correspondrait un tant soit peu à cette idée serait d'une part assidûment fréquentée en hiver, qui est naturellement la seule période où le bas peuple peut fréquenter l'école, et d'autre part porterait des fruits qui seraient un sujet de joie pour l'État et d'étonnement pour les étrangers.

Il y a quelques années, un paysan de Seeland est venu me voir, homme assez cultivé pour sa condition, pour avoir la *Chronique du Danemark* de Saxo[1], dont il avait entendu parler et qu'il connaissait dans l'ancienne traduction. Lorsque je lui ai dit qu'il fallait que son pasteur lui établisse une attestation de domicile, il répondit très bizarrement : « Notre pasteur est un pauvre bougre, mais il saura rédiger ce genre de chose, bien sûr ». Mais ce que je voulais raconter était en réalité qu'une fois qu'il eut obtenu le livre, alors qu'il avait la main sur la poignée de la porte, il se retourna vers moi d'un air un peu mystérieux et il me dit à mi-voix et en fixant sur moi un regard inquisiteur: « Mais est-ce vraiment tout? Oui », répondis-je en souriant, tout en devinant à moitié ce qui le préoccupait. « Autant que je sache. Absolument tout. » » Vous savez, dit-il en prenant un petit air rusé, il faut que je vous dise, ce ne sont pas des choses dont on parle si facilement, mais on aimerait bien avoir ça aussi, je veux dire toutes ces histoires de trolls, est-ce que c'est aussi dedans ? » Ce fut bien sûr un grand plaisir pour moi de pouvoir rassurer avec une bonne conscience le Seelandais quant à sa crainte très compréhensible, et bien que j'y aie souvent repensé avec amusement, je ne m'attendais pas à entendre à nouveau parler de cette affaire. Mais après que l'hiver se fut écoulé, non seulement mon compatriote revint et me remercia beaucoup, bien qu'il ait payé quelque chose pour le livre, mais lorsqu'il partit, je découvris que sa femme avait rendu visite à la mienne et lui avait fait cadeau de quelques livres de beurre de mai, seul cadeau de ma vie dont j'aie été fier.

On aura beau dire que c'est aussi par fierté que je raconte cette histoire, elle n'en montre pas moins que si nos maîtres d'école pouvaient et voulaient raconter aux enfants avec simplicité et gaîté toutes les choses amusantes que nous pouvons apprendre de Saxo, Snorri[2] et d'autres vieux consolateurs, cela ne tomberait pas dans l'oreille d'un sourd et la plupart des parents leur adresseraient en plus de nombreux remerciements, et la

1. Saxo Grammaticus (env. 1150-1208) fut le secrétaire (*clericus :* ce terme a donné lieu à de nombreuses spéculations) de l'évêque et homme d'État danois Absalon (1128-1201). Vers 1200, il rédigea en latin les seize livres d'une histoire des Danois intitulée *Gesta Danorum*. Les huit premiers livres contiennent principalement des légendes, mais les livres suivants évoquent l'époque de la christianisation et l'histoire contemporaine. Les *Gesta Danorum* furent éditées pour la première fois en 1514, longtemps après leur rédaction. Grundtvig en publia une traduction en trois volumes entre 1818 et 1822.

2. Snorri Sturluson (1179-1241), érudit, mythographe, remarquable historien et homme politique islandais, doit être considéré comme l'un des principaux écrivains de cette époque dans le Nord. Il écrivit entre autres l'*Edda en prose,* qui est l'une des principales sources qui renseignent sur la mythologie nordique, et un cycle de récits historiques sur les rois de Norvège intitulé *Heimskringla*.

pensée se répandrait parmi les paysans que, bien que certains pasteurs soient de pauvres bougres tout juste capables de lire un sermon à haute voix et de rédiger une attestation, les érudits sont malgré tout des gens dont on peut difficilement se passer, des gens qui sont dignes de leur nourriture et de tout honneur. On devrait même leur montrer cela non seulement en traduisant de bons vieux livres, sans escamoter les « trolls », mais en leur donnant aussi les « chansons populaires » et les « ballades héroïques », la « Chronique rimée »[1], adaptées non à nous, mais à eux, le meilleur d'eux-mêmes, les proverbes de Laale et de Syv[2], la chronique de l'époque récente dans l'esprit des temps passés, et des maîtres d'école qui sachent utiliser tout cela de manière vivante, de sorte que ce ne soit pas un supplice pour les enfants et les parents, mais que cela les amuse et les instruise secrètement.

On voit sans doute par-là que c'est nous, scaldes nés sur le tard, que l'État devrait mettre au travail, en contrepartie de la faveur qu'il nous accorde encore, car nous sommes de nos jours les seuls érudits qui sont fiers d'avoir les « trolls » et toutes ces vieilleries à la bouche et à la plume sans les noyer tout de suite dans la pluie qu'on a l'habitude de mettre à la place de l'orage, bref, il n'y a que nous qui sympathisons encore un peu avec le bas peuple dans les choses spirituelles, et c'est nous, par conséquent, qui devons absolument aider à lui fournir des livres et à former ses maîtres, pour qu'il y ait une éducation pour le bas peuple qui puisse profiter à l'État et lui causer du plaisir.

Il est certain qu'il serait bien préférable que ce genre de choses soient dites par un autre que le traducteur des chroniques, le pasteur des paysans et le scalde de la Seeland[3], qui a manifestement lui-même envie de mettre son grain de sel, mais peu nombreux sont ceux qui sont en mesure de dire ces choses, et aucun n'est disposé à le faire, si bien que je dois ou bien emmener ces lumières avec moi dans la tombe, ou bien je dois dire ces choses moi-même, bien que je ne puisse trouver nulle part des oreilles plus sourdes pour cela que celles des vers de terre.

Nous sommes d'ailleurs tous des hommes, et quand on a dépassé le demi-siècle sans avoir rien réalisé des choses grandes et bonnes dont on a été enthousiasmé, dont on a raffolé et pour lesquelles on a été animé d'une vive ardeur, la moindre consolation qu'on puisse avoir est que la postérité puisse déchiffrer ce qui occupait notre esprit et était notre vocation, et qu'on aurait sans aucun doute eu la force d'accomplir si on n'avait pas été

1. La *Chronique rimée* (1495) fut le premier livre imprimé en Danois.

2. Peder Laale (XIVe siècle) et Peder Syv (1631-1702) ont l'un et l'autre collecté et publié des proverbes danois.

3. Grundtvig parle ici de lui-même.

presque le seul à avoir la vision des véritables intérêts de l'époque. Un scalde populaire qui a la perspective excitante pour sa vanité, mais affligeante pour son cœur et effrayante pour le peuple, d'être le dernier, doit toutefois, aussi longtemps qu'il respire, nourrir l'espoir que, malgré l'horreur naturelle que ceux qui débordent d'érudition ressentent à l'égard de tout ce qui a vraiment un goût de poésie dans la vie, les hommes d'État découvriront avant qu'il soit trop tard que la poésie qui habite dans l'esprit du peuple et est par conséquent en accord avec tout ce que cet esprit et le cœur qui lui correspond ont créé au cours du temps, cette poésie est justement inestimable, dans ses dernières manifestations vivantes, et qu'on doit faire tous ses efforts pour l'empêcher de disparaître, en la livrant à l'activité la plus libre, pour le développement d'une éducation de la même nature et l'adoucissement des sucs agressifs du corps de l'État qu'on pourrait lui souhaiter dans la tombe pour qu'il se renforce d'autant plus[1].

En vérité, j'ai fait moi-même l'expérience que quelle qu'ait été la défaveur de l'esprit du siècle à l'égard de tout ce qui est authentiquement populaire, donc toujours poétique, on a tout de même, au Danemark, assez de cœur pour les « valeurs du foyer » pour que, si la confusion de l'Église ne m'avait pas placé dans une position défavorable par rapport au monde cultivé, je l'aie sûrement convaincu que mes idées sur l'éducation du bas peuple étaient justes, mais on ne doit certainement pas attendre de miracles de ce qu'on couche simplement sur le papier sans contact vivant avec le monde, et c'est pourquoi j'écris cela surtout parce que je ne peux pas m'en empêcher, laissant à la Providence ou au hasard le soin de trouver le porte-parole qui est la seule chose qui manque !

1. La théorie des humeurs fut développée dans l'Antiquité par Hippocrate et devint une théorie fondamentale pour toute la médecine occidentale avant la modernité. Grundtvig l'évoque ici sur un mode humoristique pour désigner les « sucs agressifs », c'est-à-dire les énergies et les fluides destructeurs qui se développent dans le corps de l'État quand l'individualisme, le scientisme et les tendances révolutionnaires y prennent le dessus.

L'ÉTAT ET L'INDIVIDU (1834)

Aucun homme ne comprend la conscience qu'il a de lui-même, mais il se trouve présent en elle comme une énigme, et c'est pour cela qu'on n'a vraiment aucune raison de penser que l'un d'entre nous puisse être victime de l'illusion qu'il comprend une société humaine qui, bien qu'elle n'ait pas une unité visible, montre tout de même sa réalité par la conscience que des millions de personnes ont en commun depuis des siècles et par l'activité qui y correspond, comme c'est indéniablement le cas avec l'État ou la société civile. Mais c'est de toute façon notre péché mignon de chercher à saisir beaucoup de choses trop élevées pour nous, en pensant que nous sommes des dieux, jusqu'à ce que nous décidions de nous examiner nous-mêmes et que nous apprenions que nous sommes des hommes, images merveilleuses de ce qu'il y a de plus grand, mais dépourvus du pouvoir de créer, et par conséquent également de la faculté de saisir avec le maximum de clarté les moindres choses, si ce n'est les œuvres que nous avons faites de nos propres mains. Si quelqu'un s'imagine par conséquent pouvoir comprendre telle chose et quelqu'un d'autre telle autre chose, alors qu'il ne les a pas créées lui-même, en avoir une compréhension tellement claire que si on lui avait demandé conseil lors de la Création, le résultat aurait été bien meilleur, et on y aurait beaucoup gagné, sans que la bonne qualité de celle-ci en ait pâti le moins du monde, eh bien, dans ce cas, chacun doit supporter les lubies des autres, car chacun a la sienne, et nous sommes tous des êtres humains. C'est uniquement lorsque la lubie de l'un d'entre nous va tellement loin qu'elle l'amène à aspirer sérieusement à détruire une chose que d'autres personnes ont en partage et dont elles retirent un bénéfice, sans avoir fixé une garantie acceptable, et sans pouvoir le faire, d'ailleurs, selon laquelle non seulement nous voulons, mais nous pouvons aussi la remplacer par une autre chose meilleure sous tous les rapports, c'est seulement dans ces conditions que nous avons une réelle responsabilité à l'égard de nos semblables, et celui qui est chargé de garder ce que nous voulons détruire commet assurément un grand péché et trahit la confiance qui justifiait son existence s'il cède à la ruse ou à la menace et tolère ce qu'il ne doit en aucun cas autoriser aussi longtemps que ses yeux voient le soleil.

Voilà la perspective dans laquelle nous devons considérer la grande querelle qui oppose ceux qui veulent dissoudre l'État à ceux qui détiennent le pouvoir, si nous voulons la comprendre et ne pas prendre parti sous l'influence de la violence ou de l'amitié, mais pour « le bien commun ».

Aussi incompréhensible que soit au fond pour nous la société civile, il n'est pas difficile de découvrir qu'elle repose sur une certaine entente fondamentale au sujet du bien commun (*Commonwealth*), concernant sa nature autant que les moyens les plus appropriés qui y mènent, car là où on ne peut pas détecter une telle entente fondamentale, il ne s'est jamais formé une société civile, mais uniquement une classe de seigneurs et une classe d'esclaves radicalement opposées l'une à l'autre, qui, si on les regroupe, peuvent être appelées un État, mais ne sont pas du tout ce dont nous parlons ici, étant donné que dans un tel cercle, « le droit du plus fort » est indiscutablement la loi fondamentale d'où sont issus tous les rapports et à laquelle ils doivent leur validité. Il semble qu'on puisse dissoudre un tel État des milliers de fois sans que la vie et la condition sociale changent le moins du monde de façon sensible, car ce sont alors simplement les personnes qui changent de place, les seigneurs et les esclaves qui changent de nom, chose qu'ils seraient de toute façon obligés de faire même s'ils étaient dans l'état le plus tranquille, c'est-à-dire celui de la mort. Nous pourrions par conséquent exclure totalement de notre réflexion de tels États barbares[1], de la même manière qu'ils s'excluent eux-mêmes de l'histoire de l'esprit humain, s'ils ne faisaient pas autant de dégâts en embrouillant la façon de penser qu'en troublant la tranquillité dans les États voisins. Mais, en réalité, ils font ces dégâts de deux manières, d'une part en faisant croire aux gens que c'est un jeu d'enfants de fonder un État, si seulement on a le pouvoir, et d'autre part en faisant naître la supposition que, étant donné qu'il y a toujours dans l'État barbare une ou quelques personnes qui tyrannisent tout le reste, la tyrannie règne par conséquent partout où une ou quelques personnes possèdent tout le pouvoir, et une société civile libre ne se forme que dans la mesure où le pouvoir est partagé, si bien que le but

1. Littéralement : "États turcs" (*Tyrke-Stater*). Dans tout ce passage, l'expression « États barbares » fait référence aux États dans lesquels le pouvoir militaire ou politique, arbitrairement installé ou tout simplement étranger, prime sur les processus les plus essentiels pour la nation et la société civile.

n'est atteint que lorsque le pouvoir est également réparti entre tous les individus.

[Passage rayé[1]. L'argumentation continue ensuite :] et la raison tout autant que l'expérience peuvent nous enseigner remarquablement que, quelle que soit l'habileté avec laquelle on répartit le pouvoir dans l'État (le pouvoir supérieur), il se concentre toujours dans une seule main, si bien que tout ce qu'on gagne, en passant de l'anarchie à une véritable constitution, est que le pouvoir et le droit se séparent totalement, de sorte que le pouvoir supérieur est toujours, de par la constitution, dans la main injuste.

Tous ces développements et toutes ces preuves ne sont toutefois pas d'une grande utilité, et, en tout cas, ils ne sauvent pas l'État, car on a beau, de nos jours, être d'accord sur le fait que la raison et l'expérience doivent être les principes conducteurs, chacun pense évidemment par-là à sa propre raison et sa propre expérience, et l'une et l'autre sont tellement indigentes chez la plupart des gens que ce que la plupart d'entre eux souhaitent voir se réaliser obtient obligatoirement le plus grand nombre de voix, bien qu'on puisse prouver le contraire avec une clarté absolue. Si l'on ajoute qu'il est extrêmement rare que les gens agissent selon ce que, de leur propre aveu, la raison et l'expérience recommandent, tandis qu'on agit habituellement sous l'inspiration du moment ou en fonction d'un profit immédiat, cela semble être une tâche désespérée de vouloir se servir de l'éducation pour guérir l'égarement communément répandu selon lequel la société civile devient plus libre et plus heureuse dans la mesure où l'individu est autorisé à en faire à sa tête, donc dans la mesure où la société est dissoute et le droit du plus fort entre en vigueur. L'État n'a toutefois pas d'autre moyen approprié contre ce terrible égarement que l'éducation, car il peut certes exercer son pouvoir, aussi longtemps qu'il en a, et il sera souvent contraint de le faire, mais s'il oppose la force physique à autre chose que de la force physique, il se dissout lui-même, c'est-à-dire qu'il se transforme en tyrannie, perd le droit d'avoir le pouvoir, et ne le possède plus que comme un tyran contre lequel la révolte est légitime, parce qu'il ne règne qu'en vertu du droit du plus fort, qui revient à son adversaire quand la chance tourne à l'avantage de celui-ci.

Ainsi donc, là où il y a encore vraiment une société civile dans laquelle le pouvoir est entre les mains du droit et où il a le droit en vue, l'éducation devient obligatoirement la plus grande préoccupation de l'État en matière

1. Le passage rayé par Grundtvig est rédigé dans ces termes : « La raison indique toutefois qu'avant que le pouvoir puisse être réparti également entre tous les individus, il faut faire totalement abstraction de l'État ou de la société civile, et l'expérience nous enseigne que cela ne crée même pas une répartition égale du pouvoir, car ils sont d'une part... ».

de politique intérieure, et on peut comprendre par-là pourquoi cela a été le cas depuis longtemps au Danemark, quand bien même on se dispute sur la question de savoir si, sur le papier, il y a une société civile ou non, car nous savons bien qu'il y en a vraiment une, et il en va des États comme du papier-monnaie, qui peut être très bon quand on est sûr de pouvoir le convertir, à défaut de quoi il n'a pas la moindre valeur, et on peut facilement s'en passer quand on a « des espèces ».

Ce qui est clair comme le jour, dans cette perspective, c'est que l'État doit faire très attention à la sorte d'éducation qu'il répand, car c'est une affaire scabreuse à une époque où la plupart des gens comprennent justement qu'il s'agit de répandre la lumière selon laquelle l'État semble superflu et où le fait, pour l'individu, d'agir comme bon lui semble, est la seule loi fondamentale juste de tout royaume. Car si l'État se laisse aveugler par les discours élogieux avec lesquels cette forme d'éducation paie volontiers sa diffusion, il se jette dans un piège dangereux.

Pour l'État: c'est ce genre d'éducation que l'État doit avant tout répandre, car il doit combattre et, si possible, vaincre complètement l'éducation qui a pour origine la suffisance de l'individu et sa volonté de n'en faire qu'à sa tête, et il est facile de discerner quels centres d'intérêt cette éducation doit avoir, à savoir : le caractère sacré et populaire de l'État, ses exigences à l'égard de ses fonctionnaires et ses moyens de défense.

Mais la question se pose maintenant de savoir avec quels moyens et dans quelle mesure l'État doit répandre cette éducation, pour avoir quelque chance d'en attendre des fruits, et bien qu'il aille de soi qu'il doit pour cela avoir recours à des gens vivants et souhaiter qu'il s'étende si possible à tout œil vivant du pays, on peut avoir malgré tout, quant à la bonne façon d'appliquer ces principes fondamentaux, deux opinions tout à fait opposées, et le choix entre celles-ci ne saurait être indifférent. Il est même probable qu'il ait plutôt des conséquences malheureuses.

Il peut en effet sembler évident que ce sont surtout les érudits, qui sont le fer de lance du développement de l'intelligence, que l'État doit mieux éduquer, ou qu'il doit empêcher de répandre une autre éducation que celle qui est pour l'État, en promulguant des décrets à ce sujet et en élaborant des manuels d'enseignement de cette nature pour tous les niveaux de formation, qui servent de consignes immuables ou au moins de modèles absolus. Pour ce faire, les universités ont évidemment besoin d'examinateurs, de surveillants et de toutes les autres choses dont on sait bien qu'elles sont haïes, mais qu'on trouve obligatoirement nécessaires quand on choisit ce genre de diffusion de l'éducation pour l'État. Il est bien vrai que je ne crois pas que l'État doive adresser des compliments à l'éducation qui le récuse, ou qu'il doive lui demander l'autorisation d'éduquer le peuple et de former ses fonctionnaires dans une direction opposée, car cela ne convient que pour un État de 1830 et pas le moins du monde pour celui auquel j'appartiens, qui date de 1834 après Frode Fredegod[1]. Mais bien que l'État danois soit avant tout beaucoup trop vieux pour se laisser taquiner par des écoliers, il a tout de même montré qu'il n'est pas trop prétentieux pour s'appeler la « mère de l'école »[2], et il se contente volontiers du pouvoir qu'il exerce sur le maître d'école et tous les garçons que ce nom désigne depuis les temps les plus reculés; et je crois que le Danemark a, là aussi, choisi « la bonne part » qu'il serait dommage de lui ôter[3]. Car je n'arrive pas du tout à comprendre comment un État, de nos jours, pourrait s'attribuer le rôle de maître d'école sans opposer la force physique aux forces de l'âme par laquelle, comme nous l'avons vu, il leur cause manifestement du tort et s'inflige à lui-même une blessure mortelle, et, d'un autre côté, il est clair pour moi que les manuels d'enseignement les mieux digérés ne donnent qu'une éducation sur le papier qui n'est d'aucune utilité pour l'État, et des manuels d'enseignement que les maîtres souhaitent envoyer au diable ne seront jamais digérés, et ne donneront que des coliques et de la constipation.

Bien qu'il ne soit par conséquent pas du tout possible de s'en remettre aux érudits de profession pour déterminer quelle éducation ils inculqueront aux fonctionnaires de l'État, il est inutile de vouloir les contraindre à dispenser une éducation pour l'État, car, comme le dit le proverbe, on peut certes obliger un mouton à aller à l'eau, mais on ne peut pas l'obliger à boire, et l'État ne peut pas considérer, et donc pas non plus traiter comme des moutons stupides les gens instruits dont il attend quelque chose d'utile. Il faut donc trouver quelque chose de nouveau, et c'est facile à trouver, en

1. Frode Fredegod est un roi légendaire du Danemark sous le règne duquel la paix s'étendit à tout le Nord-Ouest de l'Europe. Son règne fut si paisible qu'on prétendait qu'on pouvait oublier un bracelet d'or pendant des années au bord d'une voie très fréquentée sans que personne n'y touche. Saxo et les sources islandaises présentent comme des événements contemporains cette « paix de Frode » et la « *pax Augustina* » (la *pax romana* que l'Empereur romain Auguste et ses successeurs imposèrent aux régions de l'Empire), ce qui permet de situer le règne de Frode Fredegod aux alentours de la naissance de Jésus Christ.

2. *Skole-Moder* traduit sans doute ici l'expression « Alma Mater », utilisée en latin pour désigner la mère nourricière. Il désigne ici l'État bienfaiteur de l'école. Plus tard, quand la haute école populaire fut instituée, l'expression *Skole-Moder* désigna l'épouse du directeur de l'école, car elle tenait un rôle d'économe et de gestionnaire dévouée, comme une « mère » de l'école.

3. *Luc* 10, 42 : « Une seule chose est nécessaire. Marie a choisi la bonne part, qui ne lui sera point ôtée. »

particulier dans le Nord, où les États sont homogènes depuis les temps les plus reculés, et où l'on a un vieux grief contre les Romains et tout ce qui est romain, quelle que soit la « sainteté » dont tout cela est entouré, un vieux grief dû en tout cas au fait que la langue maternelle et la façon de penser du Nord ne sont absolument pas romaines et sont obligatoirement violentées si on applique le droit romain, si bien que toute guerre lancée contre lui sera tout à fait populaire. Là où c'est le cas, il suffit que l'État prenne conscience qu'il s'est trompé en se liant à des manuels d'enseignement, car, de ce fait, il s'est lié à la fois à la mort et au docteur, bien qu'un seul des deux soit déjà de trop. Il suffit qu'il en prenne conscience et qu'il corrige cette erreur en « larguant les amarres » pour suivre son ancien cap dans des eaux connues sans calculer constamment la longitude. Cela veut dire en bon danois qu'il suffit que l'État remplace la formation systématiquement morte par une formation vivante et populaire pour qu'il ait des fonctionnaires éclairés qui, certes, ne sauront pas expliquer comment s'y prendre pour démolir de vieux États ou pour en construire de nouveaux, mais qui sauront remarquablement comment faire pour prendre soin de l'État et le défendre contre la ruse et la violence.

Le fait est que les principales facultés humaines ne sont pas seulement très différentes, comme on le sait, mais, on l'a presque oublié, qu'elles se comportent en accord avec ce qu'elles sont, de sorte que, pendant la durée de son règne, l'imagination crée un langage imagé et construit des temples, le sentiment chante des ballades héroïques et construit des villes, mais le raisonnement ne fait que créer des systèmes et fabriquer des livres, tandis que ses hauts faits dans la vie réelle consistent à démolir ce que les Anciens ont construit et à mettre en pièces ce qu'ils ont fabriqué, pour voir comment c'était fait et pour prouver facilement sa supériorité. C'est ce que font les enfants capricieux d'abord avec leurs jouets, puis, si on le leur permet, avec tout ce qu'il y a dans la maison, et c'est la même chose que fait la pensée scientifique dans sa curiosité et son enfance joyeuse, d'abord avec « les manuels d'enseignements » et ensuite, si on le lui permet, avec tout ce qu'il y a dans l'Église et l'État, comme l'histoire bien connue des élèves de l'école noire ou « latinistes » le rapporte de façon détaillée.

Ce secret, que la pensée scientifique en est encore partout au stade de l'enfance, puisqu'il faut vérifier si elle a les doigts propres, ce secret, nous qui le connaissons, nous devons le confier à l'État et, pour servir de preuve, mentionner les enfantillages auxquels nous avons consacré nos efforts, étant donné que nous n'avons manifestement fait que jouer avec les livres et les langues anciennes, nous nous sommes battus à leur sujet et avec eux, les avons déchirés en mille morceaux et utilisés pour fabriquer de l'encens pour Dame Grammatica, avons fait les tentatives les plus ridicules pour écrire dans un style classique des langues mortes que nous n'étions pas capables de parler mais que nous comprenions à peine, à l'aide d'un dictionnaire etc., etc. Oui, nous devons honnêtement confesser tout cela et bien d'autres choses à l'État, et attirer son attention sur « les séminaristes » et « les juristes danois », pour savoir si ce ne sont pas des gens que l'État pourrait employer aussi bien et souvent mieux que les plus grands latinistes et les professeurs les plus chevronnés, pour qu'ils fassent la lecture aux enfants, pour qu'ils jugent des vieillards et pour n'importe quoi, si bien que cela a été au début une astuce qui est devenue ensuite un article de foi que la grammaire latine est une Minerve sortie de la tête de Jupiter revêtue de toute son armure, qui fait une tête éveillée de tout bloc à sculpter qui se sacrifie à elle, mais transforme toute tête éveillée qui ne se sacrifie pas en un bloc à sculpter.

L'État peut donc former ses fonctionnaires beaucoup plus facilement selon ses désirs et ses intérêts qu'en se querellant avec les érudits au sujet de la liberté scientifique, qui va indiscutablement trop loin lorsqu'elle porte la main sur l'État et, de ce fait, frappe entre autres sa propre mère, mais que l'État, à l'intérieur de certaines limites honorables, peut très bien accorder aux érudits, sans toutefois leur permettre d'exercer la moindre influence sur lui dans la vie quotidienne, étant donné qu'il n'a pas du tout été créé pour passer son temps dans les livres ou pour se perdre en spéculations, mais pour exercer une activité concrète, faire du commerce et conclure des affaires selon des règles établies, qui peuvent être modifiées s'il a pu se convaincre que c'est souhaitable, mais doivent être appliquées rapidement et irrévocablement aussi longtemps qu'elles sont en vigueur et rester en vigueur jusqu'à ce qu'elles soient modifiées. De même que cela fait partie de la liberté scientifique d'examiner si ce qui est en vigueur est aussi ce qu'il y a vraiment de meilleur, cela fait également partie des obligations de l'État de faire valoir ce qu'il considère comme le meilleur « selon l'époque et les circonstances », et en faisant valoir cela, il met justement les érudits en mesure de mener des recherches approfondies, d'une part parce que, libérés des activités du séminaire, ils ont plus de temps libre, et d'autre part parce qu'au fond, le jugement qu'on porte est toujours faussé lorsqu'il s'agit des institutions qu'on ne voit avancer que paresseusement et en zigzags, comme c'est obligatoirement le cas pour toutes les institutions de l'État lorsque les fonctionnaires qui en sont les roues motrices sont formés plus pour les critiquer que pour leur communiquer la vie. De la même manière que la critique est obligatoirement l'âme de l'éducation purement scientifique, la force doit être l'âme de l'éducation pour l'État, car c'est seulement là que le critique trouve une matière sur laquelle il peut s'exercer sans la détruire pour autant, mais qui, justement pour cette raison, aiguise constamment l'attention et montre aux érudits ce qu'ils oublient si facilement, à savoir que la réalité, simplement par ce qu'elle est, a un avantage par rapport aux seules idées, et qu'il est bien plus sage de la respecter et de la prendre pour fondement de ses idées, que de la rabaisser par jalousie sans pouvoir toutefois se l'approprier.

Cela semble dur, diront certains, et ils ont raison, mais les critiques que tout État doit écouter au sujet de ses institutions et de lui-même ne flattent pas non plus particulièrement l'oreille, et se montrer dur envers ceux qui sont durs est une loi de la nature au sujet de laquelle les érudits n'ont pas le moindre droit de se plaindre, si l'État ne veut pas que son grain soit moulu entre les deux pierres dures de la meule à main, et qu'il construit pour cela un moulin à eau sur son propre terrain et laisse « Mysing » moudre du sel sur la meule Grotte[1] jusqu'à ce qu'il parvienne jusqu'au fond et atteigne ainsi la réalité palpable.

Il n'est d'ailleurs sûrement pas nécessaire, dans le Nord, que la tension entre l'État et la pensée scientifique revête un aspect hostile plus longtemps qu'un instant, car là où l'État a une pensée tellement scientifique qu'il ne veut aucunement détruire la liberté scientifique, mais simplement l'empêcher de causer du tort, il se développe aussi une pensée scientifique tellement marquée par l'histoire et le pacifisme qu'elle s'adapte aux intérêts de l'État et trouve extrêmement raisonnable d'atteindre le but un peu plus tard, mais bien vivant, plutôt que de donner sa vie à mi-chemin, et d'arriver beaucoup plus tôt en ballon dirigeable, mais mort.

Si donc la pensée scientifique n'en était plus au stade de l'enfance, elle aurait elle-même depuis longtemps prouvé très clairement à l'État qu'il devrait enlever la formation de ses fonctionnaires à l'université pour la confier à des séminaires spécifiques et à une haute école citoyenne, certainement pas pour qu'on y passe son temps à écrire en latin, à parler en latin, ou à cause de tout le tapage qu'on peut y faire, car il se serait alors débarrassé de ce genre de choses, mais parce qu'une université digne de ce nom et de sa destination ne doit posséder, nourrir et suivre que des idées

1. Dans *l'Ancienne Edda*, aussi appelée *Edda poétique* (ensemble de poèmes rassemblés dans un manuscrit islandais du XIIIe siècle), un roi de mer, c'est-à-dire un Viking propriétaire d'un bateau et maître de son équipage, du nom de Mysing tue le roi Frode, s'empare de son moulin magique Grotte, capture les géantes Fenja et Menja et les force à moudre du sel. Elles moulurent tant de sel que la mer en devint salée.

universelles, tandis que l'État est lié à ce qui est partiel et temporaire[1], si bien que c'est uniquement au regard du sentiment que l'éducation savante et l'éducation civique peuvent avoir une vague unité dans ce qui est populaire, et elles ne font que se corrompre mutuellement en voulant s'unir clairement. Je ne peux naturellement pas prouver que si la pensée scientifique avait atteint l'âge de raison, elle aurait prouvé cela, car pour que je puisse le faire, il faudrait que la pensée scientifique ait atteint l'âge de raison en moi, alors que je sais bien qu'elle en est encore au stade de l'enfance chez moi aussi, si bien que ce n'est qu'avec l'œil du scalde que je prévois cela. Mais dès que l'État aura réalisé que la pensée scientifique joue encore avec des poupées, ce que la gravité du sujet ne fait que rendre doublement comique, et méconnaît totalement ce qui est populaire, comme si un peuple pouvait devenir plus scientifique qu'il n'y serait prédisposé, et la langue devenir un meilleur organe de la parole si on la tirait loin hors de sa bouche jusqu'à ce qu'elle atteigne Rome, oui, comme si, dans l'école noire, on pouvait non seulement se contenter de vivre de l'air du temps mais nourrir le peuple entier en lui enseignant cet art ! Dès que l'État réalisera cela, il ne demandera pas de meilleure preuve que la pensée scientifique se trouve au stade de l'enfance, et il pardonnera volontiers beaucoup de choses dont il aurait sinon des raisons de s'offusquer. Et simplement par égard aux conséquences, il établira une séparation appropriée entre les Danois et les latinistes, entre l'école pour la vie et l'école pour le plaisir[2], qui, prises séparément, peuvent être très bonnes, mais ne supportent pas qu'on les confonde.

Quant à *l'école pour le plaisir*, cela ne peut pas faire de mal qu'elle soit une école en partie consacrée aux amusements et où chacun, comme le dit un proverbe au sujet des érudits, a son « dada », si bien que l'un croit que le monde entier est contenu dans une peau de veau, venue de Rome ou de Grèce, d'Islande ou du British Museum, un autre est prêt à mourir pour défendre l'idée que toute la sagesse a pour origine des angles droits et se propage en diagonale dans le parallélogramme des forces, un troisième prétend très sérieusement que l'éducation populaire est absolument sans

1. Le projet éducatif de Grundtvig prévoyait la collaboration de deux institutions distinctes : une haute école populaire visant le développement de la culture propre à chaque peuple et son lien avec sa réalité actuelle et une université nordique située à Göteborg (Gottembourg), commune à tous les pays scandinaves, destinée à éclairer par la connaissance et, autant que possible, tous les aspects de la vie humaine. Voir le chapitre consacré à cette question dans *De l'Union Culturelle du Nord*.

2. Grundtvig imagine une université nordique unifiée qu'il nomme « école pour le plaisir » et qu'il situe à Göteborg (Gottembourg). Voir *De l'Union Culturelle du Nord*.

espoir si le paysan continue à croire que le soleil se lève et se couche, un quatrième est pleinement convaincu que tout ira obligatoirement mal si on n'enseigne pas et si on ne s'approprie pas sa définition du « mouvement », et un cinquième croit en tout sincérité que celui qui n'est pas capable d'indiquer un jour et une date pour tout ce qui s'est passé dans le monde ne doit pas du tout avoir le droit de parler des grands événements. Je dis que cela ne peut pas faire de mal, et on peut bien le supporter, car l'école pour le plaisir a le temps pour elle jusqu'à la fin du monde, et il faut avoir été petit avant de pouvoir devenir grand, il faut avoir un dada avant de pouvoir dompter Bucéphale[1], et cela n'a pas beaucoup d'importance qu'on tape dans le mille un siècle avant ou après.

Avec *l'école pour la vie*, en revanche, les choses se présentent tout à fait différemment, car, comme le dit le proverbe, la vie est courte et l'art est long[2], si bien qu'il faut ici se limiter à ce qui est nécessaire, s'exprimer brièvement et toujours considérer la fin, car les gens qui apprennent pour vivre sont bien plus pressés que ceux qui vivent pour apprendre, et cela n'apporte strictement rien à l'État de servir de sujet d'expérience à ses serviteurs. Ici, tout doit se passer rapidement et sérieusement, et c'est facile à faire, car il n'est question ni d'un royaume des idées où il faut deviner son chemin, ni de prouver quelque chose de A à Z, mais simplement d'apprendre à se débrouiller dans le monde réel qu'on a sous les yeux, à remplir les obligations de sa fonction, et à utiliser les expériences des générations précédentes sans se soucier le moins du monde de savoir si les érudits froncent un peu le sourcil devant un tel empirisme et une telle tendance non scientifique, étant donné qu'il est normal qu'une fois que l'idée a été donnée, ce soit uniquement son exécution qui compte. Là où on a pour objectif une démonstration de force, le concept n'a pas de place, et là où la raison des choses est suffisamment claire, on n'a pas besoin de la chercher.

Une formation purement pratique comme celle-là est nécessaire à l'État pour deux raisons : d'une part pour qu'il ne périsse pas, alors qu'on délibère au sujet de son maintien, et d'autre part pour ne pas se priver des natures les plus entreprenantes et des instruments les plus puissants qui ont souvent le moins d'envie et de ténacité pour se laisser enfermer dans des cellules et des systèmes, se plonger dans des livres et des définitions. Pour l'érudit, être à l'aise dans sa spécialité ne veut même pas dire qu'il sache tout ce qu'on a pensé et écrit à ce sujet, mais pour ce qui est du fonctionnaire

1. Bucéphale était le cheval d'Alexandre le Grand.

2. « La vie est courte et l'art est long » (*Ars longa, vita brevis*) est un extrait d'un aphorisme d'Hippocrate.

actif, il suffit qu'il connaisse sa fonction, ses circonstances, ses devoirs, et qu'il soit à la hauteur de tout cela, de sorte qu'il sache s'exprimer à ce sujet clairement et avec assurance dans sa langue maternelle, oralement et par écrit, et avant tout qu'il le montre par ses actes. C'est pour cela que même pour le pasteur et pour le juge, seuls la Bible et le recueil des lois sont appelés des livres nécessaires, tandis que l'homme d'État, l'homme de guerre et même le maître d'une école de campagne pourraient être des demi-dieux dans leur cercle bien qu'ils aient du mal à lire un livre, sans parler du fait qu'ils seraient bien incapables d'analyser le moindre concept abstrait. Nous vivons tous à l'âge de l'intelligence, et c'est pourquoi un cas comme celui-là ne se présentera guère, mais il faut que nous nous souvenions que cela pourrait arriver pour que nous comprenions la différence énorme qui sépare la pensée scientifique pure du savoir-faire vivant, qu'on peut et doit sans doute imaginer unies dans la divinité, mais qui, dans l'homme, ne se laisseront relier que tardivement et rarement, et toujours très imparfaitement !

IDÉE D'UNE HAUTE ÉCOLE ROYALE DANOISE

Présentation

Étant donné l'intérêt du prince et futur roi Christian VIII pour ses idées pédagogiques, Grundtvig saisit l'occasion de son accession au trône, en 1839, pour publier « *Idée d'une Haute École Royale Danoise à Sorø* », en 1840.

Ce texte est précédé d'un poème intitulé « *Appel à Sa Majesté en faveur de la Danité et de la langue maternelle* », et suivi d'un autre poème que Grundtvig annonce en conclusion de son texte « *Rêve matinal de Sorø* ». Le premier, ponctué de nombreuses références mythologiques, est un plaidoyer adressé au Roi en faveur de sa Reine, la langue danoise et de l'esprit vivant qu'elle véhicule. Le second, s'appuyant sur l'histoire du lieu et des personnages qui y séjournèrent, décrit la vision poétique qu'a Grundtvig d'une renaissance de cette noble académie qu'est Sorø[1].

Grundtvig considérait lui-même ce texte comme le moins intéressant de ses écrits pédagogiques puisqu'il abordait davantage que d'autres des questions d'organisation et de pratiques qui lui semblaient moins fondamentales. C'est justement ce qui fait aujourd'hui l'intérêt de ce texte, de même que son positionnement par rapport aux idées d'éducateurs anciens ou contemporains, et qui justifie qu'il soit finalement considéré comme l'un des plus importants parmi les écrits pédagogiques de Grundtvig.

On trouve tout d'abord dans ce texte ses deux préoccupations éducatives majeures, prenant forme dans une institution nationale, l'ancienne académie de Sorø : développer l'usage de la langue maternelle et rendre ainsi les paysans et artisans capables de prendre part aux débats des assemblées consultatives instaurées par le roi Frederik VI en 1834.

1. Voir l'introduction de France Roy en début d'ouvrage.

Le peuple danois devrait ainsi participer activement à la vie de la nation et conseiller le roi, en s'exprimant dans sa langue maternelle, le danois, avec aisance, confiance et de manière efficace, ce que Grundtvig nomme « allier la voix du peuple à la main du roi ».

Pour cela, il faut tout d'abord, et de manière radicale, cesser de considérer cette académie comme une annexe de l'université de Copenhague qui donne priorité aux examens et à l'enseignement du latin, mode d'instruction qui, malheureusement, y a été renforcé lors d'une récente réforme, en 1821.

C'est également dans ce texte que Grundtvig définit le rôle majeur et déterminant du directeur de la haute école qu'il imagine. Celle-ci devrait être conçue dans le même esprit que les assemblées consultatives, avec un directeur et une équipe prêts à œuvrer, ensemble et avec le conseil des élèves, pour le bien de l'école. Le principal écouterait ce conseil d'école élu par tous les élèves, dans l'optique de leur formation démocratique, en les laissant exprimer ce qu'ils pensent utile et agréable. Grundtvig ne semble pas faire de coupure entre l'équipe enseignante et le conseil des élèves, comme c'est d'usage de nos jours, puisque le conseil d'école peut même assumer un rôle de décision dans le recrutement des professeurs.

Cette structure, dans laquelle les pouvoirs entre professeurs et élèves sont partagés, est destinée à assurer une interaction libre par laquelle « le peuple s'éveillerait et prendrait petit à petit conscience de lui-même, et où les dirigeants apprendraient autant de la jeunesse que celle-ci apprendrait d'eux, un échange vivant et un enseignement réciproque grâce auquel un pont serait jeté au-dessus de l'abîme béant que la hiérarchie, l'aristocratie, le latin et l'honnête ambition ont creusé entre, d'une part, presque tout le peuple, et, d'autre part, ses dirigeants et enseignants ainsi qu'une poignée de personnes soi-disant éduquées et instruites, faute de quoi toute la société civile et toute évolution tranquille allant dans le sens de l'histoire sombreraient bientôt dans cet abîme béant ».

On voit dans cet extrait la portée non seulement éducative mais également sociale de la vision de Grundtvig pour la haute école populaire, une vision concernant à la fois les dimensions individuelle, « nationale » et universelle de la vie de l'homme, dans sa relation au passé comme à l'avenir. C'est la raison pour laquelle il ne veut pas entrer plus en détail dans l'organisation de la haute école, si ce n'est pour dire que l'histoire et la poésie y prendront vraisemblablement une place importante. Il se positionne plusieurs fois en refusant de détailler tout programme scolaire qui risquerait de constituer ou de devenir un cadre trop rigide, allant dans le sens de « la mort », car il sait ce qu'il adviendrait rapidement s'il donnait une liste de livres et d'examens. Ce qu'il a en tête est complètement nouveau et le seul moyen de prouver son efficacité est de créer une opportunité pour un développement naturel et une véritable éducation : « tout dépend de la force de vie qui s'y déploie et de la façon dont on l'utilise ». Il revient donc aux professeurs de créer l'histoire de cette école, et il convient de leur faire confiance, malgré les difficultés auxquelles ils seront confrontés et en dépit des erreurs qu'ils pourront commettre. Il leur appartient d'écrire eux-mêmes l'histoire de l'école, ce qui ne peut se faire avant qu'elle ait vécu.

Devenu roi, et malgré l'opposition des milieux universitaires et libéraux de la capitale, Christian VIII prit, en 1847, un décret royal concernant la fondation d'un collège supérieur à Sorø : bien que ne correspondant pas en tous points au projet de Grundtvig – il s'agissait, en fait, d'une école secondaire d'enseignement pratique et commercial, mais dont la conception des matières d'enseignement était assez conforme à ses propositions – celui-ci lui fit bon accueil et félicita le roi pour l'ouverture de cette école « vraiment danoise ». Le roi mourut malheureusement en janvier 1848, et le parlement élu en 1849 étant défavorable au projet, celui-ci ne vit jamais le jour tel que Grundtvig l'avait envisagé. Il inspira cependant les communautés paysannes qui purent elles-mêmes créer ces institutions privées tout à fait particulières que sont les *folkehøjskoler*.

France ROY

IDÉE D'UNE HAUTE ÉCOLE ROYALE DANOISE (1840)

L'une de mes vieilles affirmations, que personne n'a cherché à réfuter jusqu'à présent, est que la langue maternelle doit avoir au moins un endroit dans la patrie où elle est cultivée pour elle-même et pour les œuvres qui l'ont rendue célèbre, et il en va de même de la deuxième de ces affirmations, selon laquelle, pour que la présence d'artisans et de paysans dans le Conseil d'État[1] soit autre chose qu'une plaisanterie, il faut qu'il y ait au moins un endroit au Danemark où ceux qui ne connaissent pas d'autre langue que leur langue maternelle puissent être instruits dans celle-ci sur tout ce qu'on a besoin de savoir pour avoir non seulement un siège, mais une voix dans le Conseil du peuple[2], et pour ne pas se contenter de donner sa voix, mais pour la faire entendre. Je considère ces deux choses comme irréfutables, et il est aussi certain qu'il n'existe pas chez nous d'endroit comme celui-là, pas d'institution publique où la langue maternelle ou les œuvres rédigées dans celle-ci sont le sujet principal, ni un endroit où ceux qui ne connaissent que le danois auraient la possibilité d'être instruits sur ce qu'ils auraient envie ou besoin de savoir en tant que citoyens danois, et, le moment venu, en tant que conseillers du roi. Car l'intention du roi Frédéric VI a certes été d'ouvrir l'« Académie de Sorø » à des personnes qui n'avaient pas fait d'études, mais en fait, on a interprété son autorisation

1. Grundtvig pense ici aux assemblées provinciales consultatives (*rådgivende provinsialstænderforsamlinger*) instaurées le 28 mai 1831 par un décret de Frederik VI et créées par ordonnance le 15 mai 1834. Simplement consultatives, ces assemblées fonctionnèrent comme une sorte de « caisse de résonance » pour les idées libérales et contribuèrent au débat public et à la démocratisation du pays. Étape importante sur cette voie, la loi fondamentale du 5 juin 1849 instaura la monarchie constitutionnelle.

2. Autre nom choisi par Grundtvig pour désigner les assemblées provinciales consultatives.

d'une manière telle qu'on en a escamoté une moitié, en exigeant de ces personnes qu'elles passent par l'école pour garçons[1], et on a anéanti l'autre moitié en imposant à ceux qui n'ont pas fait d'études des heures de latin dont on a même récemment augmenté le nombre[2].

Il est par ailleurs également clair que le roi Frédéric VI a jugé avec raison que l'Académie de Sorø était l'endroit privilégié où le danois avait le droit de dominer et où le peuple danois pouvait à juste titre exiger de trouver l'éducation dont il a besoin pour honorer et servir la patrie, car l'Académie équestre instituée ici par le roi Christian IV, rénovée par Christian VI et enrichie par Ludvig Holberg[3], était en effet une haute école patriotique correspondant aux idées et aux possibilités de l'époque, et c'est par pure erreur qu'elle est tombée entre les mains des latinistes il y a à peine une vingtaine d'années[4]. Nous osons par conséquent espérer que la « clef du roi » sera utilisée une seconde fois pour ouvrir la porte au danois, et que les latinistes la laisseront ouverte.

C'est uniquement dans cet espoir que je peux encore une fois prendre la plume dans une affaire où elle semble jusqu'à présent avoir abouti à moins que rien, et c'est uniquement à cette condition qu'il est utile de parler de la façon dont l'Académie de Sorø peut devenir une haute école royale danoise comme celle que la langue maternelle mérite et dont la patrie a besoin à tous égards, mais, c'est clair comme le jour, à cause du Conseil du peuple.

Pour que l'Académie devienne une telle haute école où le danois pourra être honoré et qui pourra être utile au Danemark, il faut d'abord qu'elle cesse d'être une annexe de l'université de Copenhague, de sorte qu'elle n'ait pas seulement, comme auparavant, sa propre direction, mais qu'elle soit débarrassée des latinistes qui sortent de l'école voisine, car aussi longtemps que ceux qui fréquentent l'Académie devront passer le

1. L'école pratique pour garçons (la *Real-Højskole* danoise) fut initialement une institution allemande qui enseignait des sujets pratiques (*realia*). Au Danemark, elle a souvent pris la forme d'une école secondaire qui est venue s'ajouter à une école primaire déjà existante. Cette formule fut adoptée par les classes moyennes de Copenhague dans les dernières années du XVIIIe siècle. L'école pratique pour garçons (*Realskole*) initiait les élèves au commerce, aux mathématiques, aux sciences et techniques et aux langues modernes (le français, l'allemand et, de plus en plus, l'anglais).

2. Les élèves de la nouvelle *Realskole* de Sorø créée par résolution royale en 1837 avaient six cours de latin par semaine. Ce nombre fut porté à sept en 1840.

3. Ludvig Holberg (1684-1754), professeur à l'université de Copenhague, historien, écrivain ayant joui d'une réputation internationale, fut aussi un auteur de comédies particulièrement prolixe. À sa mort, il légua une confortable somme d'argent à l'Académie de Sorø.

4. C'est-à-dire en 1821, quand un nouveau programme orienté vers le latin fut mis sur pied à l'Académie de Sorø.

premier examen et étudier en prévision du deuxième[1], elle n'arrivera jamais à dispenser une éducation libre adaptée à la jeunesse qui n'a pas fait d'études.

L'Académie peut se débarrasser des latinistes de trois manières différentes : soit en les envoyant à Copenhague, qui peut tout aussi bien accueillir quelques personnes de plus, soit en supprimant l'école pour garçons, ce qui ne causerait pas une bien grande perte, car nous avons encore suffisamment d'écoles latines, soit, pour finir, en la transformant en une école danoise, ce qui pourrait être bien, mais, dans l'état actuel des choses, créerait des difficultés considérables, voire insurmontables.

Puisque cette école pour garçons a vu le jour et qu'elle est liée à un internat qui lui est propre, le mieux serait sans doute qu'elle continue en tant qu'école savante et qu'on l'utilise pour montrer ce qu'on pourrait faire dans un tel établissement pour la langue maternelle et un développement plus naturel, si la composition latine disparaissait, avec tous les exercices de latin fastidieux et obligatoires, écrit et oraux, qu'on pratique à l'université. Je ne veux absolument pas dire par là qu'il faille interdire à qui que ce soit de rédiger une composition latine dans le cadre du premier examen, ou d'écrire et parler le latin autant qu'il le veut à l'université, car comme une partie des érudits croit encore que la grammaire latine est la « pierre philosophale » et que la composition latine permet d'être inscrit dans le livre des êtres pensants, il faut leur laisser la possibilité de défendre leur opinion avec vivacité, et l'éducation y gagnera toujours si on peut comparer la compétence et les progrès scientifiques de ceux qui rédigent leur composition en latin à ceux qui ne la rédigent qu'en danois, mais ne serait-ce que pour pouvoir établir cette comparaison, il est nécessaire qu'on puisse devenir étudiant ou même professeur sans composition latine. On trouvera d'ailleurs sûrement que le danois ne peut être traité qu'avec désinvolture dans les écoles publiques, puisqu'on y dresse les garçons pour qu'ils écrivent à l'âge de 17 ans une langue morte dont les règles grammaticales sont très différentes du danois.

J'ai la conviction absolue, et, j'ose dire, bien fondée, que toute cette science pour collégiens byzantine et tout ce système chinois d'examens sont d'une part tellement vides et d'autre part tellement peu naturels et extravagants que ce sera un triomphe pour l'esprit humain, un gain et une

1. Le premier examen était l'*examen artium*, correspondant à l'actuel *studentereksamen* (baccalauréat), diplôme de fin d'études secondaires, qui donnait accès à l'université. Le second examen était l'*examen philosophicum*, qui était composé d'épreuves philologiques et philosophiques et ouvrait la porte aux études supérieures. L'examen final de l'Académie de Sorø équivalait au second examen.

joie pour tous les âges si tout cela sombre dans l'oubli chez nous. Mais comme c'est toujours une grande erreur qui se paie cher de vouloir changer la moindre chose dans le monde de l'esprit par des ordonnances, il faudra sans doute attendre longtemps avant que notre système scolaire s'améliore de façon fondamentale. Car aussi longtemps que presque tous ceux qui passent pour être des hommes de science prétendront qu'ils doivent tout ce qu'ils ont à l'école pour garçons, et aussi longtemps que les érudits et les ignorants croiront habituellement que les examens peuvent, à partir de rien ou à partir d'un matériau rebelle, créer toutes sortes de fonctionnaires compétents et de gens savants, toute loi destinée à empêcher cela manquera complètement son objectif. La seule manière efficace de combattre ces illusions dominantes et ces préjugés profondément enracinés est donc d'accorder la liberté, d'offrir la possibilité de se développer naturellement et d'obtenir une véritable éducation qui puisse montrer de façon irréfutable qu'on s'est nettement trompé lorsqu'on a prétendu que plus on commençait tôt à se faire passer pour un érudit, plus on devenait un homme de science profond, et plus on pratiquait de langues mortes et vivantes en dilettante, plus on devenait un grand maître dans la langue maternelle qu'on négligeait, et plus on se plongeait dans les livres dès son enfance, mieux on comprenait la vie humaine dont on ne s'occupait aucunement. Cette preuve (pratique) frappante ne pourra toutefois pas être fournie aussi longtemps que les écoles latines et la haute école dont elles sont le fondement seront les seuls ateliers spirituels ou la source et le modèle d'eux tous, de sorte qu'une haute école populaire purement danoise n'est pas seulement une chose à laquelle la langue maternelle a droit et que la vie civile exige, mais c'est aussi la seule bonne manière de préparer une amélioration fondamentale de tout notre système scolaire.

Ce qui, sans supprimer la science pour collégiens ni les épreuves de mémoire, peut toutefois être fait pour diminuer ou atténuer leurs conséquences affligeantes ne devrait sûrement pas être laissé de côté, et la dispense de composition latine en fait partie en tout premier lieu, car, par ce moyen, les maîtres qui sont capables d'apprécier la vie et la langue maternelle ont la possibilité de pallier dans une bien plus large mesure le manque de naturel et l'effet desséchant que les études de collégiens produisent sur l'esprit. Même les lectures en latin, pourtant superflues, qui pourraient être gardées pour la fin, seraient à la rigueur supportables. Mais ici aussi, une dispense pour ceux qui le souhaiteraient serait un grand bienfait de la part du gouvernement, pour les enfants, pour le peuple et pour lui-même, car, pendant les années où on est garçon, la plus grande partie de ce qu'on appelle les écrits classiques en latin sont ennuyeux et indigestes, et ce qui est différent est ou bien tellement hostile au roi ou au peuple ou si dépourvu de cœur, inconvenant et souvent impie, qu'il faut le qualifier de venin et de poison pour toutes les âmes enfantines, ce qui a nécessairement les conséquences les plus tristes, aussi longtemps que presque tous les fonctionnaires royaux sortent de la pépinière latine.

Si donc on voulait donner meilleure allure à l'école savante de Sorø, il faudrait non seulement éliminer la composition latine, mais aussi limiter les lectures en latin à quelques livres supportables, et en revanche attacher de l'importance à l'islandais, au grec et surtout à la langue maternelle, à laquelle les garçons prennent le plus facilement goût et dans laquelle ils rassemblent leurs pensées le plus aisément, et qui, même pour les plus instruits d'entre nous, sans parler des fonctionnaires occupés à des tâches pratiques, doit être le fondement solide et vivant du développement et de l'éducation, pour que le peuple danois et le gouvernement danois en retirent du profit et du plaisir. L'idée que le peuple doive exister à cause du gouvernement est assurément un principe turc[1] que personne d'autre n'a rejeté plus énergiquement que les plus récents monarques absolus du Danemark, mais prétendre que le gouvernement et le peuple doivent exister à cause des vieux classiques et des maîtres d'école latinistes serait digne d'une maison de fous, et ce n'est pourtant qu'à cette condition désespérante qu'il pourrait être opportun[2] de former les futurs maîtres du peuple et les fonctionnaires royaux dès l'enfance pour en faire le contraire de ce que le roi et le peuple peuvent souhaiter trouver en eux, et qui serait une perte incalculable s'ils devaient s'en passer, c'est-à-dire le contraire d'une connaissance intime de la vie du peuple et des citoyens, de la langue maternelle et de ses œuvres classiques, si bien qu'il est aussi intelligent que juste d'accorder autant de liberté que possible pour qu'on fraye de meilleures voies.

J'ai ainsi donné mon avis sur l'école latine de Sorø, mais comme seule la liberté peut rendre possible une meilleure manière de faire, et que je ne sais pas dans quelle mesure l'école, dans l'état actuel des choses, a ou pourrait avoir des maîtres ayant l'envie et la capacité de suivre vraiment celle-ci, il m'est impossible de dire si le changement pourrait servir à quelque chose, mais je dois en revanche accorder une importance toute particulière au fait que pour être une haute école populaire, l'Académie doit se débarrasser d'une manière ou d'une autre de l'école latine et avoir sa propre direction en la personne d'un homme respectable présent sur

1. Pour Grundtvig, le régime de l'empire ottoman de l'époque était comparable à celui de l'empire romain.

2. Grundtvig raisonne ici par l'absurde.

place à qui (comme jadis à l'intendant) Sa Majesté pourrait confier un établissement d'éducation aussi important, qui, bien sûr, doit être aussi royal que populaire, à la fois dans l'esprit de la constitution et dans celui de la vie de notre peuple. Car sachant qu'il ne sert jamais à rien de vouloir maîtriser le travail éducatif dans son ensemble, puisqu'il doit suivre son propre cours, il va de soi que dans les ateliers pour l'éducation populaire et citoyenne que le gouvernement établit et gère, on ne doit pas agir contre lui mais on doit agir de toutes ses forces pour lui.

Il est certes facile d'imaginer un gouvernement et une constitution tellement mauvais et contraires au peuple qu'il serait impossible qu'un établissement d'éducation soit à la fois dans leur esprit et dans celui du peuple, mais ce serait d'une part extrêmement rare, et d'autre part tout aussi stupide de la part d'un gouvernement de se saborder lui-même, et pour finir, je connais tellement bien le peuple danois, ainsi que le gouvernement et la constitution danois, que je sais qu'ils sont au fond si remarquablement en accord, qu'il ne nous manque que d'être informés de ce magnifique accord pour que, avec l'aide de Dieu, nous devenions aussi heureux qu'il est possible de l'être sur terre. Je suis sûr que si nous avions eu une haute école royale danoise à Sorø aussi longtemps que cette queue d'université complètement superflue qui a coûté tellement d'argent, on aurait évité toute l'agitation et les revendications déraisonnables de cette année[1]. Mais c'était sans doute aussi nécessaire pour convaincre les gens haut placés et les humbles que nous avons grandement besoin d'une éducation générale concernant la véritable nature de la société civique, qu'une plume sur deux veut maintenant renverser, et que seul un très petit nombre d'yeux a vue sous tous ses angles, et un nombre encore plus limité a percée à jour, chose pourtant nécessaire si l'on veut établir une comparaison raisonnable et calculer les conséquences d'un changement.

Lorsque je dis que notre haute école populaire doit être dans l'esprit de notre constitution, je pense évidemment à la constitution que nous avons réellement, et non à celle que nous avons eue par le passé, ni à celle que les

1. Au moment où le traité de Kiel (janvier 1814) ôtait la Norvège au Danemark et la rattachait à la couronne suédoise, le prince héritier Christian Frédéric (futur Christian VIII) avait pris la tête d'un mouvement d'indépendance qui l'élut roi de Norvège, en même temps qu'une assemblée constituante dotait le royaume d'une constitution libérale, le 17 mai 1814. Ce règne ne résista toutefois pas aux bouleversements géopolitiques de la fin des guerres napoléoniennes. Il ne dura que quelques mois. L'accession de Christian VIII au trône du Danemark, en décembre 1839, suscita l'espoir qu'il introduirait la monarchie constitutionnelle dans son nouveau royaume. Les forces libérales exercèrent une forte pression sur lui, créant un important mouvement d'opinion, mais il refusa catégoriquement de donner suite à leurs revendications et déçut ainsi l'attente des milieux progressistes.

journaux veulent si souvent nous faire croire que nous avons. Il ne s'agit donc ni de l'esprit d'arbitraire (absolutisme), ni de celui de l'esclavage (servilité), mais de l'esprit de la monarchie absolue et du Conseil du peuple. Car bien que nous puissions souhaiter qu'il soit écrit noir sur blanc que le Conseil du peuple fait partie de notre constitution de façon aussi essentielle que la monarchie absolue, cette affaire est au fond malgré tout aussi certaine, et elle aurait sûrement été « portée à la connaissance de tous » si le Conseil du peuple avait été assez instruit en danois pour voir que c'était cette certitude quant à l'avenir (la garantie constitutionnelle) qu'il aurait dû demander au roi au nom du peuple.

Pour agir dans l'esprit de notre constitution, c'est-à-dire dans celui du roi et du peuple, il faudrait toutefois que la haute école soit aussi dirigée comme le royaume, de sorte que l'intendant (quel que soit le nom qu'on lui donne) puisse décréter ce qu'il voudrait sous sa propre responsabilité, mais que pour toutes les questions importantes il consulte d'abord le conseil d'école, dont les membres seraient presque tous élus par les jeunes eux-mêmes, car cela serait très utile pour le travail éducatif en général, et cela donnerait en particulier à la constitution un aspect beaucoup plus concret, de la vie et de la consistance parmi le peuple, en même temps que les membres élus trouveraient que ce serait une bonne préparation pour le Conseil du peuple. On sait bien que nous avons encore en nous les vieilles lubies des maîtres d'école, bien que nous ayons abandonné la perruque qui en faisait partie, de sorte que ce qui nous plaît le plus est que les jeunes écoutent religieusement tout ce que nous disons et qu'ils mettent un point d'honneur à répéter servilement ce que nous avons dit, mais il faut que nous apprenions à comprendre que cela ne convient pas du tout pour une haute école populaire, et qu'on ne peut pas pousser les jeunes vers elle en leur infligeant des amendes[1] ou les attirer en leur laissant entrevoir un gagne-pain. Ils ne voudront la fréquenter et l'apprécier que s'ils la trouvent utile et attrayante, et ce sont eux seuls qui pourront dire si c'est le cas selon eux, de sorte qu'il faut leur donner une réelle possibilité de se prononcer sur ce point au sein du conseil d'école. Ce dont ils sont presque unanimement mécontents peut être malgré tout très bon à certains égards, et pourtant ne pas avoir sa place à la haute école populaire.

1. Quand l'obligation scolaire fut instituée par la loi sur l'école de 1814, une disposition fut prise pour sanctionner financièrement les parents en cas d'absentéisme de leurs enfants. Cette réglementation a toutefois été rarement appliquée mais, quand elle le fut, elle provoqua localement de la colère parmi les paysans. Vers 1836, l'usage était plutôt d'en appeler à la responsabilité des parents et de ne les punir que rarement.

C'est là une des raisons importantes qui font que j'hésite à m'engager plus avant dans la description de l'organisation de la haute école populaire, car il est dans la nature des choses que pour que cette œuvre réussisse, l'organisation ne doit pas suivre la tête de l'individu, mais celle du peuple, et elle doit convenir au cœur de la jeunesse autant qu'à celui des vieillards, si bien qu'on doit dans toute la mesure du possible laisser l'organisation se créer et se développer d'elle-même, chose qu'on peut faire sans danger si le directeur est un homme fiable et s'il a les mains libres.

Une autre raison tout aussi importante pour laquelle j'ai été réticent à exposer plus en détail mes idées concernant ce que le travail éducatif devrait englober et la façon dont on pourrait le mener à bien, est tout simplement celle que j'ai indiquée, à savoir que tout récit et toute histoire d'une vie, y compris celle de la haute école populaire, doit être une histoire qui suit l'acte et l'événement, et ne peut en aucun cas les précéder. Et tout ce que je peux dire à ce sujet doit par conséquent être qualifié de prédiction, conjecture, rêve ou supposition, et je suis tellement habitué à entendre les gens tourner mes suppositions en ridicule que je ne dois pas lier un plus grand nombre d'entre elles que strictement nécessaire à une cause aussi bonne et claire en soi, et cette cause ne doit souffrir ni de l'obscurité de mes idées ni de l'envie que d'autres personnes ont de se moquer d'elles. Si je m'efforce maintenant de définir de façon plus précise les contours d'une haute école ouverte à toute la jeunesse du pays, où tout tournerait autour de la patrie et serait traité dans la langue maternelle, je dois être bref et entretenir un certain flou, et ajouter même expressément que le besoin d'un tel établissement, où la jeunesse serait éclairée de toutes les manières au sujet du Danemark et de la danité dans sa langue maternelle, est une chose, et que mes idées sur ce qu'on peut gagner par ce moyen, dans l'immédiat ou à la longue, et sur la meilleure façon de s'y prendre, en sont une tout autre, car même si ces idées étaient très folles, l'institution en question n'en serait pas moins nécessaire.

Si c'était une imitation danoise de l'université que je proposais, avec des examens à n'en plus finir, il serait certainement facile d'énumérer quels livres, en plus de la grammaire danoise, on devrait avoir appris par cœur pour avoir le droit d'entrer dans le sanctuaire, et dans quelles disciplines on devrait faire des cours magistraux chaque jour ou chaque semaine, semestre par semestre, et il serait alors aussi facile de prédire quelle conséquence cela entraînerait, à savoir que personne ne fréquenterait volontairement une telle maison mortuaire, ou que le tout finirait bientôt par s'assoupir ou dépérir, sans avoir eu davantage qu'une apparence de vie et de vigilance. Mais c'est malheureusement quelque chose de tout à fait nouveau parmi nous que j'ai en vue, à savoir un établissement d'enseignement par lequel le peuple s'éveillerait et prendrait petit à petit conscience de lui-même, et où les dirigeants apprendraient autant de la jeunesse que celle-ci apprendrait d'eux, un échange vivant et un enseignement réciproque grâce auquel un pont serait jeté au-dessus de l'abîme béant que la hiérarchie, l'aristocratie, le latin et l'honnête ambition ont creusé entre, d'une part, presque tout le peuple, et, d'autre part, ses dirigeants et enseignants ainsi qu'une poignée de personnes soi-disant éduquées et instruites, faute de quoi toute la société civile et toute évolution tranquille allant dans le sens de l'histoire sombreraient bientôt dans cet abîme béant.

Personne ne peut considérer l'institution du Conseil du peuple et ce qu'on appelle sa composition démocratique et matérialiste (populaire et solidement fondée) comme plus opportune et plus mûrement réfléchie que moi, et les collectes de voix organisées parmi le peuple au sujet de la valeur et des attributions du Conseil maintenant et par la suite, aussi déraisonnables qu'elles puissent sembler, ont déjà commencé, et elles ne s'arrêteront guère. Mais les conséquences seraient des plus fâcheuses si le citoyen et le paysan, au sein du Conseil du peuple et en dehors, n'apprenaient pas à se comprendre eux-mêmes et à nous comprendre, à penser aux intérêts de l'ensemble, au passé et à l'avenir de la patrie, et même si on a la plus grande superstition à l'égard des lectures livresques du peuple et du pouvoir des lettres de l'alphabet, on ne peut qu'avoir encore plus peur de l'éducation que répandent les journaux populaires[1]. Si donc les vrais amis du peuple et de la patrie doutaient qu'une haute école populaire telle que celle que je propose puisse être envisagée ou rencontrer le succès, il faudrait faire une tentative le plus rapidement possible, sachant qu'il n'y aurait absolument rien à y perdre, et que personne ne sait ce qu'on pourrait y gagner – peut-être tout. Dans des circonstances désespérées, on entreprend malgré tout de nos jours les choses les plus audacieuses et souvent les plus nuisibles au point de vue civique. Cela doit nous pousser à avoir le courage d'essayer une chose aussi innocente et en aucune manière déraisonnable que d'instruire le peuple le plus pacifique qui soit sous le soleil sur ce qui sert à sa paix, le peuple le plus affectueux sur ce que veut dire l'amour de la patrie, et pour finir d'instruire le peuple ouvert à tout ce qui est gai et amusant sur le fait qu'il a en lui-même une source intarissable

1. Comme un bon nombre d'intellectuels de l'époque, Grundtvig craignait la montée des masses populaires. Sa conception de l'éducation peut donc être également considérée comme une tentative pour prévenir l'agitation potentiellement révolutionnaire de celles-ci, du fait de leur éveil national et de leur intégration civile en tant que « peuple ».

d'amusements innocents et de distractions communes, dans des chansons vieilles et nouvelles, dans des livres populaires et dans le « champ et pré le plus charmant »[1], si seulement il apprend à les utiliser.

Nous avons ainsi indiqué à quoi on doit s'appliquer à la haute école populaire : tout d'abord à comprendre le peuple, à défaut de quoi nous ne pouvons pas nous adresser à lui de façon qu'il nous comprenne, et ensuite à lui communiquer tout ce qui peut être un patrimoine commun pour notre utilité et notre plaisir, et pour finir, à lui transmettre l'éducation qui doit se trouver dans les meilleures têtes dans tous les cercles, pour que le Conseil du peuple puisse être élu et agir pour le bien commun, ce qui doit être la loi fondamentale immuable de toute société pour qu'elle survive selon la volonté du peuple et qu'elle vieillisse honorablement. C'est clairement le but, et on ne peut pas dire grand-chose de la voie à suivre, car il faut d'abord qu'elle soit tracée et en grande partie frayée, ce qui ne réussira qu'en fonction des compétences qui seront réunies et de la peine qu'on se donnera des deux côtés. Il est sans aucun doute facile de dire que c'est la bouche qu'il faut utiliser constamment, d'une part parce qu'elle est le seul outil vivant dont l'esprit dispose sur la terre, et d'autre part parce que nous n'aurons jamais plus de choses en commun avec le peuple que ce que la bouche peut contenir et qui peut passer tout seul d'une bouche à l'autre, et il est tout aussi facile de dire que l'éducation ne réussira que dans la mesure où le discours deviendra une conversation[2], entre les vieux et les jeunes, d'une part, et entre les jeunes eux-mêmes, d'autre part. Mais dans quelle mesure les intéressés auront envie de se prêter mutuellement main forte et faire preuve d'indulgence les uns envers les autres, jusqu'à ce que la bouche se mette au travail comme il faut, c'est le temps qui le montrera, et bien que je sois sûr que les difficultés pourront être surmontées, parce que la bouche est faite dans les deux cas pour parler et qu'elle ne s'est bloquée que parce qu'on s'y est pris bêtement, je suis encore beaucoup plus certain que les difficultés ne disparaîtront pas à force d'en parler.

Si donc je m'exprime un peu plus sur ces deux sujets, c'est surtout seulement pour montrer que je sais vraiment bien ce qui doit venir à la lumière, mais je ne peux que reconnaître mon ignorance quant à ce que

1. Cette expression figure au début d'un poème de Laurids Kok (1634-1691) qui fut mis en musique en 1811 par Poul Rasmussen. Au Danemark, cette chanson est restée populaire jusqu'à nos jours en tant que première chanson patriotique danoise.

2. Grundtvig orthographie le mot avec un tiret, « *sam-tale* », pour faire comprendre qu'il s'agit de « parler » (*tale*) « ensemble » (*sammen*). Il insiste ainsi sur l'importance de la communication orale. En tant que substantif, le mot « tale » signifie « discours ». Grundtvig joue ici sur les mots.

d'autres peuvent faire, car je ne sais souvent pas moi-même ce que je dois dire ou faire avant de l'avoir essayé, et lorsque quelque chose de bon ne semble pas être totalement impossible, je continue à essayer jusqu'à ce que cela réussisse.

Je ne peux pas exprimer d'une façon plus concise et plus frappante ce que j'entends par « comprendre le peuple » que je ne l'ai fait il y a déjà seize ans en ces termes[1] :

> Celui qui veut toucher le peuple
> Au plus profond de son cœur
> Doit japper avec le peuple,
> Si ce dernier ne sait pas aboyer.
> Celui qui veut chanter pour lui
> Doit emprunter sa langue
> Et apprendre à l'animer de son souffle.
>
> Quoi que nous ayons écrit,
> Quoi que nous ayons dit
> Qui a fait reculer la langue danoise
> Est mauvais pour les Danois.
> Si le peuple doit puiser
> Avec le dos de la main
> Dans les profondeurs sans fond de notre savoir
> Pour avoir contact avec notre esprit,
> Il est évident que nous avons
> Gaspillé nos chances,
> Mais le peuple ne perd pas son temps.

Mais comme j'ai expérimenté et appris pas mal de choses depuis, je peux sans doute dire un peu plus clairement que je pense à tout à fait autre chose que ce qu'on a appelé « popularité », et ce vocable montre déjà qu'il s'agit de quelque chose d'étranger qu'on ne peut même pas transposer en danois, et dont on peut encore moins faire croire au peuple qu'on l'a appris de lui. Ou bien nos maîtres d'école populaires[2] ont en effet cherché à

1. Grundtvig cite ici des extraits de son long poème *Nyaars Morgen* (*Le Matin du Nouvel An*), publié en 1824.

2. Allusion au mouvement philanthropiniste, inspiré par l'*Émile* de Rousseau et fondé par l'Allemand J. B. Basedow (1724-1790), professeur de morale et de belles-lettres à l'Académie de Sorø de 1753 à 1761. C'est en 1774 que Basedow ouvrit à Dessau une école modèle inspirée par Rousseau, le *Philantropinum*. Le philanthropinisme influença grandement la réforme scolaire danoise de 1814. L'objectif des philanthropinistes était d'instruire la masse de la population grâce à une éducation élémentaire délivrée dans un climat bienveillant et non coercitif. Grundtvig trouva finalement que les philanthropinistes étaient trop rationalistes et matérialistes.

instruire les enfants au sujet de choses qu'ils savaient déjà mais dont ils estimaient qu'il ne valait pas la peine d'en parler : que les porcs ont quatre pattes, mais les poules seulement deux, que le nez est placé entre les deux yeux et qu'il est fait pour sentir, ou bien ils appelaient « intéressant » ce qui était amusant, le ciel « firmament », et l'indifférence une « ignorance de la valeur et de l'importance des objets », ou, dans le meilleur des cas, ils s'exerçaient malgré tout simplement à « parler aux enfants », chose à laquelle il n'y a rien à redire, mais qui ne satisfait ni les hommes ni les adolescents, et n'instruit pas un peuple au sujet de son caractère naturel, ses intérêts et ses besoins, ses fardeaux et son bonheur, ses plaisirs et ses détresses, et c'est pourtant de cela que nous devons apprendre à lui parler, de sorte qu'il nous comprenne, et à nous entretenir avec lui pour que cela l'encourage, le stimule et l'instruise.

Pour comprendre un peuple de manière à pouvoir parler selon son cœur, il faut que ce peuple possède notre cœur et qu'il nous prête sa langue, de sorte que si nous méprisons les petits et la langue maternelle telle qu'elle s'exprime par la bouche du peuple, nous ne deviendrons bien sûr jamais populaires, mais même si nous ne faisons ni l'un ni l'autre et que nous utilisons avec empressement tous les moyens intérieurs et extérieurs pour nous familiariser avec la façon de penser naturelle au peuple et pour acquérir non pas ce que sa façon de parler a d'insipide, d'ennuyeux et de choquant, mais ce qu'elle a de vivant et de singulier, cela n'empêche pas que ce qui, dans notre formation, est étranger et dépourvu de naturel, ainsi que la profonde pauvreté spirituelle du peuple, ont pour résultat que nous avons beaucoup de mal à apprendre à nous comprendre les uns les autres et que, pour l'instant, nous ne le faisons que très imparfaitement. Pour ce qui me concerne, moi qui, en tant que scalde et Seelandais élevé au Jutland[1], ainsi que vieux rat de bibliothèque familier des livres les plus danois, suis quelque peu privilégié par rapport à la plupart des gens, je dois confesser que j'arrive rarement à parler le danois aussi bien et avec un style aussi populaire que je peux l'écrire, et je ne serais par conséquent pas du tout étonné que la plupart des dirigeants doivent commencer par lire le texte de leurs discours à haute voix, et si ce qu'ils liraient était clair et pouvait être compris par le peuple, cela aurait aussi son utilité, mais cela ne serait néanmoins qu'une solution de secours et ne devrait aucunement devenir la règle.

1. Grundtvig quitta sa maison natale à 9 ans. Il fut alors envoyé à Thyregod, au Jutland, pour se préparer à la confirmation et pour être scolarisé (1792-1798). Il fréquenta ensuite l'école latine à Aarhus (1798-1800), avant de partir étudier la théologie à Copenhague.

Voilà ce qu'on peut dire de ce qu'on pourrait appeler la manière d'enseigner (la méthode), mais que j'appelle l'art de bien parler, et que le peuple désigne comme le fait de savoir s'exprimer, et je me contenterai d'ajouter que cela ne s'apprend pas du tout dans une grammaire danoise, mais, si l'on est porté vers le peuple, uniquement en utilisant ses oreilles et en lisant avec réflexion et empressement dans des livres comme la *Chronique rimée du Danemark*[1] ou les *Proverbes* de Peer Syv[2].

Si nous en venons maintenant à la question de savoir ce qu'il faut transmettre à la jeunesse de la haute école populaire en parlant de la façon la plus vivante possible, cela n'apportera pas beaucoup d'éclaircissements de dire qu'il ne s'agit en aucune manière de tout ce que nous savons, mais de tout ce qui, parmi tout cela, peut être notre patrimoine commun pour l'utilité et le plaisir de tous. Mais on ne peut pas en dire beaucoup plus avec certitude à l'avance, étant donné que personne ne peut donner plus que ce qu'il a, et que c'est uniquement l'expérience qui pourra nous enseigner dans quelle mesure le peuple appréciera ces choses et pourra les digérer correctement.

Ce bref principe fondamental renferme par ailleurs un avertissement quant à l'erreur que les maîtres d'école commettent habituellement et qui consiste à vouloir bourrer le crâne des enfants, sans parler de celui des jeunes gens, avec tout ce qu'ils savent, et en particulier les choses les plus sèches et les plus indigestes, de sorte que si les professeurs ont une autre intention avec leurs cours que de les donner, ce doit être de former des professeurs comme eux par douzaines et par centaines, ce qui est faisable à la rigueur en Allemagne, où les noms d'universités sont légion, mais désespéré au Danemark, où il n'y a qu'une seule université, et où, dans la plupart des disciplines, les professeurs sont rarement plus de deux à la fois. Si on faisait quelque chose de semblable à la haute école populaire, en pensant qu'il en resterait toujours un peu quelque chose qui permettrait d'acquérir un certain vernis scientifique, on commettrait une folie inouïe, tourmenterait neuf dixièmes de la jeunesse et rendrait un autre dixième ridicule ou en tout cas mécontent de sa situation et improductif sous ce rapport. Mais même si ces choses sont présentes à notre esprit de façon vivante, de sorte que nous nous efforçons avec empressement de séparer en nous ce qui ne nous appartient qu'à titre individuel – qu'il s'agisse d'une certaine croyance ou d'une prédilection, ou d'un certain savoir, d'un art ou d'une

1. La *Chronique rimée du Danemark* est le premier livre à avoir été imprimé au Danemark. Sa première publication eut lieu en 1495 à Copenhague. Il retrace sous forme poétique la vie des rois danois jusqu'à Christian Ier, mort en 1481.

2. *Les Proverbes Danois* de Peder Syv furent publiés en 1682 et en 1688.

science – de ce que nous avons en commun avec le peuple, et que nous nous efforçons de ne transmettre que cela, les erreurs sont tout de même inévitables, et elles seront fréquentes, surtout au début, si bien qu'on donnera à la fois trop et trop peu, et la seule chose à dire est qu'il nous incombe de trouver d'aussi bons enseignants que possible et que nous devons les laisser eux-mêmes trouver comment ils doivent s'y prendre, mais il faut pour cela leur donner la possibilité d'agir librement en fonction de ce qu'ils estiment être le meilleur.

On peut sans doute prédire, selon la nature des choses et la singularité de notre peuple, que ce seront surtout l'histoire et la poésie, et parmi celles-ci l'histoire et les chants concernant la patrie, qui joueront un rôle central à notre haute école populaire, et cela ouvre à mes yeux les perspectives les plus lumineuses, car si l'on nourrit ce penchant et qu'on l'utilise à bon escient, le peuple verra qu'il a une patrie célèbre, dont l'honneur est un héritage qu'il doit à ses enfants, et la vie du peuple, que ce soit dans la maison de tout un chacun ou à l'occasion de fêtes ou de rencontres, sera marquée par une empreinte beaucoup plus noble et gaie que cela n'a été le cas au cours de nombreux siècles. Mais même si ce que nous avons à transmettre pouvait être judicieusement limité à l'histoire et à la poésie, cela ne voudrait pas dire grand-chose ou même ne rien dire du tout, car rien n'est plus facile à maltraiter, alors que la façon correcte et populaire de les utiliser dépend de la richesse, de la compréhension et du tact que possèdent les dirigeants, ainsi que de l'expérience qu'ils accumulent petit à petit.

Mais de la même manière qu'on note déjà à cet égard une différence sensible entre « Seelandais et Jutlandais », la haute école ne peut pas du tout se limiter à certaines disciplines, étant donné qu'il y a quelque chose de populaire dans tout ce qui est humain, et il faut surtout souhaiter que le peuple accorde une bonne partie de son attention à l'état actuel de la patrie, sa constitution, ses lois et institutions, de même que son commerce et sa navigation, ses branches d'activité et ses caractéristiques naturelles, chose qui, de nos jours, ne posera sûrement aucun problème, si seulement on peut trouver des experts plus miséricordieux que les juristes à Roskilde[1], qui soient capables de rendre concret et vivant ce qu'ils savent, et aient assez d'esprit pour assaisonner ce qui autrement semblerait trop sec. Là non plus, il ne sert à rien de vouloir prescrire quelque chose à l'avance, étant donné

1. Allusion aux critiques émises par plusieurs juristes lors de l'assemblée provinciale consultative du mois de juillet 1840, à Roskilde. Grundtvig avait lu un compte-rendu dans la presse et il leur reprochait de ne pas parler d'une manière vivante et concrète et d'utiliser beaucoup de mots étrangers.

que tout dépend de ce que les intéressés ont à offrir et de la peine qu'ils voudront bien se donner pour instruire et encourager le peuple.

La tâche est d'autant plus difficile à cet égard que les meilleures têtes devraient apprendre non seulement à se faire une idée claire de tout ce qu'elles auront à traiter dans le Conseil du peuple, mais aussi à exprimer aisément ce qu'elles en pensent. Car pendant la longue période où il a été apparemment mort, le peuple a presque oublié toute la partie la plus noble de la langue maternelle, et en imitant notre façon de parler ou en « parlant comme on écrit », comme disent les Jutlandais, le citoyen et le paysan adoptent nécessairement un ton compassé de prédicateur ou un style de maître d'école, qui les font apparaître sous un jour affreux et privent leurs paroles de presque tout effet, mis à part le ridicule. Ici, les bons conseils sont chers, mais plutôt mort que déconcerté, dit le proverbe, et cela nous rappelle que le peuple a tout de même conservé un reste de la vigueur et de la magnificence de la langue maternelle dans les proverbes, qui peuvent lui être d'une utilité remarquable s'il apprend à les appliquer autrement qu'à des choses de tous les jours.

Nous retrouvons sans doute ici la difficulté qui vient de ce que, la plupart du temps, nous ne savons que peu de choses sur les proverbes utilisés par le peuple, et que nous nous moquons souvent d'eux, mais ce dernier point correspond manifestement à une mauvaise habitude dont nous devons nous défaire, et quant au premier, on peut y remédier, car, d'une part, si nous avons des oreilles, c'est pour les utiliser, et d'autre part, cela nous rappelle toujours plusieurs vieilles connaissances lorsque nous les trouvons chez Syv ou Laale[1], et pour finir, j'ai été dès ma jeunesse assez prévoyant pour noter tous les proverbes que je pouvais me souvenir d'avoir entendus, et ce pourrait être le premier petit livre que je publierai après la fondation de la haute école, pour apporter mon obole[2] et encourager les autres à faire de même. Beaucoup pensent sans doute encore qu'il est sans importance qu'un proverbe nous soit transmis par la bouche ou que nous le trouvions dans un livre, mais l'expérience nous enseigne d'une part que le peuple y voit une différence notoire, et la raison nous dit d'autre part que si nous n'avons pas entendu un proverbe dans son contexte, nous ne serons que rarement ou jamais capables de l'utiliser d'une façon vivante.

Je crois avoir montré que la raison pour laquelle on ne peut pas donner de prescriptions quant au contenu à transmettre ou au procédé à utiliser à la haute école populaire réside dans le fait qu'elle ne doit pas être une école

1. Peter Laale (au XIVe siècle) et Peder Syv (au XVIIe siècle) collectèrent et publièrent des proverbes danois.

2. *Marc* 12, 41-44.

pour la mort mais pour la vie, de sorte que tout dépend de la force de vie qui s'y déploie et de la façon dont on l'utilise. Mais il se peut fort bien que ce soit justement pour cela que beaucoup pensent que les difficultés sont insurmontables, et la seule chose que je puisse répondre à cela est que si l'on n'essaie même pas de le faire, elles ne seront évidemment jamais surmontées, et que c'est de la lâcheté de se déclarer vaincu par un ennemi avant de l'avoir affronté, et pourtant, l'incompréhension de la vie qui prévaut généralement, associée à une prétention ridicule, est l'ennemi le plus terrible de la patrie qui ait jamais existé.

Le fait qu'il sera difficile au début de trouver des dirigeants qui aient la connaissance et la compréhension nécessaires pour associer la vie à l'envie de travailler à la solution de la grande tâche que les érudits méprisent ou haïssent pourtant habituellement, est la conséquence des tourments de notre époque, mais je suppose malgré tout qu'une partie des professeurs de Sorø prendraient plaisir à faire de leur mieux[1], on pourrait certainement trouver aussi quelques bons assistants, et quant à moi, si on le souhaitait, je participerais volontiers quelques mois par an, aussi longtemps que j'en serais capable, à cette œuvre d'amour qui, j'en suis sûr, serait utile et réjouirait la patrie jusque dans les générations les plus éloignées, et serait ainsi sa propre riche récompense. Lorsque le succès d'un grand projet dépend entièrement de la vie et de l'envie, des capacités et de l'empressement des intéressés, la moindre erreur a obligatoirement les conséquences les plus funestes si on ne peut pas la corriger rapidement et aisément, et il arrive souvent qu'on voie ses attentes déçues, et l'expérience prouve alors que l'envie et l'empressement dénués des capacités correspondantes, de même que les capacités sans envie ni énergie, sont inutiles. C'est pourquoi tous les nouveaux dirigeants qui seraient recrutés à la haute école ne seraient admis que « jusqu'à nouvel ordre », sans pouvoir réclamer une rémunération si on estimait qu'ils ne remplissent pas leur office. Ceci serait d'autant plus nécessaire que les dirigeants, pour pouvoir se consacrer à leur vocation, devraient être bien rémunérés, aussi longtemps qu'ils seraient en fonction, et que des personnes indignes essayeraient par conséquent de s'introduire par tous les moyens si les recrutements fournissaient des « gagne-pains assurés » ou le droit, si on était trouvé incompétent, de recevoir de l'argent à ne rien faire. Si, en revanche, le poste

1. Grundtvig pense ici à des hommes comme B. S. Ingemann (1789-1862), célèbre auteur de cantiques et de romans historiques, Carsten Hauch (1790-1872), poète et romancier, ou Christian Wilster (1797-1840), poète et traducteur, qui firent tous les trois partie du corps enseignant de l'Académie de Sorø. Le premier y enseigna la langue et la littérature danoises, le second les sciences naturelles, et le troisième le grec.

mettait à l'abri du souci matériel aussi longtemps qu'on le détiendrait, mais que sa durée était incertaine, et qu'on ne retirerait aucun profit lorsqu'on serait relevé de ses fonctions, sauf si l'on avait servi pendant un certain nombre d'années (dix et plus) de façon satisfaisante, on pourrait être sûr d'avoir toujours les dirigeants les plus compétents du royaume, et on ne peut évidemment pas parvenir plus loin que cela.

On peut bien sûr se demander si une haute école consacrée uniquement à la danité et à la langue maternelle serait très fréquentée au début, car, d'un côté, il n'y a pas de pays dans la chrétienté où l'on ait une aussi haute opinion de ce qui est étranger et une idée aussi piètre de ce qu'on est soi-même qu'au Danemark, et, de l'autre côté, la plupart d'entre nous ont dès leur enfance une telle frayeur dans le sang ou en tout cas une telle répugnance pour tout ce qui s'appelle école, qu'ils ne fréquenteraient pas facilement un tel établissement pendant leur jeunesse s'il ne leur promettait ni un gagne-pain assuré, ni une position, ni de la considération en échange. Mais, d'une part, il y a chez nous des jeunes gens éveillés qui ont aussi envie d'essayer quelque chose de nouveau qui les laissera libres de leurs allées et venues et les dispensera d'être « soumis à la question », et, d'autre part, il faut que l'amour pour la patrie et la langue maternelle, malgré toutes les réserves que cela soulève, rassemblent sans tarder la meilleure partie de la jeunesse là où la bannière des pères flotte au vent et où elle entend la voix de sa mère. C'est pourquoi il n'est pas du tout mauvais qu'on commence avec un petit nombre, car nous ne commençons nous-mêmes qu'avec peu de choses et si nous voyions le peuple affluer vers nous, nous serions sans doute en proie au découragement et nous nous demanderions que faire avec si peu pour un aussi grand nombre de personnes. Cela nous fera donc du bien de souffler un peu, et il sera très bon pour le peuple que l'expérience nous apprenne à éviter les pires erreurs avant qu'elles aient pu causer des dégâts.

Pour finir, on peut aussi penser que la haute école, même si elle arrivait à son meilleur niveau et était appréciée dans tout le pays selon son mérite, ne suffirait pas à instruire la jeunesse de tout le pays, et que, même quand on se souvient, chose qu'on oublie fréquemment, que la haute école n'est pas du tout faite pour des imbéciles, mais uniquement pour ceux qui sont éveillés, on peut dire malgré tout que les dépenses inévitables liées à la fréquentation de la haute école seraient un obstacle pour beaucoup. Mais si seulement on se met au travail et si elle devient un grand projet populaire, on se fait inutilement du souci au sujet de ses inévitables imperfections, et il est d'ailleurs clair comme le jour que plus longtemps la haute école fonctionnera, plus elle aura d'assistants dans tout le pays et meilleurs ils seront, de sorte que même si elle ne sera jamais superflue, elle deviendra malgré tout de moins en moins indispensable. Il faut dire que l'éducation naturelle et populaire se rapporte à tous égards à celle qui est étrangère et dénuée de naturel comme la vie se rapporte à la mort, de sorte que les mêmes lois de la nature qui font que l'éducation latine, après avoir été dispensée avec le maximum d'énergie pendant trois cents ans, est maintenant à peine représentée à l'université elle-même, et encore moins à d'autres endroits, les mêmes lois de la nature feront que lorsque l'éducation danoise aura été dispensée avec suffisamment d'énergie pendant une génération, on la rencontrera même dans les chaumières sur la lande, et sa haute école se trouvera simplement au centre, comme le grand foyer où tous les rayons se concentreront pour revenir avec une force renouvelée et éclairer la vie et illuminer les visages en tous lieux.

Ce qu'on apprend uniquement à cause d'un examen et d'un gagne-pain, on se hâte évidemment de l'oublier une fois l'examen passé et le gagne-pain obtenu, et on le fait avec d'autant plus de bonne conscience qu'on voit que cela n'éclaire ni n'adoucit la vie, mais que cela l'obscurcit au contraire et la rend amère. Mais ce qu'on apprend simplement parce qu'on en a envie, on ne l'oublie en fait jamais, et on s'efforce de le transmettre avec d'autant plus de zèle qu'on est convaincu par l'expérience que cela mène à une conception de la vie vraie et gaie, que cela nous rend plus aptes à faire notre travail et plus satisfaits de notre situation que cela aurait été le cas autrement. C'est pourquoi on trouvera avant tout qu'avec une haute école royale danoise où la langue maternelle se déploie dans toute sa richesse inconnue de la plupart et son charme sans pareil, où la patrie est dépeinte à nos yeux dans toute sa beauté, avec des lumières et des ombres, avec des chemins qui mènent à l'honneur et au bonheur, comme des sentiers qui serpentent au travers des champs de blé, et où tous les vieux héros du peuple se réveillent au son des ballades héroïques pour répéter leurs exploits en esprit, avec une telle haute école, il n'y a littéralement que le premier pas qui coûte. Et que coûte donc le premier pas ? En termes d'argent, rien d'autre que ce que nos pères et leurs rois avaient prévu pour une « haute école patriotique » pour laquelle les siècles n'ont même pas pu fournir de garantie légale aux latinistes, et dont ils n'étaient même pas les propriétaires incontestés à la période où leurs droits étaient les plus limités. En termes de forces, uniquement les faibles restes qui subsistent encore de ce qui enflammait les pères du Danemark, ses héros, ses scaldes, ses auteurs de sagas, ses femmes, citoyens et paysans, à aimer, honorer et servir la patrie, et, dans la mesure du possible, à faire en sorte que toutes les nobles prouesses soient assurées d'une réputation honorable dans la langue maternelle et que la postérité en garde un souvenir affectueux. Ce sont les seules forces que coûterait la création d'une haute école danoise, et comment pourrait-on mieux les utiliser qu'en faisant en quelque sorte retentir le son du *Gjallarhorn*[1] pour réveiller les preux guerriers endormis, pour qu'ils participent au dernier combat pour la patrie et la langue maternelle, réveiller ce qui doit se réveiller ou bien dormir du dernier sommeil. Et, pour finir, du courage, que nous ne devons perdre en aucune manière. Combien nous en faut-il pour appeler à l'aide pour construire le rempart de *Dannevirke*[2]? De combien de courage avons-nous besoin, nous, les amis déclarés du vieux Danemark, isolés et dispersés comme nous le sommes, entourés de latinismes, de gallicismes et de germanismes, pour rassembler autour de nous tout ce que le peuple a en commun, et pour voir si le danois n'est pas toujours le plus fort sur le champ de bataille? Si nous n'avions même pas ce courage, nous aurions de quoi nous réjouir de la mort des vieux guerriers, car ils nous auraient donné des coups de pied comme Thor l'a fait au nain lors du bûcher funéraire de Balder[3].

Le premier pas ne coûte donc presque rien, mais tout est là, car si cela devait échouer, l'« histoire » serait finie, et si cela réussissait, nous aurions remporté la victoire, et l'esprit du Nord ainsi que le cœur du Danemark remporteraient la victoire avec nous, et dans ces conditions, nous ne pouvons pas penser qu'il vaille la peine d'indiquer ce que la victoire a coûté, et nous sommes obligés d'estimer que nous avons payé un prix dérisoire pour obtenir l'immortalité qu'aucune région sous le ciel n'a donnée à ses guerriers avec autant de fierté que le Nord et aucun pays à ses bien-aimés avec autant de grâce que le Danemark.

1. Selon la mythologie nordique, *Gjallarhorn* (cor de Gjallar) est le cor dans lequel le dieu Heimdal soufflera pour prévenir tous les guerriers d'Odin de l'imminence du *Ragnarok* (la fin apocalyptique du monde). À ce moment-là, les valeureux guerriers défunts se réveilleront de leur sommeil et reviendront du Valhalla pour unir leurs forces à celles des dieux, contre Loki et sa descendance, qui représentent les forces de la mort. Les héros s'uniront du côté du bien, dans un combat dantesque qui débouchera toutefois sur un nouvel âge d'or, une régénération universelle placée sous l'égide de la vie et du bien.

2. Le *Dannevirke* est la ligne de fortifications longue d'une trentaine de kilomètres construite dans le Schleswig-Holstein entre Hollingsted et Hedeby sur une période de plusieurs siècles. Les parties les plus anciennes datent du VIIe, voire du Ve siècle de notre ère. Une légende rapportée par Saxo Grammaticus affirme que le *Dannevirke* aurait été érigé au Xe siècle par la reine Thyra Dannebod, épouse du Roi Gorm l'Ancien, en vue de protéger le pays contre les envahisseurs germaniques.

3. Le nain Lit fit preuve d'un manque de respect quand le navire funéraire de Balder (dieu Ase de la lumière, la beauté, la jeunesse, la justice et l'éloquence) fut enflammé et lancé à la mer. En guise de punition, Thor jeta Lit dans le feu d'un coup de pied.

J'arrête ici, car il fait bon se reposer dans le giron du Danemark, et même si les Danois sentent qu'ils sont appelés à combattre, ils prennent tout de même plaisir au repos, et, à mes yeux, le combat est déjà terminé et la victoire remportée, si bien qu'il ne s'agit plus que de l'utiliser avec douceur, mais efficacité, et d'ériger un *Dannevirke* dans la haute école danoise, un rempart qui ne serait aucunement destiné à combattre, mais uniquement à servir de protection, en prévision d'un avenir qui renfermera de grands dangers, et il ne faut pas manquer de courage pour les affronter en face ou pour réunir nos forces pour triompher d'eux. Tous les héros du Danemark étaient morts, sauf Ogier le Danois[1], mais il a déjà, sous mes yeux, contraint les ennemis à la fuite, la ballade héroïque s'était tue dans les palais, et on ne la chantonnait plus qu'à voix basse dans les chaumières, dans la forêt et dans la lande, mais avec le sentiment de la victoire, elle a à nouveau retenti partout dans la campagne, et elle a une nouvelle fois fait entendre une multitude de sons qui doit étonner tous ceux qui y prêtent attention. Il est certain que, dans une haute école danoise, ces flots de musique se renforceront de façon sensible et se répandront beaucoup plus clairement, mais que la ballade historique, avant même que l'école ne soit instituée, ait triomphé de la mort par la force de vie du cœur danois, et qu'elle ait mêlé les noms de rois de Frédéric et de Christian à ceux des descendants du roi Skjold et de ceux des Valdemar, et les noms de Marie et de Caroline à ceux de Danebod et de Dagmar[2], est pourtant un fait, et la postérité s'étonnera beaucoup qu'il ait pu échapper à l'attention de nos contemporains, mais elle estimera que cela justifiait mes espoirs les plus audacieux de voir une année danoise faste qui, sous Christian VIII, fera naître à la lumière ce qui avait été conçu en secret sous Frédéric VI, et, comme une ombre chinoise de cet heureux événement, je veux ici faire voir le jour à un chant sur Sorø[3] qui a été conçu en secret il y a de nombreuses années dans « Les heures matinales du Nouvel An ».

1. La légende d'Ogier le Danois (*Holger Danske*), héros national danois, se rattache au mythe européen du « retour du roi ». Il apparaît pour la première fois dans la *Chanson de Roland*, au milieu du XIIe siècle, sous les traits d'un chevalier de Charlemagne. Il est censé dormir, mais il se tient au courant de ce qui se passe dans le pays, et il est supposé se réveiller en cas de danger, pour sauver la patrie.

2. Il s'agit de la reine Marie Sofie Frederikke (1767-1852), épouse de Frederik VI, et de la reine Caroline Amalie (1796-1881), épouse du roi Christian VIII. La reine Thyra Dannebod fut l'épouse du roi Gorm l'Ancien. Elle mourut vers 950. La reine Dagmar (1186-1212) fut l'épouse de Valdemar II.

3. Ce poème de 20 strophes figure à la suite du texte. Nous ne le reproduisons pas ici. Dans une note qui accompagne ce poème, Grundtvig précise que son « chant au sujet de l'église de Sorø a été publié pour la première fois en 1810 dans un petit recueil intitulé "La nuit du Nouvel An". »

DE L'UNION CULTURELLE DU NORD

PRÉSENTATION

Ce long texte avait fait l'objet d'une traduction en français par Érica Simon au début des années 1960, dans le cadre de sa recherche doctorale pionnière sur la *Højskole* nordique[1]. La thèse défendue par Érica Simon associait le réveil national dans les pays scandinaves au XIXe siècle et l'intérêt nouveau pour la culture populaire, la mythologie nordique et la « personnalité nationale » au Danemark, en Norvège et en Suède. Nous reproduisons ci-dessous le texte tel qu'il a été traduit et publié par Érica Simon en 1962[2], en respectant son choix de mettre des majuscules aux mots Union, Esprit, État et Université. Nous avons toutefois allégé l'appareil de notes car il faisait fréquemment référence à d'autres parties de son travail. Nous avons également ajouté quelques alinéas afin d'aérer le texte et de le rendre plus lisible sans en modifier le sens. Enfin, en ce qui concerne les noms propres issus de la mythologie nordique, nous avons respecté ses choix (Odin, Frigga, Mimer, Idunna, etc.) même si celle-ci mêle parfois l'orthographe danoise et l'orthographe islandaise, alors que Grundtvig emploie généralement l'orthographe danoise pour désigner les personnages mythologiques.

Grundtvig, qui intervient fréquemment dans le débat sur le rôle de l'éducation dans la renaissance de « l'esprit du Nord » et dans la préservation de la vie culturelle nationale et populaire, présente ici un point de vue qui s'élargit, au-delà de la seule question de l'école danoise, à la

1. É. Simon, *Réveil national et culture populaire en Scandinavie, La genèse de la højskole nordique, 1844-1878*, Paris, P.U.F., 1960, 766 pages.

2. *De l'Union culturelle du Nord*, texte original de N. F. S. Grundtvig, trad. et commentaire précédés d'une *Introduction à la philosophie de la culture de N. F. S. Grundtvig*, par É. Simon, Copenhague, G. E. C. Gads, 1962, 219 pages.

réflexion sur la possible création d'une Université commune aux trois couronnes du Danemark, de Norvège et de Suède, afin de fortifier une forme d'« Union culturelle du Nord », à défaut d'une union politique ou religieuse qu'il ne souhaite pas voir se réaliser. Cette Université nordique, il va s'en dire, ne devrait pas être une Université à la mode française ou allemande, mais une forme d'« école pour la vie » adaptée à ses missions universelles, « fondée sur des principes nordiques » et conçue comme une « république érudite », comme une « haute école humaniste » ou encore comme une communauté spirituelle vouée à l'érudition. Il est à noter que cette Université commune, plutôt réservée à une élite savante (« environ 300 hommes »), ne vit jamais le jour, bien que Grundtvig ait envisagé de l'implanter en Suède à Göteborg et ait évoqué son financement.

Le plaidoyer de Grundtvig pose deux conditions à la création de cette grande Université nordique en lieu et place des quatre universités latines situées alors en Scandinavie et dont il dénonce la culture « morte » et « ridicule » : *primo* l'Université nordique commune ne devra se réaliser que lorsque chacun des trois Royaumes concernés se sera doté de sa propre haute école populaire qui aura pour langage la langue nationale et « pour objet principal la patrie, ses données naturelles et sa constitution politique, ses traditions populaires et ses chants » ; *secundo* il faudra aussi que chaque Royaume renonce à former ses fonctionnaires dans les universités classiques et leur donne plutôt accès à la haute école populaire. On voit que Grundtvig n'adopte pas les positions « scandinavistes » du XIXe siècle : il ne vise nullement à « dépasser » les cultures nationales et à promouvoir une seule et unique culture scandinave assortie à un État unique. D'ailleurs l'Union culturelle ne signifie pas « l'introduction d'une langue écrite commune et despotique » car « l'homme du Nord aime dans le sens propre du terme sa langue maternelle ». Notons que le développement des hautes écoles s'est effectué dans un cadre national et qu'il y a donc toujours eu des différences entre les hautes écoles des trois pays. Cela n'est pas contraire à la pensée de Grundtvig, qui montre justement comment les deux institutions (nationale et commune) pourraient se compléter.

Une fois ces conditions posées, Grundtvig peut changer d'échelle et passer du niveau national au niveau « universel », puisque l'Université nordique aura pour finalité d'encourager « une culture profonde et universelle », d'éclairer « le sublime de l'au-delà et la profondeur de la vie terrestre », de répandre la lumière sur « la vie humaine dans toute sa diversité ». Sa raison d'être est donc « d'expliquer la vie et la nature humaine dans toutes leurs manifestations », autrement dit de se destiner à une « culture universelle » et à des « lumières supérieures ». En ce sens elle sera un « centre spirituel vivant pour la vieille triade des peuples du Nord » mais sans soumettre ceux-ci à la domination d'une seule et unique culture placée artificiellement au-dessus des cultures nationales car « chaque peuple principal exprime une tendance principale de la nature humaine ». L'universalité dont parle Grundtvig n'est donc pas un « dépassement » des cultures singulières de chaque peuple mais un « embrassement » de la vie humaine dans sa « multiple diversité » ; elle procède plutôt sur le mode de la collection que sur celui de l'abstraction, même si « dans le Nord il n'existe qu'un seul Esprit » et donc que l'Université nordique fera valoir dans tous les domaines « la manière nordique de considérer la vie humaine ».

Grundtvig confirme dans ce texte sa foi en « l'Esprit du Nord », qui doit se réveiller grâce aux hautes écoles et animer les « frères nordiques issus de la race des combattants » : « le Nord est la patrie des combattants et il lui incombe de le manifester également sur le plan culturel ». Ainsi l'Université nordique devra prolonger l'œuvre de cette *Højskole* nordique que fut, selon Grundtvig, l'Islande médiévale, « cette colonie historico-poétique » commune aux trois Royaumes du Nord et à ces « peuples principaux » que sont les Nordiques.

En complément, ce texte donne quelques indications sur ce que la *Højskole* nordique ne doit pas être : une « usine » pédagogique, une « machine à examens », un lieu de « dressage scolaire » comme l'Université française, où l'on perd son temps à « remâcher la grammaire latine », où l'on préfère « ce qui est mort à ce qui est vivant » et où l'on « réduit la culture à la lecture ». Au contraire elle doit, à l'image des collèges d'Oxford et de Cambridge, laisser se développer une « vie communautaire culturelle » portée par des rapports libres et vivants, de constants échanges joyeux entre « jeunes et vieux », pour le profit et la joie de l'ensemble du genre humain.

Les nombreuses références à la mythologie nordique, notamment au mythe de Heimdal qui clôt le texte, confirment, si besoin est, le fort ancrage de la pensée de Grundtvig dans la culture populaire et non dans la seule culture scientifique et savante qui fut et reste, par contre, la marque de l'enseignement en France, y compris dans l'histoire des universités populaires.

Jean-François DUPEYRON

DE L'UNION CULTURELLE DU NORD [1]
(1839)

L'Union du Nord, ou plus exactement l'Union des trois royaumes du Nord, a joui depuis l'époque de la Reine Margarete[2] à la fois de la faveur des peuples et de celle de leurs princes; c'est ce dont témoignent non seulement les « trois couronnes » que rois de Danemark et rois de Suède[3] font figurer sur leurs boucliers et leurs armoiries, mais surtout les nombreuses et sanglantes guerres[4] qui, durant trois ou quatre siècles, ont ravagé le Nord sans autre motif profond que le *désir d'Union*, qui était à peu près aussi fermement enraciné au Danemark qu'en Suède. Le plus facile est sans doute d'attribuer ce *désir d'Union* à l'esprit de domination, mais cela est bien déraisonnable : non que l'esprit de domination ne soit tout de même entré en jeu, mais l'expérience n'apprend pas que, de nature, le Danois et le Suédois soient plus dominateurs que le Norvégien; on ne peut pas non plus expliquer par-là pourquoi, pendant tous ces siècles, il y eut bien moins de guerres civiles en Allemagne, où cependant l'esprit de domination était visiblement plus développé et où, depuis la Réforme, des disputes religieuses, qui n'existèrent absolument pas dans le Nord, fournissaient toujours un prétexte acceptable et souvent une raison suffisante pour endosser la cuirasse.

1. Ce texte est publié avec l'aimable autorisation des éditions G. E. C. Gads à Copenhague, qui l'ont édité pour la première fois en 1962.

2. En 1397 les trois royaumes du Danemark, de Suède et de Norvège furent unis par la Reine Margarete I (1353-1412) dans l'Union de Calmar, qui prit fin en 1523 après une longue période de tensions internes pendant laquelle les Suédois cherchèrent à échapper à la suprématie danoise.

3. La troisième couronne concerne la Norvège, qui n'est pas directement nommée ici car de 1536 à 1814 le Danemark et la Norvège étaient unis en une seule couronne, qui gouvernait depuis Copenhague.

4. Il s'agit d'une série de conflits entre le Danemark et la Suède entre 1521 et 1814.

Nous concluons donc à juste titre que, dans le Nord, le *désir d'Union* est ancré plus profondément dans les cœurs que l'esprit de domination, qu'il y est plus profond qu'en Angleterre, en France ou en Allemagne, et que les projets visant à réaliser cette Union n'ont fait faillite que parce qu'ils étaient mal conçus et mal dirigés : aussi osons-nous espérer que, lorsque nous comprendrons enfin le sens véritable de nos aspirations, l'Union réussira beaucoup mieux chez nous que dans n'importe lequel de ces pays dont les habitants ont des origines bien plus diverses et plus incertaines que ceux du Nord. En effet, de même que la locution « *at slaae sig sammen* » [se réunir] a dans le Nord une signification particulièrement amicale, de même nous sommes en droit de supposer que nos longues querelles – *slagsmaal* – ont eu une cause bien plus noble et plus amicale que la volonté de nous nuire et de nous asservir réciproquement, et que nous pouvons regarder les guerres d'Union comme un duel nordique entre deux combattants également valeureux qui, ayant entendu parler de la réputation l'un de l'autre, après s'être regardés en face, ont éprouvé le désir de *conclure fraternité*[1] ; mais comme « l'apparence est trompeuse »[2] et « la renommée mensongère »[3], ils ont jugé préférable de mesurer d'abord leurs forces et de mêler vaillamment leur sang[4].

C'est ainsi qu'il nous faut envisager la chose, car de cette manière seulement elle nous devient compréhensible, mais nous ne prétendons aucunement pour autant que ce fut le point de vue de nos ancêtres : au contraire, il est clair comme le jour que si, d'aventure, il leur arriva de considérer le combat d'un point de vue supérieur, ils l'oublièrent aussitôt dans la chaleur de la bataille, et il semble que, finalement, seul le désespoir les poussa à épuiser leurs forces et à préparer ainsi, sans qu'on le remarquât, leur absorption dans l'Empire russe. En effet, puisqu'en particulier les guerres du temps de Christian V, par la victoire danoise dans

1. Grundtvig fait ici référence à l'alliance de sang que, dans la vieille civilisation nordique, deux amis pouvaient conclure afin de devenir « frères » par l'acte de mélanger leurs sangs. Cet acte scellait entre eux une amitié indissoluble, pouvant aller jusqu'au sacrifice de la vie pour défendre leur frère-de-sang.

2. *1 Samuel* 16,7.

3. *Proverbes* 31, 30.

4. Grundtvig se représente fondamentalement les guerres entre nations et les cicatrices qu'en laisse l'histoire comme un mode premier d'expression de leur fraternité et de leur désir d'union. Quand le temps est venu et quand les guerriers sont las de combattre, alors les effets nocifs de la guerre sont remplacés par une relation plus amicale et fructueuse. Selon Grundtvig ce nouvel équilibre pacifique a émergé pour la première fois dans le Nord au moment de l'indépendance de la Norvège vis-à-vis du Danemark en 1814.

l'anse de Kjøge et la défaite danoise en Scanie[1], avaient manifesté l'équilibre des forces et que, à la fin du XVIIe siècle, la Russie atteignit la Baltique, de toute évidence le Danemark et la Suède auraient dû comprendre sur l'heure, d'abord qu'ils avaient suffisamment mesuré leurs forces et, ensuite, qu'il importait, dans l'intérêt des deux pays, de conclure une alliance indestructible ; et les projets matrimoniaux de Christian V et de Charles XI[2] semblaient vraiment avoir pour objet de préparer cette alliance ; mais nous savons qu'il n'en fut rien, et maintenant nous pouvons voir que ce fut sans doute la Norvège qui barra le chemin. En effet, c'est seulement depuis que la Norvège a retrouvé son indépendance[3] et a repris parmi nous son rang d'autrefois que nous avons commencé à comprendre notre propre *cœur*[4] et la marche de notre histoire, et c'est donc maintenant seulement que nous pouvons préparer méthodiquement une Union qui puisse convenir aux frères nordiques issus de la race des *combattants*, une Union qui ne fasse honte et ne nuise à personne, mais qui serve l'honneur et le bien commun, une Union qui, dans la mesure des forces humaines, assurera d'un coup « la liberté et la paix » dans le Nord et fera s'épanouir toutes les forces utiles et bienfaisantes qui se mesurent dans une compétition amicale pour sauver l'honneur, pour embellir et ressusciter l'Asgaard et le verdoyant Gudhjem[5], ces lieux auxquels nous avons tous un droit ancestral qu'il serait ridicule de nous disputer, puisque, *comme la justice, ils nous donnent satisfaction à tous*[6].

Cependant, dira sans doute le lecteur, tout ceci ne nous apprend rien et, bien que je prenne la liberté de ne pas être de son avis, je dois admettre que c'est moi qui ai le plus perdu en voulant contenter le lecteur avec ce qu'il appelle rien ; je dois donc m'efforcer d'exposer, aussi clairement que je le puis, quelle sorte d'Union je me représente, quelle Union je voudrais, si je le pouvais, persuader grands et petits dans le Nord de désirer et

1. Lors de la guerre de Scanie (1675-1679), les Danois furent vaincus en 1676 à Lund par Charles XI de Suède mais ils remportèrent en 1677 une victoire navale sur la flotte suédoise dans l'anse de Kjøge (actuellement Køge).

2. Christian V régna sur le royaume de Danemark-Norvège de 1670 à 1699. Charles XI fut roi de Suède de 1660 à 1697. La sœur de Christian V, Ulrikke Eleonora, épousa Charles XI en 1680 afin de favoriser la politique d'alliance entre les deux royaumes.

3. La Norvège devint indépendante du Danemark en 1814, date à laquelle elle fut rattachée à la couronne suédoise.

4. Le mot « cœur » renvoie dans tout ce passage aux dispositions intérieures propres à un peuple, à son « caractère national ».

5. Dans la mythologie nordique, *Asgaard* désigne le foyer des dieux. *Gudhjem* en est le nom danois, pour Grundtvig particulièrement.

6. Allusion à un dicton populaire danois.

d'encourager. Eh bien, ce n'est ni une Union religieuse ni une Union politique que je voudrais proposer, mais une véritable Union *culturelle*; cependant je dois demander au lecteur de ne pas s'imaginer que, ceci dit, il sait aussitôt par le menu à quoi je pense, et pour plus de sûreté, je veux seulement faire remarquer maintenant que, pour moi, la véritable *culture* est bien davantage que ce qui est consigné noir sur blanc, qu'elle est une « *œuvre de lumières* » qui ne se trouve pas seulement « sur le papier », mais qui rend vivante notre manière de considérer la condition humaine et d'agir sur elle, si bien que ceux qui s'unissent sur le plan *culturel* entreprennent, en unissant leurs forces, de défendre la vie et la liberté, de mettre ces forces au service du bien commun et d'atteindre à l'apaisante clarté qui est le couronnement de la vie. Nous serrerons cette question de plus près lorsque j'aurai expliqué pourquoi je ne désire et ne propose ni une Union religieuse ni une Union politique, mais seulement une Union *culturelle*.

Pour ce qui est de l'Union religieuse, ce n'est peut-être pas la peine que je me donne du mal, puisqu'il y a si peu de gens de nos jours qui se soucient de l'Église; mais il se pourrait que cela changeât rapidement et, à considérer les choses superficiellement, on penserait facilement que, d'une part la fusion de nos trois Églises d'État luthériennes pourrait se faire aisément et, d'autre part, qu'en tant qu'Union spirituelle, elle conduirait plus rapidement et aussi plus sûrement à la paix, à l'alliance et à la collaboration que je souhaite obtenir par la voix *culturelle*[1]. Cependant l'histoire universelle a montré clairement que le grand projet d'union des Églises du Moyen Âge[2] aussi bien que les petits projets analogues envisagés à l'époque moderne[3] ne furent rien d'autre que des châteaux en Espagne, et que les efforts entrepris pour réaliser de tels projets aboutirent à la contrainte des consciences, qui est aussi nuisible au bien des États qu'elle est pesante pour les peuples et déshonorante pour la foi, cette foi qui est née dans la liberté et à laquelle les États adhèrent.

Aussi, ce qu'en tout premier lieu les vraies lumières sur les conditions de la vie humaine doivent nous apprendre, c'est que la foi, qui naît et meurt spontanément et qui, pour cette raison, est inintelligible au croyant lui-même, ne se laisse pas réglementer par des lois et des décrets, tandis que, privée de la foi, l'Église n'est qu'une parole vide ou tout au plus un

1. Grundtvig fait allusion au scandinavisme religieux, auquel il n'a jamais adhéré car il était contraire à ses idées.

2. Grundtvig évoque les tentatives d'union entre l'Église d'Occident et l'Église d'Orient dont le pape Grégoire VII prit l'initiative au XIe siècle.

3. Il s'agit des projets d'union entre l'Église luthérienne et l'Église réformée échafaudés dès le XVIIe siècle.

spectacle imposé par contrainte, le spectacle le plus coûteux qui existe sous le soleil, car il se donne au détriment de la liberté *intérieure*, liberté sans laquelle l'esprit ne peut agir, et au détriment de l'honnêteté des hommes qui constitue le fondement de toute société politique.

Aucun peuple n'a plus de dispositions naturelles à comprendre cette vérité que le peuple nordique qui, depuis l'époque païenne, a toujours considéré la négation de Dieu et la *basse* indifférence à l'égard de l'éternité comme la marque des esprits malfaisants, mais chez qui aussi, depuis les temps immémoriaux, l'honnêteté et le courage ont été à tels points congénitaux que nos ancêtres païens eux-mêmes ne voulurent ni renier les dieux en qui ils croyaient, ni, pour plaire à d'autres, abandonner la voie qui, à leur avis, menait le plus sûrement à l'immortalité[1]. Donc, dès que nous nous réveillerons dans *l'Esprit du Nord*, nous nous rendrons aisément compte que l'inconvénient de nos Églises d'État n'est nullement leur limitation, mais leur extension ou cette tendance aussi vaine que fâcheuse à vouloir unir ce qui ne peut s'accorder et asservir ce qui est né libre ; et une véritable liberté religieuse, c'est-à-dire la liberté d'avoir la religion qu'on veut aussi bien que de n'en point avoir, sera le fruit béni de cette vérité. Qu'il soit tout de même possible de conserver les Églises d'État avec profit si l'on permet aux ministres du culte, ce que fait le gouvernement danois, de prêcher comme bon leur semble, et si l'on accorde au peuple le droit, mesure qui n'a pas encore été prise, de *refuser un pasteur et d'en choisir un autre*, je l'ai expliqué à maintes reprises[2] ; mais l'essentiel est que la religion, qui concerne chaque être humain personnellement, soit d'une manière ou d'une autre véritablement libre ; en effet, sans cette liberté, il n'y aura plus, dans aucun pays, de religion qui mérite ce nom, à part celle qu'on persécute, et aucun effort à améliorer l'existence du peuple, à stimuler l'activité politique et la *culture* véritable ne réussira et ne portera de fruits, mais la société politique aura contre elle toutes les natures fortes, les unes par la tyrannie qu'elles exerceront en son sein, les autres par la lutte qu'elles mèneront pour la liberté de conscience.

1. Allusion à la résistance que le paganisme scandinave opposa au christianisme.

2. Grundtvig fait référence à sa recommandation de laisser aux fidèles la possibilité de rompre le lien pastoral et de choisir un lieu de culte en dehors de leur paroisse ou de fonder une nouvelle église. Cela fut permis par la loi à partir de 1855. Par ailleurs, Grundtvig, qui souhaitait avant tout un retour à « l'Église primitive », acceptait toutefois le principe du maintien d'une Église d'État, à la condition expresse que celle-ci soit une institution à l'intérieur de laquelle règne une grande liberté.

Si donc toutes les personnes honnêtes et éclairées doivent se garder de toute union religieuse avec d'autres que ceux à qui une foi et une espérance les unissent, nous pouvons passer à l'Union politique du Nord : bien qu'il fût un temps où je la considérai moi-même comme souhaitable, je comprends maintenant qu'elle consacrerait la mort des peuples[1]. En effet, s'il fut impossible aux XVe et XVIe siècles d'unir les trois royaumes nordiques, alors que la vie nationale avait perdu presque toute sa force et la conscience d'elle-même, que les vieilles familles régnantes s'étaient éteintes dans tous les royaumes et que, mieux que partout ailleurs, on réussissait dans le Nord à s'unir pour secouer le joug papal et réveiller la langue maternelle, qui était l'unique manifestation de la vie *nationale* à l'époque, ce serait vraiment le comble de la folie que de s'attendre à l'Union au XIXe siècle, alors que tous les peuples qui, au XVe et au XVIe siècles, perdirent leur indépendance, en souffrent et tentent de la reconquérir. Toutefois, s'il était besoin d'une preuve supplémentaire de l'aversion des royaumes nordiques pour l'Union politique, notre siècle en a donné une particulièrement retentissante par le divorce entre le Danemark et la Norvège et le rattachement de la Norvège à la Suède. En effet, aucune union politique entre deux royaumes ne fut dissoute avec plus de sérénité, aucune ne paraissait consentie plus librement, n'était plus complète et plus fructueuse que l'union entre le Danemark et la Norvège, qui dura quatre siècles et fut scellée par tant de mélanges de sang amicaux que les généalogies s'embrouillent.

Cependant il est clair comme le jour que, même si le registre que Wergeland a établi sur *Les crimes politiques du Danemark à l'égard de la Norvège*[2] ne peut être pris pour « la voix du peuple », il témoigne que la séparation entre le Danemark et la Norvège constitue pour celle-ci un bonheur, c'est-à-dire la délivrance d'un malheur, petit ou grand. Et il est si évident que le rattachement de la Norvège à la Suède, même s'il avait été aussi visiblement consenti qu'il a visiblement été imposé, n'a pas la même apparence d'une union politique, que l'on sourit devant la peur des Norvégiens de le voir aboutir à cette union; au contraire, on est forcé d'y

1. L'Union politique que refuse Grundtvig impliquerait l'abandon de l'indépendance nationale de chacun des États. Il ne se prononça qu'une fois en faveur d'une telle Union dynastique, en 1810. Par la suite il plaida au contraire pour l'émergence d'une communauté de nations indépendantes.

2. L'écrivain, pasteur et politicien norvégien Nikolai Wergeland (1780-1848) ne doit pas être confondu avec son fils, le poète Henrik Arnold Wergeland (1808-1845), autre écrivain norvégien de l'époque. Nikolai Wergeland fut membre de l'Assemblée constituante norvégienne en 1814. Il publia en 1816-1817 un ouvrage sur ce qu'il appelait les « crimes politiques » danois en Norvège.

voir la preuve la plus manifeste que l'idée seule d'une union politique (Amalgamation) entre des peuples voisins est tellement odieuse, du moins pour l'un d'entre eux, qu'une tentative efficace pour la réaliser maintenant donnerait le signal d'un nouvel orage dans le Nord, plus affligeant que tous ceux qu'il a déjà subis. Il est certain qu'à l'heure actuelle le Danemark et la Suède semblent loin de partager cette forte aversion, mais il est inutile de prouver à quel point est impossible l'union politique précisément entre deux peuples dont la rivalité se perd dans la nuit des temps; aussi l'entente à l'amiable à laquelle ils semblent bien disposés se romprait à l'instant même où l'on tenterait de réaliser l'Union.

En revanche, on peut envisager dans le Nord une alliance solide et amicale pour la défense commune[1]; bien plus, cette alliance est à tel point naturelle et nécessaire que nous devons considérer qu'elle agit déjà et devons souhaiter de toute notre âme qu'elle soit conclue plutôt aujourd'hui que demain, et de préférence sans les moindres réserves et avec des conditions si amicales que l'alliance nous accorderait à tous les avantages d'une union politique, sans pour autant comporter tous ses inconvénients ou nous exposer à ses conséquences imprévisibles. Ainsi donc, de toute évidence, cette alliance ne concernerait pas seulement la défense commune contre toutes les attaques qui peuvent se produire entre des royaumes indépendants, mais comporterait la liberté des échanges commerciaux qui, dans toutes les branches de la vie économique, équivaut à l'union politique. Et, quant à moi, je ne vois pas pourquoi les Royaumes ne s'uniraient pas pour constituer un *Conseil de la défense* commun qui dirigerait toute la défense, tant sur mer que sur terre; car, de ce fait, notre défense pourrait certainement être organisée sur des bases bien plus solides et à beaucoup moins de frais.

Mais jusqu'où la collaboration politique pourra aller sans nuire à l'indépendance des Royaumes, l'Union purement *culturelle*, lorsqu'elle sera constituée, nous l'apprendra bien mieux qu'on ne peut le savoir maintenant; aussi l'essentiel est-il d'aboutir à une alliance solide qui assurera la défense réciproque contre toutes les attaques menaçant la paix des Royaumes, une alliance qui, pour plus de sûreté, devrait être complétée par un accord commun avec l'Angleterre sur la liberté de la Baltique; si c'est là en effet la seule manière d'écarter toute hostilité entre les Royaumes, la voie serait donc ouverte pour l'Union *culturelle* qui répond à

1. L'idée d'une défense commune dans le Nord date de l'Union de Calmar au XVe siècle (voir *supra* n. 2 p. 154). Elle fut concrétisée durant l'union des couronnes du Danemark et de Norvège jusqu'en 1814 et durant l'union suédo-norvégienne de 1814 à 1905. De son côté l'Islande fut unie au Danemark jusqu'à ce qu'elle devienne une république en 1944.

des *aspirations* et des *besoins* communs et qui serait à tous points de vue riche en fruits bénis.

Mais qu'est-ce donc que j'entends par *l'Union culturelle*?

Bien entendu, ce n'est pas l'introduction d'une langue écrite commune et despotique; en effet, quand l'Islande si pauvre et si petite s'est tellement attachée à sa langue, il faut bien abandonner tout espoir de voir le Danemark ou la Suède renoncer à la leur, et on doit trouver bien plus raisonnable que la Norvège, elle aussi, tente sérieusement de se créer sa propre langue qui corresponde aux particularités de son gosier[1]. Cependant, loin de voir dans cet amour de soi un mal déplorable, je n'hésite pas à l'appeler une vertu nationale; en effet, si mauvais soit-il que les hommes n'aiment absolument rien en dehors de tout ce qu'ils peuvent palper et sentir comme leur bien propre, il est cependant bien pire qu'ils n'aiment pas même cela, car alors ils n'aiment au fond rien du tout et se contentent d'abriter leur absence de sentiments derrière des discours emphatiques sur l'amour de l'humanité, sur le cosmopolitisme sans parti pris, etc. En effet, chacun pense d'abord à soi, aussi l'amour est-il un *Hjemföding* (*charity begins at home*)[2], et, précisément parce que l'homme du Nord aime dans le sens propre du terme sa langue maternelle, il peut aimer et aimera n'importe quelle autre langue et l'appréciera en proportion des affinités qu'elle a avec la sienne, et il s'ouvrira à cette vérité qui affirme que la plume n'est nullement le maître de la bouche mais son esclave, vérité qui constitue le premier pas vers une *culture* vivante. C'est seulement parce que les Allemands et les Français n'en ont aucune idée qu'ils estiment avantageux d'avoir réduit trente millions d'hommes à une seule et unique langue écrite, mais naturellement ils n'ont pas pu pour autant modeler sur cette langue les gosiers et encore moins les *cœurs*; aussi, d'une façon générale, la lecture est devenue pénible pour le peuple et l'abîme entre le peuple, ses maîtres et ses chefs s'est élargi au point que tout échange vivant entre eux est devenu presque impossible.

1. À partir du milieu du XIXe siècle, la Norvège a cherché à s'affranchir de l'influence linguistique danoise et a construit ses règles orthographiques selon deux lignes différentes. La ligne dominante (*riksmål* ou *bokmål*) est basée sur l'orthographe standardisée issue de la tradition dano-norvégienne ; au contraire, le « nouveau norvégien » (d'abord appelé *landsmål* puis *nynorsk*) repose sur une orthographe radicalement réformée prenant en compte les dialectes locaux et autorisant davantage de variations. Aujourd'hui le *nynorsk* est utilisé par 10 à 15 % de la population norvégienne.

2. *Hjemfödning* signifie « né dans le pays ». En langue française, on dirait que « charité bien ordonnée commence par soi-même ».

Le joug classique, ou plus exactement le joug romain, que nous avons subi, le respect superstitieux pour la plume et la grammaire qui assure la puissance du joug romain et le fait durer, nous ont valu notre part de ces malheurs allemands. Toutefois le maintien de trois langues écrites dans notre Nord si faiblement peuplé est un avantage incalculable, et nous devons souhaiter que cet avantage soit apprécié et exploité bien plus qu'il ne l'a été jusqu'à présent ; et surtout, précisément pour la raison que je viens de dire, nous ne devons jamais souhaiter que cet avantage soit négligé ou disparaisse. Il suffit de penser que, aussitôt qu'une langue écrite est abandonnée, sur l'heure – tel fut le cas du bas-allemand[1] – cesse tout langage public et tout enseignement dans la véritable langue maternelle du peuple : la langue du *cœur* qui, de ce fait, est pour ainsi dire jetée aux ordures, tandis que même les mots les plus inspirés par l'esprit et le *cœur*, dits dans la langue enseignée, deviennent morts et impuissants pour »les femmes et les enfants », donc pour l'esprit et le *cœur* du peuple.

Mais alors, si ce n'est pas cela que j'entends par l'Union *culturelle*, que puis-je envisager d'autre sinon que les écrivains du Nord tomberont d'accord pour faire figurer amicalement les uns à côté des autres leurs noms et leurs idées (ce que nous espérons voir se réaliser dans cette revue[2]), que les milieux cultivés s'habitueront un peu mieux à comprendre leurs langues écrites réciproques et, enfin, que les universités n'omettront pas d'échanger leurs programmes, leurs thèses, etc. ? Et pourtant, selon toute vraisemblance, ni sur le plan politique, ni sur le plan *culturel*, cela ne conduira à des résultats tangibles et encore moins ne portera des fruits bénis.

Oui, si je ne pensais à rien d'autre, j'aurais certainement mieux fait de déposer la plume jusqu'à ce que me viennent des idées qui vaillent la dépense de l'encre et du papier, ce qui du reste est rarement le cas des œuvres savantes de nos universités, car nous devons certes nous féliciter de toutes les formes de collaboration amicale entre les savants nordiques, mais si l'alliance conclue avec la plume n'annonce pas quelque chose qui va bien au-delà de ce qu'elle est elle-même, elle sera en fait aussi insignifiante que sont les résultats qu'au témoignage de l'expérience elle peut obtenir. C'est donc seulement en tant que signe annonçant que le temps de

1. Au cours du XVIIe siècle, le bas-allemand, qui fut longtemps la langue de la Ligue Hanséatique, disparut officiellement en tant que langue écrite dans sa propre patrie : le Nord de l'Allemagne. Il fut remplacé par le haut-allemand mais survécut en tant que langue orale, comptant aujourd'hui encore environ cinq millions de locuteurs.

2. Ce texte fut d'abord publié dans la revue *Brage og Idun* (du nom des dieux nordiques de la poésie et de l'éternelle jeunesse).

l'association est venu et que, des deux côtés, nous éprouvons le besoin et pressentons l'utilité d'échanges vivants, que je considère avec joie et espoir un centre d'association littéraire; j'y vois en effet un stimulant qui m'incite à développer librement mes idées sur une association véritable et vivante, si déraisonnable que celle-ci puisse encore paraître pour le moment et quel que soit le nombre des préjugés politiques et *culturels* dont il faudra se débarrasser avant qu'elle devienne possible.

Mon désir le plus profond et mon espoir le plus vivant ne s'attachent en effet à rien de moins qu'au projet d'une grande « Université nordique » qui remplacerait les quatre universités latines[1] dont nous sommes affligés à présent. Je conçois facilement qu'à tous ceux de mes lecteurs qui, ou ne connaissent pas mes conceptions sur l'école en général et mes idées sur le latin en particulier, ou du moins ne les partagent pas, cette Université doit paraître un château en Espagne tout à fait absurde; mais si l'approbation du lecteur ne rend pas mon projet meilleur, son désaccord ne le rend pas plus mauvais qu'il n'est en lui-même; qu'il m'accorde seulement un instant d'attention et je tenterai de lui prouver qu'à tout prendre, le projet est loin d'être aussi chimérique qu'au premier regard il paraîtra sans doute à beaucoup.

Tout d'abord, je dois rappeler que, à mon avis, une *Højskole destinée à la culture universelle*[2], même la meilleure qui soit, est aussi peu faite pour être une *pépinière* de pasteurs, de juristes et d'autres fonctionnaires qui travaillent au service de la vie publique, qu'elle n'est capable de donner cette formation patriotique qui devrait être particulière à chaque peuple et, dans la mesure du possible, être commune à tous, aussi bien aux *gens cultivés qu'aux gens dépourvus d'instruction.* Aussi, de même que j'ai tenté de faire comprendre aux peuples du Nord à quel point chacun d'eux dans son propre royaume aspire à une « *Højskole nationale* » qui, se servant exclusivement de la langue maternelle, aura pour objet principal la patrie, ses données naturelles et sa constitution politique, ses traditions populaires et ses chants, ses besoins et ses espoirs d'avenir, et d'une façon générale tout ce qui peut contribuer à rendre les hommes intelligents et bien intentionnés capables de soutenir et d'appuyer la *voix du peuple* créée par la loi et qui constitue à présent dans tous les royaumes le *conseil national*

1. Il s'agissait des universités d'Uppsala (fondée en 1477), de Copenhague (1537), de Lund (1666) et de Christiania/Oslo (1811).

2. Dans le système pédagogique de Grundtvig, le terme *Højskole* désigne parfois la Haute École populaire ou nationale, parfois la Haute École destinée à la culture universelle – c'est-à-dire l'Université nordique –, parfois aussi, en englobant les deux précédentes, l'Islande médiévale.

consultatif des gouvernements[1]; de même, il me serait agréable de faire comprendre aux gouvernements que, même si *l'anti-culture*[2] et le dressage romain cessent, ils ne tireront qu'un médiocre profit de fonctionnaires destinés à la vie pratique qui, sans précisément être formés en vue de devenir des savants, auront tout de même appris à bricoler dans l'art livresque, qui tiennent plus à leurs aises qu'à être des hommes d'action, critiquent tout ou n'en font qu'à leur tête.

Aussi ne peut-on envisager mon projet d'une seule Université nordique qui remplacerait les quatre universités latines que dans l'hypothèse où les Royaumes nordiques auraient chacun sa *Højskole nationale* et où les gouvernements eux-mêmes estimeraient que, pour les fonctionnaires qui sont à leur service, la formation universitaire est aussi inadaptée qu'insuffisante, si bien qu'ils préfèreraient avoir à leur intention des *séminaires* et la *Højskole nationale*. Et quand cela serait réalisé, et qu'on aurait ainsi satisfait aux besoins nationaux – *folkelig* – et politiques, si bien que la seule question à résoudre serait de trouver le meilleur moyen pour favoriser dans le Nord une *culture* vraie et utile, j'ose penser qu'on ne regarderait plus mon projet d'une Université nordique commune comme un château en Espagne, mais qu'on le jugerait digne d'attention et de réflexion.

En effet, si la *culture* se réduisait à un amas de connaissances et à un système de doctrines qui nous viennent de la Grèce et de Rome, qu'on aurait le devoir de transmettre telles quelles de génération en génération – ce qui se ferait avec le plus d'exactitude par le moyen de la plume – alors, on le voit aisément, depuis bien longtemps toutes les universités auraient été superflues; car, de nos jours, cet amas de connaissances et la manière romaine de considérer toutes sortes de choses qui existent au ciel et sur la terre sont à tel point rebattues dans des livres écrits en de nombreuses langues vivantes que celui qui le désire peut se les procurer à bon compte et n'a pas besoin pour cela de collèges ni d'universités; et cette *culture* qui consiste seulement à remâcher la grammaire latine, tailler la plume d'après son modèle et se tordre la bouche d'après la plume, cette *culture* est si ridicule et de toute évidence si inutile que, si l'on ne donnait pas en échange des situations rémunérées, assurément pas un seul être humain ne voudrait la posséder, encore moins *peiner* pour l'acquérir. Mais comme pendant les longs siècles que l'école latine a dominés, ce double aspect a fini par

1. Ce conseil national fait référence aux assemblées consultatives provinciales, instituées en 1834 par le Roi Frédéric VI pour préparer la représentation démocratique. Un régime constitutionnel fut introduit au Danemark en 1849.

2. Il s'agit de la « culture de collégiens » que dénonce fréquemment Grundtvig et qui est une caricature de la culture savante.

déterminer l'idée qu'on s'est faite couramment de la *culture*, on comprend aisément que beaucoup de personnes demanderont avec étonnement à quoi pourraient bien servir des universités, puisqu'on envisage de créer des institutions propres à donner la formation *nationale* et d'autres pourvoyant à la préparation des fonctionnaires. Cependant, ce qu'il importe de faire remarquer immédiatement dès qu'on discute de cette question, c'est que ni la formation *nationale* ni la préparation des fonctionnaires ne peuvent accorder une place suffisante aux mathématiques et aux sciences naturelles[1]. Et pourtant ces deux disciplines, autant pour la multiplicité de leurs applications pratiques qu'en raison des lumières qu'elles nous fournissent, ou du moins qu'elles promettent de jeter, sur les secrets de la nature, méritent l'attention de tous les *peuples principaux*[2], donc aussi des peuples du Nord, qui ne tolèreront pas, je pense, qu'on leur conteste leur place parmi les *peuples principaux*.

Il paraîtra bien moins évident, non seulement en Égypte et en Amérique du Nord[3], mais aussi en de nombreux pays d'Europe, que les sciences historiques – qu'on est également loin de pouvoir épuiser dans les institutions pour la formation nationale ou celle des fonctionnaires – soient encore plus immédiatement pratiques et jettent déjà, ou promettent de jeter, des lumières bien plus profondes sur la nature et sur toute l'évolution de l'homme; mais dans notre Nord, où depuis des temps immémoriaux l'histoire a intéressé le peuple plus que partout ailleurs, on peut espérer qu'aucune *viande hachée critico-historique* n'aura donné le dégoût d'autre chose que d'elle-même et n'aura réussi à faire rouiller ce vieil amour ou fermé les oreilles à ce discours si simple et si clair : puisque l'histoire comprend *les paroles et les actions* les plus remarquables par lesquelles la nature humaine se révèle et, de ce fait, tous les progrès scientifiques, au fond tout savoir humain est historique, et la connaissance du passé est le

1. Grundtvig n'eut d'abord que du mépris à l'égard de ces deux sciences qui, pensait-il, éloignaient l'homme de Dieu. Par la suite, il les intégra dans une conception historique de l'esprit humain, comme le montre ce passage.

2. Par l'expression « peuples principaux », Grundtvig désigne les hautes cultures, celles dont la signification historique est forte et universelle. Dans cette perspective, il définit seulement quatre peuples principaux : les Hébreux, les Grecs, les Romains et les Nordiques (incluant les Islandais et même les Anglais).

3. Grundtvig reproche au peuple égyptien d'être sans intérêt pour l'histoire car, à la différence des Hébreux, il n'a pas produit de livres d'histoire. Quant à l'Amérique elle est à ses yeux une terre sans données historiques.

seul moyen de comprendre le présent et d'établir des projets raisonnables pour l'avenir[1].

Donc si nous tenons à nous comprendre nous-mêmes, à la fois comme partie du genre humain et comme branche particulière du grand arbre humain, nous ne pouvons nullement nous contenter de pourvoir de notre mieux aux besoins actuels du peuple et de la société politique, mais nous devons aussi nous efforcer de permettre au petit nombre, qui en éprouve le désir et qui a les dons nécessaires, de se procurer des connaissances méthodiques et des lumières profondes dans toutes les disciplines du savoir humain, car nous sommes certains que si ce savoir est acquis, les fruits, tant pour la culture générale que pour toute la société humaine, finiront par être non seulement remarquables mais diversement bienfaisants. La seule question qui se pose est donc de savoir quel sera le meilleur moyen pour encourager une *culture* profonde et universelle, et comment nous pourrons l'obtenir sans engager de trop grandes dépenses.

Or, non seulement je crois mais je suis convaincu et j'affirme qu'aussi bien les besoins légitimes de la *culture* que la double pauvreté du Nord en hommes et en argent conseillent d'une seule voix de fonder une seule « Université nordique » pour remplacer les universités latines de Copenhague, d'Uppsala, de Lund et de Christiania. J'estime en effet que la *culture* a tout autant besoin d'une Université nordique que nous avons nous-mêmes besoin de *culture*, et qu'une telle université peut difficilement être réalisée si nous ne tombons pas d'accord pour nous associer et la posséder en commun, car la faiblesse numérique de notre population comme la médiocrité de nos moyens matériels nous conseillent d'unir nos forces sur un point au lieu de les disperser sur trois. Si on accepte ce point de vue, sans aucun doute on se rangera aussitôt à mon avis pour le reste, et ce que je devrai donc m'efforcer de prouver – naturellement pas à l'univers entier et encore moins aux seuls « latinistes », mais seulement aux peuples du Nord qui y sont intéressés – ce sera pourquoi la *culture* réclame une Université nordique.

Jusqu'ici, quand il fut question de fonder des universités, rarement ou même jamais on ne s'inquiéta des besoins de la *culture*, on s'intéressa seulement aux moyens de financer l'institution; car à la fois en Italie, en Espagne, en France et en Allemagne, il parut longtemps évident que plus les universités étaient nombreuses, plus les sciences s'épanouissaient; comme par ailleurs, et cela était surtout le cas des petites villes, l'université

1. L'histoire, pour Grundtvig, n'est pas que la recension d'informations sur le passé ; elle est un grand récit incluant le passé, le présent et l'avenir, dans une perspective prophétique et eschatologique quant à la destinée humaine.

ouvrait une importante source de revenus, elles se multiplièrent à loisir. À ce point de vue, comme à bien d'autres, l'Angleterre fit exception, en ce sens que, pendant des siècles, elle se contenta des deux vénérables universités d'Oxford et de Cambridge, et ce n'est que récemment qu'on s'est mêlé d'en fabriquer une nouvelle, qui toutefois n'a été jusqu'ici qu'un avorton[1]. La France cependant, précisément depuis la Révolution, s'est contentée d'une seule université[2] et, au fur et à mesure que disparaîtra la vieille foi superstitieuse dans les agréments du latin et l'inintelligible vertu de la composition latine pour former le raisonnement, tous les pays chrétiens se poseront sérieusement la question de savoir s'il vaut la peine d'avoir, ou plus exactement de faire la dépense d'universités, autrement dit d'institutions exclusivement *destinées à la culture*; aussi n'est-il pas étonnant que nous rencontrions la même question dans le Nord. Nous ne voulons pas, comme ce fut le cas tant de fois dans le passé, l'expédier par la réponse habituelle qu'on nous assène comme un coup de massue, réponse qui prend la forme de cette question : le peuple ne retombera-t-il pas alors dans la barbarie ou dans les ténèbres de l'ignorance du Moyen Âge? Car toute la force de cette réponse réside dans la valeur divine que l'on attache aux paroles d'oracle qui assurent que là où l'on ne remâche pas la grammaire latine pour fabriquer ensuite des compositions classiques ou recevoir en échange un gagne-pain assuré, règnent la barbarie la plus grossière et une épaisse ignorance; mais lorsque, telle la statue de Svantevits[3], on décompose cette sentence en ses parties et qu'on l'envisage ensuite dans son ensemble, elle n'est que morte et impuissante; car si ce ne sont ni la grammaire ni la composition latines qui nous ont tirés de l'état de barbarie et nous ont empêchés d'y retomber, alors de toute évidence ce ne sont pas non plus nos universités, et nous pourrons donc hardiment les supprimer sans devenir plus barbares et plus incultes que nous n'étions lorsqu'elles étaient florissantes.

Oui, s'il est vrai que la langue latine a fait de nous des ignorants de la langue maternelle, qu'elle nous a de plus en plus éloignés de la nature et nous a rendus étrangers à la vie, qu'elle nous a fait perdre la foi dans

1. L'université de Londres fut fondée en 1836.

2. Grundtvig pense à l'université impériale de Napoléon, une administration centralisée créée en 1806 après que toutes les universités françaises eurent été fermées en 1793 par la Convention au profit des grandes écoles centrales.

3. Dans la mythologie nordique, Svantevits est le dieu de la fertilité, selon les croyances du peuple wende. Saxo Grammaticus décrit la destruction du piédestal en bois de Svantevits par l'évêque Absalon quand les Danois envahirent l'île de Rügen dans la mer Baltique en 1168.

le *sublime de l'au-delà et dans la profondeur de la vie terrestre*, qu'elle a fait de nous, au lieu d'authentiques hommes du Nord, de mauvais acteurs romains, il est certain aussi que nous gagnerons considérablement en vraie culture, en connaissances utiles et en savoir véritable si seulement nous envoyons promener la composition, la latinerie et toute cette *anti-culture* aussi creuse que vaine, aussi triste que ridicule, et cela même au risque de perdre l'université, c'est-à-dire une institution destinée à l'érudition profonde et à la *culture* universelle. En effet, quand nous cesserons de jouer avec ces grands mots ou de n'entendre par-là rien d'autre que « latinerie et *suffisance* », nous comprendrons aussitôt que l'érudition profonde et la *culture* universelle, bien loin d'être soit « matières d'école pour enfants », soit le propre de plusieurs milliers de personnes sur chaque million, à n'importe quelle époque ne peuvent être pratiquées avec profit que par un très petit nombre qui, doués de dispositions excellentes, y sacrifient la puissance de l'âge viril et la vigueur de la vieillesse ; et c'est seulement de manœuvres[1] qu'il faut une certaine quantité quand il est question de se frayer un chemin à travers toutes les disciplines et de consigner sur le papier les résultats les plus utiles des recherches ; du reste, rien n'empêche d'imaginer que, s'il existait quelque part en Europe une seule bonne université que fréquenterait le petit nombre d'élus de chaque pays, alors on pourrait à la rigueur se passer ailleurs d'universités. C'est là un point de vue qui devrait avoir de quoi nous plaire à nous peuples du Nord, puisque de tout temps nous avons eu pour principe que, si l'on veut acquérir plus de savoir, mieux comprendre toutes choses que le grand nombre, on doit se transporter à l'étranger et voir « les mœurs étrangères » ou, comme disaient les Grecs, visiter et observer « de nombreux peuples et de nombreuses cités »[2].

Donc, la première question qu'on devrait se poser, ce devrait toujours être de savoir si un royaume ou une confédération de peuples a besoin d'une université, et en second lieu seulement quels seront les moyens pour la financer ; car, si des raisons profondes ne justifiaient pas chez nous l'existence d'une université, quelque riches que nous fussions, nous pourrions utiliser nos ressources d'une meilleure manière qu'en instituant un couvent pour fainéants, plus nuisible qu'avantageux au petit nombre d'élus parmi nous qui auraient bien plus intérêt à fréquenter une bonne université étrangère qu'à vieillir misérablement sur une mauvaise fabrication maison.

1. Dans le contexte, il s'agit d'assistants de recherches.

2. Allusion à Homère (*Odyssée*, I).

Mais que nous ayons ou non besoin d'une université, cela dépend au fond de savoir si l'érudition profonde et la *culture* universelle ont besoin de nous pour se réaliser efficacement, ou du moins pour accomplir des pas de géant vers leur but suprême et lointain : les lumières sur la vie humaine dans toute sa multiple diversité. Cependant, l'érudition profonde et la *culture* universelle peuvent demander à un peuple de produire soit des *phares*[1], soit des manœuvres, lesquels manœuvres, d'excellente qualité du reste, chaque peuple sème à profusion; et s'il est vrai que chaque *peuple principal*, pris comme une entité, exprime une tendance principale de la nature humaine, de même il produira dans le cours des temps une succession de savants correspondant à cette tendance, dont la tâche sera d'expliquer en particulier celui des aspects de la vie humaine que le peuple en question exprime avec le plus de vigueur; donc, incontestablement, chacun des *peuples principaux* a besoin d'une université, puisque la *culture* universelle a besoin chez tous ces peuples d'un grand *atelier* public.

Nous voici une fois de plus placés devant la question : les peuples du Nord font-ils partie des *peuples principaux*? Bien que l'histoire réponde par le oui le plus affirmatif, jusqu'ici, loin d'avoir obtenu le rang qui lui revient du point de vue *culturel*, le Nord semble s'être privé lui-même de la possibilité de posséder un siège autonome destiné aux sciences et donc a renoncé au désir et au droit d'avoir une université propre, comprise dans un sens supérieur. Avec la même humilité avec laquelle, pendant le Moyen Âge, nous avons admiré l'université de Paris sans songer que nous puissions jamais posséder une université semblable dans le Nord, nous nous sommes contentés pendant toute l'époque moderne de modestes imitations des universités d'Allemagne du Nord qui, à leur tour, n'étaient rien d'autre que de modestes imitations de l'université de Paris; et si l'on n'avait pas fait fonctionner mécaniquement ces pauvres imitations sous la forme de corporations d'étudiants, où tous les latinistes du pays, à qui on garantissait un gagne-pain, devaient faire leurs chefs d'œuvre de compagnon et de maître, alors elles auraient sans aucun doute depuis longtemps cessé d'exister; mieux encore, elles n'auraient jamais commencé d'exister; car quels avantages nos vieilles universités de Copenhague et d'Uppsala ont-elles donc sur les universités plus récentes de Lund et de Christiania, si ce n'est l'âge et, de ce fait, un plus grand nombre de diplômes (*testimonia publica*[2]) ?

1. C'est-à-dire ceux qui montrent le chemin.

2. « *Testimonium publicum* » est l'expression latine désignant le document attestant qu'un étudiant a passé avec succès les épreuves marquant la fin de ses études universitaires.

Cela dit, je ne nie nullement que les trois Royaumes nordiques aient produit un bon nombre de *manœuvres scientifiques*, et même certains *phares* de dimension surhumaine, mais cela ne confirme que ce qui n'a pas besoin de confirmation : que le Nord est « *la patrie des combattants* » et qu'il lui incombe de le manifester également sur le plan *culturel*; car nos universités, en tant que telles, ne peuvent se vanter d'aucun autre exploit que de la transmission mécanique de gloses et de règles et d'une masse de connaissances livresques stériles. Il est donc tout à fait dans la nature des choses que les Allemands, les seuls qui aient su que nous possédions quelques institutions appelées universités, les aient rangées à côté d'autres universités insignifiantes, dont on notait l'existence sur le plan géographique seulement; et les œuvres grâce auxquelles, dans ce siècle, le Nord a commencé à attirer quelque peu l'attention de l'Europe, n'ont assurément pas le moindre rapport avec nos universités, où la langue maternelle a été mise au ban et l'islandais méprisé; car seuls les livres écrits en islandais et les livres *populaires* écrits en danois et en suédois sont connus à l'étranger, tandis que parler d'une *culture* authentiquement nordique est à peine possible de ce côté et encore moins de l'autre côté de l'Elbe[1].

Toutefois, si nous considérons, aussi bien dans le passé que dans le présent, les universités célèbres, nous voyons aisément qu'elles aspirent hautement à voir naître à côté d'elles une rivale qui, telle l'Amazone d'Athènes[2], puisse avancer à pas de géant; et si cette université sommeille quelque part, ce ne peut être que dans notre Nord; aussi n'est-il pas trop hardi d'avancer que, ou bien une Université nordique s'élèvera qui rejettera dans l'ombre non seulement celles de Berlin, de Göttingen et de Wittenberg mais encore les universités gigantesques de Paris, d'Oxford et de Cambridge, ou bien la *culture* des temps modernes méritera, plus encore que celle des temps anciens, qu'on l'appelle « une souris dont la montagne a accouché » et dont le seul exploit a été, comme ce fut le cas de l'armée de souris égyptienne au temps de Sennachérib, de ronger les boucliers des combattants et de grignoter les cordes de leurs arcs[3].

1. À l'époque l'Elbe formait la frontière du royaume du Danemark, qui posséda le Schleswig-Holstein jusqu'en 1864.

2. Il doit s'agir d'Athéna.

3. C'est une allusion à l'histoire rapportée par Hérodote (*Historia* II) : le roi assyrien Sennachérib, vers 700 av. J.-C., fut défait par les Égyptiens parce qu'une multitude de souris avait profité de la nuit pour ronger les carquois, les cordes des arcs et les lanières des boucliers de ses soldats.

Cependant si, à mon avis, cette conclusion n'est nullement trop précipitée, elle fera pourtant trébucher la plupart de mes lecteurs ; car peu d'entre nous sans doute sont parvenus à se rendre compte qu'il doit exister, à plus forte raison qu'il a toujours existé et que, la situation étant ce qu'elle est, il existera nécessairement toujours plus d'une forme de *culture*, et que ces *cultures* diverses, pour pouvoir s'épanouir, doivent posséder leur université ou *atelier* consacré à l'œuvre de l'esprit, où l'on s'efforcera, en conjuguant toutes ses forces, de réaliser une manière propre de contempler la vie humaine dans ses tendances principales. Cependant, une fois cela admis, beaucoup de mes lecteurs admettront que chaque peuple auquel on reconnaît une littérature particulière, riche et évoluée, possède aussi sa propre philosophie et, de ce fait, sa propre *culture*, reconnaissable à la lumière dont elle tente d'éclairer la nature humaine, ses forces, ses tendances et son but final. Ainsi, nous découvrons distinctement dans les œuvres littéraires que les temps anciens nous ont léguées trois sortes de *cultures*, les cultures hébraïque, grecque et romaine, et si tous les peuples modernes ont pris pour modèle surtout la *culture* romaine, seule cependant la culture italienne s'est fondue, autant que faire se peut, avec la *culture* romaine, tandis que les *cultures* française, anglaise et allemande ont leur forme propre et n'ont en commun que d'avoir porté aux nues, plus ou moins d'ailleurs, le latin et la *culture* païenne.

Ce trait commun a donc constitué une erreur *culturelle* fondamentale et il est inutile de nous arrêter aux différences, car il est évident que nous aspirons à une *culture* qui se soit débarrassée de cette erreur fondamentale, erreur qui non seulement paralyse les efforts, mais les oriente dans un mauvais sens ; et, que nous considérions la question sous l'angle religieux, politique ou strictement *culturel*, nous aboutirons toujours à la même conclusion : l'idolâtrie du latin et, d'une façon générale, de la *culture* païenne, est une mauvaise herbe, un chiendent qu'il faut arracher jusqu'à la racine, si l'on veut cultiver les terres du savoir avec profit pour qu'elles donnent des moissons bénies.

En effet, si le paganisme était une erreur religieuse, la *culture* qui en a résulté, qu'elle s'efforçât d'élever ou de détruire le temple de l'idolâtrie, ne pouvait aucunement accorder à la religion la place à laquelle elle a droit dans la pensée humaine ni tenir compte des rapports de l'homme avec Dieu et l'éternité, encore moins préparer la voie pour l'explication de ces rapports. Et comme ceux-ci sont incontestablement ce que la nature humaine a de plus sublime et constituent sa grande énigme, toute explication de la vie humaine qui les méconnaît ou en fausse le sens doit nécessairement être fondamentalement erronée.

Si donc l'une des *cultures* de l'Antiquité méritait d'être prise pour modèle, ce ne pourrait être que la *culture* hébraïque, et les nombreuses tentatives que, d'Origène à Calvin[1], on a entreprises pour la ressusciter et l'accomplir ne suffisent pas à nous rebuter, encore qu'elles nous mettent fortement en garde contre toute précipitation.

Si nous considérons la *culture* du point de vue politique, dont on ne doit pas non plus oublier les exigences, alors nous découvrons sans peine que lorsque, comme chez les Hébreux, la société humaine était une théocratie comportant une législation ecclésiastique et qui n'était prévue que pour un temps donné pendant lequel son objet religieux devait être atteint, la *culture* pouvait difficilement envisager la situation politique de l'homme dans une lumière juste et naturelle et devait presque nécessairement la méconnaître ou l'ignorer. C'est pourquoi, même si, comme je le crois, la *culture* hébraïque nous a indiqué la seule voie qui permette de comprendre et, dans la mesure du possible, d'expliquer les rapports de l'homme avec l'Église et la religion, en la choisissant pour modèle en tout, nous placerions la société politique dans des rapports ambigus avec l'Église et tenterions vainement de lui imposer une forme qui ne se justifiait qu'à un moment donné, dans des conditions exceptionnelles et pour le peuple élu de Dieu seulement.

À considérer enfin la question sous l'angle strictement *culturel*, nous devons constater que l'Antiquité ne représente pas pour le genre humain l'époque qui est naturellement destinée au savoir, et que les Hébreux, les Grecs et les Romains, bien qu'à leur époque ils aient accompli toute la part de l'*œuvre* culturelle qui leur revenait, n'ont d'aucune manière accompli la part qui revient à d'autres peuples. Donc, même si l'on admet que ces peuples s'engagèrent dans la bonne voie et, pour leur part, la parcoururent jusqu'au bout, il était nécessaire, pour répondre à la vie nouvelle qui s'est révélée avec le christianisme, de créer une *culture* nouvelle; nous estimons en effet que la vraie philosophie doit jeter les lumières sur la vie et l'expliquer et, s'il est notoire qu'on n'est même pas immédiatement conscient de la vie à laquelle pourtant on participe soi-même, il est encore plus difficile d'être conscient d'une vie qu'on ne connaît ni par sa propre expérience ni par celle des autres. Donc, si l'idée que l'humanité obéit aux mêmes lois que l'individu, chez qui ce n'est ni l'enfance ni la jeunesse, mais l'âge viril et la vieillesse qui constituent, en tant qu'âge de l'expérience, l'âge des lumières et de la philosophie, même si cette idée était aussi

1. Origène (185-253) fut un des Pères de l'Église chrétienne. Calvin (1509-1564) en fut un des réformateurs protestants.

contestable qu'elle est pour moi lumineuse, il resterait cependant certain que les Anciens ne pouvaient aucunement éclairer la nature humaine au-delà du degré d'évolution qu'elle avait atteint chez eux, ni expliquer autre chose de la vie humaine que ce qu'ils en connaissaient; ils ne pouvaient donc ni éclairer la nature humaine chez les peuples qui n'ont vu la lumière du jour qu'après eux, ni expliquer la vie humaine nouvelle qui, de toute évidence, n'a éclaté qu'avec le christianisme.

Puisque la *culture* de l'Antiquité, même dans son ensemble, ne peut servir de modèle et de règle à la nôtre sans que celle-ci devienne si désespérément limitée et si incomplète qu'elle exclue le seul aspect sous lequel nous connaissons la nature humaine par expérience, et puisqu'elle n'éclaire et n'explique pas tout ce merveilleux épanouissement de la vie dont nous sommes le produit, nous et notre situation, à plus forte raison la *culture* romaine, et cela même si nous la considérons comme fondement et point de départ, doit être pour nous une véritable peste; car outre le défaut d'être païenne comme la *culture* grecque, et de manquer de fondement politique comme la *culture* hébraïque, elle eut de toute évidence la grande malchance d'être mort-née. En effet, nous le savons, les Romains n'étaient pas un peuple qui sût vivre soit pour des idées élevées, soit pour parfaire sa propre évolution humaine, c'était une armée qui vivait sur le pied de guerre et qui n'apprit des Grecs la culture, les autres arts et les métiers d'art que lorsqu'elle eut atteint son but: conquérir ce que les Romains appelaient tout l'univers. Le plus grand apport des Romains à l'explication de la nature humaine se réduisit sans doute à l'expérience que la violence et l'injustice, si nuisibles qu'elles puissent être pour l'individu, peuvent réussir, en ce qui concerne les alliances de guerre, des siècles durant, et à la *prétention néfaste* qui en découle qu'en fin de compte, la vérité et le mensonge, la justice et l'injustice, le bien et le mal, c'est au fond *bonnet blanc et blanc bonnet :* en effet, ou bien il n'existe pas de dieux du tout, ou bien ceux-ci se soucient seulement d'être flattés par le peuple, et la vraie sagesse c'est de rendre la vie aussi agréable et aussi profitable que possible, sans se préoccuper de la nature des moyens employés pour y parvenir ni s'inquiéter des conséquences.

Aussi est-ce seulement là où cette manière, mi-*animale*, mi-diabolique, de considérer la vie est autorisée à régner que la pensée romaine paraît naturelle et s'exprime dans la vie; par contre, aussitôt que cette pensée se veut pieuse et vertueuse, et se cherche une expression noble et honnête, ou elle se durcit et se raidit, ou elle devient sèche et blessante. Et, comme naturellement chaque peuple a sa langue maternelle qui lui convient, il est impossible de concevoir une voie plus sûre pour s'éloigner de la vraie *culture* et de la véritable compréhension de la « vie humaine » que de s'approprier, par la lecture des œuvres qu'il nous a laissées, la langue de ce « brigand à demi cultivé », et de considérer sa conception de vie, quelque erronée qu'elle puisse être dans le détail, pour saine cependant en général, vraie et raisonnable, de sorte qu'elle doive constituer le fondement de toutes les aspirations *culturelles*.

C'est cependant ce qui est arrivé, *et ce qui est fait est fait*; grâce au christianisme et à la profondeur de notre nature humaine, nous avons échappé à l'insondable abîme romain, mais comme le danger est toujours menaçant et devient de jour en jour plus proche, nous ne pouvons pas perdre notre temps à nous plaindre du passé ou à rechercher les causes de notre malheur; au contraire, nous devons nous hâter de nous éloigner du gouffre et, puisque les fausses lumières ne peuvent être chassées que par les vraies, nous devons concentrer tous nos efforts sur ces dernières.

Une occasion excellente s'offre ainsi à nous de montrer nos dispositions *culturelles*, car il s'agit d'accomplir des pas de géant, sans commune mesure avec ceux qu'accomplirent Français, Anglais ou Allemands; tel Hercule chassant les ombres[1], ils se firent tout au plus remarquer au « royaume des morts », alors que nous avons à faire un pas de géant hors du tombeau et à construire une nouvelle voie vers le *Glarbjerget*[2], le pays de la clarté. Le premier pas, à savoir le passage de la mort à la vie[3], est, sans comparaison possible, le plus important; il consiste à restaurer « la bouche et la langue maternelle » dans ses droits inaliénables, que « la plume et le latin » ne peuvent lui disputer un seul moment dès lors que nous ne voulons plus conserver « le contrat conclu avec la mort et l'alliance scellée avec l'enfer », qu'on nous a imposés par duperie pendant notre sommeil. Aussitôt que nous aurons une *Højskole nationale* qui, pour atteindre son but – servir la vie populaire et la patrie, avec leurs besoins et leurs aspirations – n'aura recours qu'à la langue maternelle tandis que la plume ne fera que peiner pour la bouche, alors le danger de mort sera écarté, et nous pourrons respirer tranquillement et examiner quelles « mesures vivantes » feront naître les lumières supérieures et universelles. Une vie qui longtemps, comme ce fut le cas de la nôtre, s'est trouvée entre les griffes de la mort, continuera cependant d'être si faible et si exposée à toutes sortes de maladies que, même si nous ne désirions pas des lumières

1. Le douzième et dernier des travaux d'Hercule consista à aller aux Enfers pour en ramener le chien Cerbère.

2. Le *Glarbjerget* (la montagne de verre) apparaît dans plusieurs contes de fées, notamment ceux des frères Grimm.

3. *Jean* 5, 24.

plus profondes pour comprendre plus clairement la vie humaine dans son ensemble, il nous faudrait les apprécier au moins en raison de notre vie populaire fragile qui ne cessera de réclamer des médecins compétents tout en risquant à chaque instant de tomber entre les mains de charlatans.

Le moyen qui permettra d'atteindre ce but, c'est une *Højskole destinée à la culture universelle*, c'est-à-dire une université fondée sur des principes nordiques et dont la grande tâche, commune à toutes les disciplines, sera d'expliquer la vie et la nature humaine dans toutes leurs manifestations, telles que nous les connaissons ou pourrons les connaître; une seule question se pose donc : les royaumes du Nord devront-ils tenter de créer chacun séparément une telle université ou devront-ils plutôt se contenter d'en posséder une seule en commun ?

Cependant, avant d'aborder cette question du côté qui convient, nous devons essayer de déterminer ensemble quelle sorte d'université pourra servir la *culture* et donner au Nord des lumières vraies; car nous avons bien vu que la nouvelle université devra viser un but autre et bien plus élevé qu'aucune université ne l'a fait jusqu'ici, mais comme il existe depuis longtemps une organisation universitaire qui mérite d'être conservée dans son ensemble, organisation que, bien entendu, nos universités n'ont pas adoptée, il nous faut apprendre à choisir ce qui est approprié à notre objet pour pouvoir ensuite le mettre en œuvre.

À ce sujet, nous constatons, comme dans toute l'histoire des temps modernes, une opposition sensible entre ce qui est anglais et ce qui est français, et ce qui est anglais est si indiscutablement conforme à la nature humaine, à la vérité et à la profondeur que, si nous ne nous sentions pas portés à le préférer, ce ne serait assurément pas chez nous que les vraies lumières et la vraie *culture* pourraient s'attendre à être excellemment servies, ce ne serait pas dans notre Nord, siège royal d'une *culture* qui fut enfantée dans le cerveau de Zeus[1], qu'elles pourraient ressusciter; mais nous aurions dégénéré au point de trahir nos *ancêtres-combattants* si nous ne reconnaissions pas leur esprit dans tous les exploits anglais, et de la façon la plus manifeste, dans les universités d'Oxford et de Cambridge. Au fond, seules ces dernières universités ne sont pas des imitations de l'université de Paris, mais s'opposent à elle, tandis que toutes les autres universités d'Europe, si différente que puisse paraître leur forme extérieure, ne sont au fond que des boutures et des imitations de l'université parisienne.

1. Athéna, déesse grecque de la sagesse, est sortie du crâne de Zeus.

Selon l'opinion courante, la différence entre l'université française et l'université anglaise réside dans leur méthode pour instruire la jeunesse, en France par l'enseignement professoral exclusivement, par l'éducation jointe à l'instruction dans les collèges d'Angleterre, mais c'est juger la question bien superficiellement : car la différence fondamentale est que l'*anti-culture*, qui constitue le tout dans l'université française, n'est qu'un accessoire dans l'université anglaise, un auvent qui profane un bâtiment majestueux ; autrement dit, dans l'université française le dressage scolaire règne en maître, tandis que dans l'université anglaise il n'est qu'un fardeau qui nuit aux rapports libres et vivants entre les savants, rapports sur lesquels, incontestablement, tout cet édifice repose. Car des casernes pour étudiants, où des écoliers adultes sont consignés sous surveillance et contraints d'apprendre leurs leçons, ne sont pas le privilège de l'Angleterre, elles y existent seulement sur une plus grande échelle et sous une forme plus adaptée à leur but, comme c'est le cas de toutes choses en Angleterre.

Par contre, des *institutions culturelles* comme les collèges d'Oxford et de Cambridge, où des centaines de savants peuvent passer toute leur vie en compagnie de leurs pairs, voilà ce qui est le propre de l'université anglaise, cette université qu'il faut prendre pour modèle partout où l'on prétend parler de « vie *culturelle* » et où l'on espère faire des pas de géant sur la voie qui conduit aux vraies lumières et à l'explication profonde de la vie humaine. Ce n'est pas non plus un mal que les jeunes qui semblent doués de dispositions *pour la culture* se forment dans une telle société, au contraire c'est un bien ; aussi l'erreur consiste-t-elle seulement dans l'importance qu'on attache à l'enseignement universitaire, dans l'étendue qu'on lui accorde et dans la manière dont on le pratique ; et cette erreur se corrigera d'elle-même quand on se fera une idée juste de la *culture* en la considérant comme un *Levnetslöb*[1] *dans le monde de l'esprit :* idée qui, bien entendu, ne s'apprend pas dans les vieux livres, et qu'on ne peut vivre en s'y enterrant, mais qu'on ne peut faire sienne qu'en utilisant à la fois ce qui appartient aux Anciens et aux modernes afin d'éclairer et d'expliquer la vie humaine dans son ensemble aussi bien que sous l'aspect individuel. En effet, si l'on abandonne la conception erronée qui réduit la *culture* à la lecture, à l'érudition et à l'art livresque, on voit s'écrouler définitivement cette désespérante *anti-culture* qui non seulement est un gaspillage de

1. Érica Simon a jugé impossible, dans ce cas précis, de traduire *Levnetslöb* par « carrière » comme elle le fait ailleurs, faute de mieux. Dans tous les cas, *Levnetslöb* induit l'idée de marche ou de progression. Aujourd'hui il peut aussi désigner un *curriculum vitae*, une biographie, un récit de vie.

temps mais est si contraire à la nature et si destructrice qu'elle aboutit inévitablement à faire de la vraie *culture* une grande rareté et l'empêche de progresser constamment. Le préjugé qui veut que les livres rendent nécessairement les gens plus intelligents, plus ils passent de temps à en lire, plus ils réussissent à en lire et plus ils font effort pour observer chaque lettre qui s'y trouve, le collège latin l'a si profondément ancré dans le monde entier que l'extirper est sans doute une entreprise désespérée. Mais dès que nous aurons compris que toutes les lectures et tout le savoir qui ne nous éclairent pas sur la vie qui nous attend sont absolument contraires à la nature et inutiles et ne font que nourrir la vanité puérile, alors nous nous rendrons compte combien il nous est impossible de comprendre une vie que nous ne connaissons absolument pas ; aussi celui qui veut tirer parti du savoir doit-il d'abord vivre quelque temps et observer la vie, en lui-même et chez les autres, car c'est de cette façon seulement qu'il sera capable de comprendre les livres qui expliquent la vie et l'éclairent, les autres livres n'étant bons qu'à faire des cornets de papier.

Par ailleurs, il suffit d'un grain de bon sens et du courage de s'en servir pour se rendre compte que, plus un jeune garçon apprend de grammaire et de mathématiques, plus il est gâché et pour la vie et pour l'érudition, car on coupe ainsi à la racine, pour en faire de mauvaises plumes, les ailes qui devaient soulever son âme et porter ses paroles ; et au lieu du sang, on fait couler de l'encre dans ses veines, si bien que la source de vie est obstruée et son cœur transformé en encrier : l'imagination est enchaînée et le sentiment atrophié au profit de la réflexion, qui n'est pas de son âge ; aussi n'est-ce que dans des cas exceptionnels que la nature humaine se montre assez vigoureuse pour survivre à cette apoplexie artificielle, dont elle ne se rétablit cependant jamais tout à fait. L'expérience quotidienne nous apprend – on aurait pu le prévoir – que, loin de devenir par cette méthode, comme on le prétend, des savants incomparables, les enfants qu'on a ainsi transformés en vieillards retombent en enfance dès la fleur de l'âge, car la *raison de collégien*, c'est-à-dire la *suffisance* puérile, ne s'étale dans aucune espèce d'hommes aussi abondamment que chez ceux qui, depuis l'enfance, sont mathématiciens ou philologues.

Aussi longtemps que ces vérités simples et lumineuses, mais méconnues et oubliées, ne seront pas reconnues et ne s'imposeront pas, il ne servira à rien, ni dans le Sud ni dans le Nord, de songer à de grandes institutions propres à maintenir et à développer la vie *culturelle* mais, lorsque ce pas sera franchi, les Royaumes du Nord auront à mon avis le plus grand avantage à ne pas disperser leurs forces et leurs moyens, à les unir pour fonder une grande Université nordique, où trois cents hommes au moins pourront vivre au service des sciences et, par des échanges vivants bien plus encore que par la fabrication de livres, les feront progresser pour l'honneur, le profit et la joie de tout le genre humain.

Dans une telle Université nordique libre, dont les gouvernements devront proclamer le siège ville libre, les instituts scientifiques auront à se répartir les sciences historiques et les sciences physiques afin de rassembler de part et d'autre les énergies de façon à obtenir le travail le plus efficace et les échanges les plus actifs possible; car la vie humaine, telle qu'elle se manifeste par *la parole et par l'action*, forme un domaine de connaissances bien délimité et qui se distingue nettement aussi bien du monde animal que, d'une façon générale, du monde sensible et matériel, et il doit donc nécessairement exister une certaine opposition entre les sciences historiques et les sciences physiques; il va cependant de soi que des lumières suffisamment approfondies feront disparaître cette opposition et que l'histoire universelle, en embrassant toute l'activité humaine, embrassera par là même toutes les *disciplines de l'esprit* que connaît le genre humain.

Du reste, ce n'est naturellement pas ici qu'on apprendra quelle forme prendra dans le Nord une telle institution, la seule Université véritable, qui constituera une république érudite où tous rivaliseront pour obtenir des lumières universelles, et de quelle manière vivante elle travaillera à réaliser son grand dessein : l'explication de la vie humaine. En effet, il en va de la vie *culturelle* comme de toute autre vie, elle doit toujours être en avant d'un pas sur son histoire; aussi, avec toute la meilleure volonté du monde, je ne puis raconter à mes lecteurs de quelle manière, aussi bien dans la *Højskole humaniste*[1] que dans la *Højskole nationale*, on pourra et on voudra travailler à éclairer la vie afin de la rendre plus heureuse et plus utile. On dira, je le sais bien, que je tente ainsi de dissimuler ce que je reconnais au contraire ouvertement; je rappelle seulement au lecteur que je suis tout à fait innocent de mon ignorance des choses à venir et, pour ce qui est des prophéties, lorsque, poète, je m'y suis essayé, j'ai rencontré une incrédulité si manifeste que, en ce qui concerne mes projets pédagogiques, je me garderai bien de céder à la tentation. Donc, si je me risque tout de même à avancer quelque chose qui pourrait ressembler à un « pronostic », je devrai par prudence me contenter de prédire ce qui ne pourra manquer de se produire lorsqu'on tentera d'examiner d'une manière vivante, et en vue de servir la vie, le cycle entier des connaissances humaines; et ce pronostic,

1. C'est ici la seule fois où Grundtvig qualifie l'Université nordique de Haute École « humaniste ».

c'est que, dans « l'Université nordique », on n'oubliera et ne négligera nullement les « langues mortes », mais qu'on leur accordera au contraire toute l'attention que mérite la vie qui s'y est manifestée ; on étudiera donc « le latin » non seulement en raison des connaissances qu'on peut puiser dans les livres latins, mais encore pour examiner la langue des Romains quant à la carrière de ce peuple, en même temps que pour la comparer à toutes les autres langues connues, sans toutefois faire du plaisir « *de couper les cheveux en quatre* » le fondement et le sommet de toute érudition, car ce plaisir sera abandonné presque exclusivement aux « *examinateurs des langues* »[1], qui seuls sont capables de s'y livrer avec modération et profit.

Mais je ne veux pas cacher qu'à mon avis, dans la *Højskole destinée à l'érudition*[2], il est très probable que l'intérêt se portera bien davantage sur les « langues vivantes » et en particulier sur celles du Nord, et qu'on étudiera celles-ci avec bien plus de zèle que les langues mortes : en effet, cette supposition résulte directement de mon profond espoir que l'Université nordique deviendra *l'atelier* d'une philosophie vivante ; car celle-ci préfèrera toujours ce qui est vivant à ce qui est mort et tentera d'expliquer la mort par la vie ; cela est aussi nécessaire que, lorsqu'on choisit le chemin contraire – préférer ce qui est mort à ce qui est vivant et expliquer la vie par la mort – on aboutit nécessairement à ce malentendu fondamental sur la vie et à l'horrible tyrannie de la mort qui pèse sur tous les êtres vivants.

On voit donc quel est à mes yeux l'instrument propre à faire naître et la vraie *culture* et l'Union *culturelle* du Nord ; en ce qui concerne la remarquable utilité d'une Université nordique commune aux trois pays pour aboutir à cette Union, il n'est guère possible d'avoir deux opinions là-dessus, encore qu'il puisse y avoir sans doute beaucoup d'opinions, et des opinions fort différentes, quant à la capacité des peuples du Nord à considérer la *culture* d'un point de vue supérieur et à la servir avec un profit bien plus grand pour la vie humaine qu'on n'en a constaté jusqu'à présent. En effet, il ne s'agit pas de savoir si une Université commune pourrait unir sur le plan *culturel* des peuples qui seraient essentiellement différents de nature, ou si l'on pourrait créer avec profit cette Université alors que ces peuples s'ignoreraient l'un l'autre et se voudraient du mal, il s'agit de savoir si de tels rapports vivants ne constitueront pas le moyen le plus efficace pour déraciner des préjugés sans fondement et pour favoriser la collaboration amicale entre des peuples voisins qui appartiennent à la même grande famille et sont du reste déjà parvenus à comprendre la situation, qui

1. Il s'agit des philologues.

2. Ici la haute école, qualifiée plus haut d'« humaniste », est présentée de surcroît comme « érudite », ce qui est rare chez Grundtvig.

ont ressenti le désir de resserrer leurs liens réciproques et désapprouvent, tout en reconnaissant la nécessité de l'indépendance politique, les égoïsmes qui font obstacle à ce rapprochement. Et, sans la moindre hésitation, on peut répondre affirmativement à cette question, car cette Université aura nécessairement pour résultat d'accroître la collaboration littéraire, la connaissance intime des idiomes nationaux et, d'une façon générale, tout ce qui peut réconcilier et unir les peuples sur le plan de la *culture* ; si donc il était possible, tout en laissant intactes les langues écrites particulières, de se mettre d'accord pour créer une langue écrite commune qui pourrait servir dans le monde savant, à eux seuls de tels échanges viendraient appuyer mon point de vue et faciliter considérablement l'entreprise.

Si l'on appelle ce projet concernant l'*Union culturelle du Nord* un rêve qui ne pourra jamais se réaliser, ou du moins pas avant un siècle, je dois en tout cas me consoler en me disant que, aussi longtemps qu'il est vraiment impossible de créer quelque chose de grand et de bon, on ne peut rien faire de mieux que de rêver de temps meilleurs ; mais si l'on estime que le projet tel qu'il est ne peut être réalisé sans de longs préparatifs préalables, alors on se trompe étrangement ; car il suffirait de cinq années pour qu'une Université nordique pût entrer en fonction et, comme toute activité vivante est soutenue par la puissance de la vie, il est probable que plus tôt on la commencerait, mieux l'œuvre réussirait. Je n'ai nullement oublié, au contraire je dois y insister de nouveau, que fonder une Université nordique commune serait une folie aussi longtemps que les trois royaumes du Nord ne possèdent pas chacun sa *Højskole nationale* et n'ont pas établi, en dehors de l'université, des liens entre la formation de leurs fonctionnaires et cette institution ; mais la *Højskole nationale* pourrait commencer à fonctionner avant que ne s'achève l'année en cours, et la suppression des collèges latins permettrait aisément, d'ici quelques années, de créer à l'intention des fonctionnaires des *pépinières* capables de donner une formation bien plus adéquate et utile que même la meilleure des universités françaises d'avant la Révolution.

Une Université nordique, centre spirituel vivant pour la vieille triade des peuples du Nord, création gigantesque de l'esprit qui fera progresser la *culture* à pas de géant et lui garantira une fécondité incalculable, n'est assurément pas une charlatanerie conçue par un esprit rêveur, mais l'esprit de l'histoire universelle l'appelle à la vie pour qu'elle serve la *culture* et comble de bonheur les *peuples*, et il nous est impossible de nous soustraire à cet appel sans trahir nos *ancêtres-combattants*, qui étaient doués de *dispositions profondes pour la poésie et l'histoire* et des forces correspondantes, forces que, depuis des temps immémoriaux, alliés aux *Ases*, ils offraient pour défendre le *Pont suspendu* et Valhalla contre Loki et tous les Géants des glaces[1]. En effet, ce combat du *Ragnarok* au son du *Gjallarhorn*[2] est dans le Nord le symbole naturel de la lutte *culturelle* à laquelle « la vie et l'esprit » nous engagent afin de combattre, par le moyen du verbe vivant, le savoir mort et la vile *suffisance* qui, par le pouvoir maléfique de la plume, ont conquis le monde.

Me demandera-t-on comment dans cette Université, forte d'environ trois cents hommes qui, presque sans exception, seraient des professeurs, on passerait quotidiennement son temps, puisque ces professeurs n'auraient à s'occuper ni de certificats ni d'examens, ni à faire des cours qui y préparent et que si tous, du matin au soir, écrivaient des livres, il serait impossible de les faire imprimer, acheter et lire; alors, voyez-vous, une telle question suffirait à me prouver qu'on est absolument incapable de concevoir une « vie » *culturelle* qui mérite vraiment ce nom; mais de nos jours cette incapacité est si naturelle que je ne sais comment j'ai pu y remédier pour moi personnellement et, loin de faire le difficile, je dois donc tenter, même en recourant au paradoxe, d'y remédier si possible chez les autres. Or le plus grand paradoxe, c'est assurément de vouloir, par le moyen de lettres mortes, donner au lecteur une idée vivante qui lui fait défaut; aussi, avant que, dans mon désespoir, je m'y efforce à nouveau, je dois sérieusement tenter de faire comprendre au lecteur que, si j'échoue une fois de plus, et cela ne peut manquer d'arriver, cet échec ne prouvera rien contre la vérité et la magnificence de la vie, il prouvera seulement qu'il y a entre la parole et l'écriture la même différence qu'entre la vie et la mort; il ne faudra donc imputer mon échec ni au lecteur ni à moi, mais aux lois naturelles que, même animé des meilleures intentions, on s'efforce vainement de changer.

Si toutefois le lecteur peut me faire le plaisir de se représenter deux à trois cents hommes dignes de ce nom, à la fleur de l'âge, donc au moins au-dessus de la trentaine, qui se soucient plus d'accroître chaque jour leur savoir et d'approfondir leur jugement que d'être fonctionnaires ou de se livrer à une occupation civile, et dont les dispositions et les ressources

1. Les *Ases* sont des dieux de la mythologie nordique. Le *Pont suspendu* relie *Asgaard* (la demeure des dieux) et *Midgaard* (la demeure des humains). Le *Valhalla* est le paradis où Odin accueille les guerriers morts. Loki est le dieu de la discorde. Les *Géants de glace* (*Rimthurser*) fabriquent les hivers glacés, le gel et la neige.

2. Grundtvig utilise fréquemment la mythologie nordique pour éclairer les concepts de sa philosophie de la culture – ici le *verbe vivant*. Il se réfère au *Gjallarhorn* (le cor de Gjallar) avec lequel le dieu Heimdal envoie un message pour réveiller tous les combattants d'Odin et les prévenir de l'imminence de *Ragnarok* (la fin prophétique du monde).

servent les appétits *culturels*, si donc le lecteur est en mesure de se représenter de tels hommes, alors il aura sans doute du plaisir à le faire et il n'exigera guère d'apprendre de moi de quelle manière de tels Olympiens passeront quotidiennement leur temps; en effet, pour ce qui est de telles choses, il est bien plus agréable de se livrer à ses propres conjectures et bien plus utile de travailler à réaliser ce qui peut porter rapidement des fruits, de sorte que *la vision précède les paroles et que la parole naisse de la vision*. Cependant, comme des circonstances exceptionnelles m'ont permis de vivre quelques années de ma jeunesse dans un de nos petits collèges[1] et que, à l'âge de réflexion, il m'a été donné de passer quelques semaines dans un des plus grands collèges que possède l'Angleterre[2], je me fais sans doute de la vie communautaire *culturelle*, telle qu'elle pourrait être et que, sous certaines conditions, elle serait effectivement, une idée plus vivante que la plupart d'entre nous; aussi je ne me refuse pas à en dire quelques mots.

Tout d'abord, je dois signaler que, dans une université qui, précisément, aura perdu toute ressemblance avec une usine, les visites qu'y feront des jeunes gens à l'esprit éveillé et avides de savoir occuperont un grand nombre de leurs aînés et seront un stimulant pour tout le monde; en effet, à l'époque de leur jeunesse florissante, les plus célèbres des universités allemandes elles-mêmes ont présenté un spectacle réjouissant, parce qu'elles n'étaient pas des machines à examens, mais des institutions *culturelles* libres où des *hommes âgés* doués d'excellentes qualités et pratiquant une cordialité courtoise devaient attirer et fasciner les *jeunes* dont ils dépendaient pour vivre. Telle était la situation, et cela bien que, à part la liberté, tout attrait spirituel manquât à ces institutions. Aussi là où, par surcroît, on aimerait la vie de l'esprit, on la comprendrait véritablement et on travaillerait à lui faire faire des progrès continus, là non seulement se presseraient les jeunes qui voudraient acquérir la citoyenneté dans l'État libre du savoir, mais encore ceux, nombreux, qui estimeraient ne pas pouvoir passer plus utilement le temps dont ils disposent entre la fin de leur formation professionnelle et le moment de leur entrée dans la vie civile qu'en recherchant la société des *esprits* les plus éveillés de leur époque et en s'initiant aux problèmes qui, alors, les préoccupent particulièrement.

1. De 1808 à 1810, Grundtvig vécut au collège Valkendorf, à Copenhague, ancien couvent de carmélites transformé en internat pour étudiants par Christian Valkendorf en 1588.

2. Grundtvig séjourna quinze jours à Cambridge en 1831, presque exclusivement au Trinity College.

Supposons encore le collège latin supprimé, supposons que tous les jeunes gens, dans la mesure du possible, soient élevés chez eux, dans leur province et au contact de la libre nature telle qu'elle sort des mains de Dieu, qu'ils aient des rapports vivants avec le peuple et qu'ils soient formés à exercer l'un ou l'autre des métiers qui sont utiles dans la vie quotidienne, si bien que même ceux qui, depuis leur tendre jeunesse, étaient le mieux faits pour les exercices de l'esprit auraient appris à se servir de leurs mains et que peu de gens, ou même personne, ne se mettraient en tête de se rendre à la *Højskole destinée à la culture universelle* s'ils ne s'étaient d'abord distingués dans la *Højskole nationale :* alors nous comprendrons aisément que les professeurs (pour simplifier, nous les appellerons les habitants de la *Højskole*), estimeraient que, même du point de vue de l'esprit, la visite de ces jeunes gens se solderait par autant de crédit que de débit. En effet, ce qui rend le séjour dans une de nos universités si ennuyeux pour les jeunes qu'ils préfèreraient s'en abstenir, ce n'est nullement la contrainte seule, car celle-ci existe à un degré éminent dans les universités anglaises que, d'ordinaire, la jeunesse aime cependant fréquenter, mais c'est surtout la léthargie qui résulte nécessairement de notre système pédagogique si monotone et abrutissant, et dont le seul objet est de faire passer un examen, qu'on passe avec d'autant plus de facilité, et qu'il est d'autant plus aisé de noter, que la préparation a été plus mécanique et plus uniforme ; et ce qui rend la carrière universitaire si ennuyeuse pour les jeunes, bien entendu, la rend abrutissante pour ceux des professeurs que la vie n'a pas encore complètement abandonnés, car des machines mnémotechniques ont toujours été repoussantes pour l'esprit et si, par-dessus le marché, elles se sont usées sur un même et unique sujet, elles sont absolument intolérables.

La formation universitaire a sans doute été partout inadaptée et erronée, cependant la léthargie et l'ennui ont assurément été moindres dans la mesure où la liberté pouvait s'épanouir, comme en Angleterre et en Allemagne. En effet, dans ces deux pays, où l'on acceptait les étudiants tels qu'ils étaient – mais en Angleterre on se souciait de les éduquer, tandis qu'en Allemagne on abandonnait leur formation au hasard – la vie était relativement joyeuse. Chez nous, au contraire, elle se pétrifia de plus en plus à mesure que ce qu'on se plaisait à appeler la jeunesse estudiantine devenait de plus en plus « uniforme ». Aussi longtemps que les élèves isolés étaient nombreux et la Norvège unie au Danemark, que même les recteurs dans les collèges latins, s'ils avaient en eux une étincelle de vie, gardaient suffisamment de liberté pour faire servir l'école au bien des élèves, notre université était certes morte et ennuyeuse en comparaison des universités anglaises et des universités célèbres de l'Allemagne, où la nature pouvait s'épanouir plus librement et où la formation était plus variée que chez nous, cependant il y avait tout de même encore de la vie et de la gaîté par rapport aux époques postérieures : alors toute *supériorité intellectuelle* s'éteignit, et l'enseignement particulier, à la fois par manque de ressources et parce qu'on en méconnut totalement la valeur, se fit de plus en plus rare, si bien que tout devint aussi plat et monotone qu'un champ de choux dans l'Amager[1]. Dans cette université, grâce à une *mémoire de cheval*[2] ou une application de bête de somme, des têtes de chou, que l'esprit et la science doivent rejeter une fois pour toutes, puisqu'ils ne peuvent en tirer profit d'aucune façon, remportent en général les meilleures notes, tandis que les *têtes* vraiment claires et éveillées, *plantées sur des cous vivants*, ou désertent l'école, ou s'y détraquent, ou encore trouvent l'université si intolérablement morte et ennuyeuse qu'elles cherchent une compensation dans la vie et les plaisirs de la « capitale », plaisir qui cependant sont trop contraires à la nature humaine pour pouvoir compenser, soit du point de vue humain, soit du point de vue *culturel*, les insuffisances de l'université.

Ces considérations, je m'en rends parfaitement compte, ne sont nullement divertissantes, mais je n'ai pas trouvé de meilleur moyen pour faire comprendre sur quoi je fonde ma certitude qu'une *Højskole* nordique, libre et ouverte à tous, ne faisant pas subir d'examens et ne préparant pas à des situations matérielles garanties – donc, dans le langage de l'esprit, une capitale sans barrière – mais n'ayant pas non plus d'attrait pour ceux qui manquent d'esprit, offrira un séjour particulièrement agréable aux *vieux* comme aux *jeunes*, et cela non seulement aux têtes bien garnies d'esprit et de connaissances, mais encore à toutes celles qu'on appelle à juste titre éveillées et claires. Aussi me suffit-il de penser, soit, en me reportant de trente ans en arrière, au collège de Valkendorf, soit, en me reportant de sept ans en arrière, au *Trinity College*, pour me faire une idée vivante du Banquet incomparable qui se tiendra journellement dans la *Højskole* nordique libre : ni les *vieux* ni les *jeunes* n'y auront l'esprit étroit ou ne seront divisés en coteries ; au contraire, tout ce qui parlera intensément à l'esprit et le stimulera pourra s'épanouir librement grâce à de constants échanges joyeux, cours et discussions ne seront pas mêlés, comme ce fut le

1. L'île d'Amager, aujourd'hui incluse dans l'agglomération de Copenhague, était une zone de culture des primeurs.

2. Dans le langage de Grundtvig, la « mémoire de cheval » se trouve souvent associée à un « entendement de chien » ; cette expression qualifie, selon lui, les matérialistes, qu'il place sur le même plan que les animaux et qu'il compare le plus souvent aux Géants de la mythologie, en raison de leur négation de la vie de l'esprit.

cas jusqu'ici, mais seront remplacés par des colloques *culturels* bien organisés, en partie entre les *vieux* et les *jeunes*, et en partie entre les *vieux* seulement devant ceux qui auront envie de les écouter. Si l'on parvient à se représenter quelle forme prendra la vie *culturelle* quotidienne dans la *Højskole* nordique, à plus forte raison on devinera avec quel éclat on y fêtera l'ascension subite d'une nouvelle étoile de premier rang, ou l'arrivée d'hôtes de marque, des amis rentrés de pays étrangers, ou des fonctionnaires actifs, versés dans les affaires du monde, qui viendront y chercher du réconfort et dont la présence agitera de fond en comble la capitale de l'esprit.

Si terne que soit cette description, elle paraîtra sans doute tout à fait poétique et chimérique à ceux qui ne connaissent pas d'autre milieu *culturel* que notre université telle qu'elle est actuellement; car seuls ceux d'entre nous qui ont participé à cette vie *culturelle* nouvelle, et d'ailleurs dans les conditions les plus défavorables, savent que ce siècle même en a vu briller une lueur; pour ma part, j'en aperçus le début lorsque Henrik Steffens[1] tomba parmi nous comme l'éclair, et j'en vis le déclin lorsque, de 1808 à 1810, alors que j'habitais au collège de Valkendorf en compagnie d'hommes comme Sibbern[2] et Hersleb[3], j'eus accès aux milieux qui s'étaient formés autour des frères Ørsted[4], du vieux Treschow[5] et de Sverdrup[6]. Cette vision de la *Højskole* du Nord, je la dois, à n'en pas douter, à ma formation *culturelle*, de même que ce fut seulement mon séjour à *Trinity College* qui m'apprit à la comprendre et qui me montra ce que peut être et ce que sera une telle camaraderie (*fellowship*) lorsque

1. Henrik Steffens (1773-1845), cousin de Grundtvig, était un écrivain romantique allemand d'origine norvégienne. Il donna au collège d'Ehlers à Copenhague, en 1802 et 1803 des conférences qui eurent un grand retentissement et dynamisèrent le romantisme au Danemark. Grundtvig y assista, et y découvrit surtout la force de l'oralité, de cette parole enthousiaste « qui domine comme un roi parmi ses ennemis », ce qui deviendra le pivot de sa pensée et de son action personnelles.

2. Frederik Christian Sibbern (1785-1872) était un philosophe romantique danois.

3. Le Norvégien Svend Borchmann Hersleb (1784-1836) enseignait la théologie à l'université de Christiania, après avoir bien connu Grundtvig lors de ses études à l'université de Copenhague.

4. Anders Sandøe Ørsted (1778-1860), juriste et homme d'État, fut premier ministre du gouvernement danois de 1853 à 1854. Son frère Hans Christian Ørsted (1777-1851) était physicien et chimiste. On lui doit la découverte de l'électromagnétisme.

5. Niels Treschow (1751-1833), philosophe rationaliste norvégien, fut plusieurs fois ministre de l'éducation et des cultes dans le gouvernement norvégien.

6. Le Norvégien Georg Sverdrup (1770-1850) fut professeur de grec à l'université de Copenhague, avant de rejoindre la nouvelle université de Christiania. Il fut aussi l'un des présidents de l'Assemblée constituante norvégienne en 1814.

l'esprit de la vraie *culture* l'animera, lorsque le regard s'ouvrira sur toute la nature humaine, sur ses grandes lois naturelles, ses tendances et sa fin; et si je veux la contre-épreuve, je n'ai qu'à jeter un regard en arrière sur la *culture* la plus vivante qui se soit jamais épanouie, la *culture* athénienne, pour y trouver toutes les conditions que j'exige pour la *Højskole* du Nord. Une fois ces conditions réalisées, aucune des prévisions que je formule ne peut être trop favorable ni pour moi ni pour le Nord, s'il est vrai que non seulement la nature physique dans le Nord a fait preuve de *forces gigantesques*, mais encore que *l'Esprit du Nord* dispose toujours de ces forces et que l'époque propice aux lumières universelles, que les Grecs ont vainement tenté d'anticiper, vient d'éclater chez nous et nous surprend avant que nous nous en soyons rendu compte.

Sans doute est-il inutile de se demander ce que seront les livres qui verront le jour sous l'influence de tels échanges vivants; en effet, ils dépasseront naturellement de loin nos meilleurs livres; mais je suis cependant obligé de le mentionner, car lorsque j'affirme que la bouche est un porte-parole bien meilleur que la plume, on pense toujours que j'ai abandonné le livre et déposé la plume; et cependant c'est de la plume que je me sers pour montrer la voie et aucun faiseur de livres moins que moi, pauvre misérable, ne peut être soupçonné de vouloir jeter le discrédit sur les livres, moi qui, toute ma vie, du point de vue culturel, n'ai été rien d'autre qu'un faiseur de livres.

Il me faut enfin dire encore quelques mots sur les rapports que les pasteurs entretiendront avec la *Højskole* nordique; car il est bien évident que pour ceux dont on exige avant tout que leur éloquence soit proche du peuple et s'exprime dans la langue maternelle, l'*érudition* et les langues mortes ne peuvent occuper la première place; mais il est cependant inévitable que plus les têtes les mieux douées du clergé sont actives dans leur ministère, plus elles éprouvent le désir et le besoin à la fois de lire dans leur langue originale le Livre incomparable[1] et de confronter la révélation aux résultats obtenus non pas par la libre pensée, mais par la pensée libre. Donc, même si la *Højskole nationale* doit constituer en tout premier lieu le centre *culturel* le plus proche des pasteurs, ceux-ci n'en formeront pas moins les lecteurs proprement dits de la *Højskole destinée à la culture universelle*, et ils entretiendront avec elle des rapports vivants, non seulement par les visites qu'un grand nombre d'entre eux, aussi bien jeunes que vieux, y feront, mais aussi par les échanges qui se produiront pour le plus grand

1. C'est-à-dire de lire la Bible en hébreu pour l'*Ancien Testament* et en grec pour le *Nouveau Testament*.

profit des deux parties : tantôt un savant, arrivé à l'âge mûr, éprouvera le désir d'exercer la fonction de pasteur, plus active et plus efficace, et tantôt un pasteur, sur le seuil de la vieillesse, voudra acquérir dans la société des savants une plus claire conscience de la vie afin de rendre compte ensuite de son expérience profitable et pour l'école et pour les générations à venir.

Encore quelques lignes cependant, non qu'il me reste quelque chose à dire, alors qu'on jugera sans doute le tout superflu, mais il est si désespérant pour un littérateur de ne disposer pour barre d'appui que de cette allumette qu'est la plume, pour élever, ne serait-ce que de l'épaisseur d'un cheveu, la manière de considérer la vie humaine; en effet, comme Sisyphe au royaume des morts, on a constamment le crève-cœur de voir la pierre qu'on a péniblement poussée vers le sommet redescendre au moindre souffle d'une bouche écervelée, si bien que, ou l'on désespère, ce qui n'avance à rien, ou l'on pousse de nouveau la pierre patiemment vers le haut, dans l'espoir que, peut-être, le vent changera de direction et l'arrêtera; cet espoir est bien déraisonnable, il est vrai, mais c'est tout de même un espoir, et aussi longtemps qu'il y a de l'espoir, il y a de la vie, et aussi longtemps qu'il y a encore de la vie, on ne sait jamais au fond ce qui pourrait peut-être en résulter. Cependant, comme il est trop ennuyeux de se comporter toujours de la même façon, ce que font seuls les revenants et jamais les peuples vivants, pour une fois je voudrais avancer en sens contraire et voir si je ne pourrais pas monter la pierre par l'autre versant, plus égal que le premier, jusqu'à Heimdal[1] sur le *Himmelbjerget*, pour le cas où peut-être il voudrait s'asseoir dessus; car si elle descendait tout de même, il descendrait peut-être avec, et ce serait en tout cas du nouveau qui amènerait du changement, donc un bien relatif, quand le présent, notamment nos universités d'aujourd'hui, est intolérable.

Je commence donc par ma thèse bien connue, à savoir que la différence entre ce qui est « *scientifique* » et ce qui est « *populaire* » ne signifie nullement, comme on le prétend, que du côté historique se trouve le latin *savant* et du côté *populaire* le simple danois ou toute autre langue vivante, du côté physique l'algèbre *savante* et du côté *populaire* la règle de trois; gageons plutôt que la différence consiste en ceci que la *culture universelle* a pour objet toute la vie du genre humain et se propose de la faire comprendre et de l'éclairer, tandis que la *culture populaire ou nationale* a pour seul objet l'existence présente et vise à la rendre utile et efficace, cependant que l'une et l'autre, pour être dignes d'hommes vivants et pour

1. Dans la mythologie nordique, Heimdal est le dieu qui garde l'entrée du domaine des dieux Ases (l'*Asgard*). Il vit dans la « Montagne du ciel » (*Himinbjorg*, ou pour Grundtvig et en danois, *Himmelbjerget*).

leur être utiles, doivent tout envisager par rapport à la vie et s'efforcer de se mettre à son service. Donc, tandis que la *culture universelle*, aussi bien dans sa *Højskole* que dans toute son activité, s'efforce d'embrasser, d'éclairer et d'expliquer la vie humaine dans toute sa multiple diversité, en revanche la *culture populaire*, aussi bien dans sa *Højskole* que dans toute son activité, s'efforce de fortifier, de développer et de guider la vie populaire dans la direction qui, au point de vue civique, répond à ce moment précis à ses véritables besoins et à son intérêt. Et cette séparation qui, loin d'exclure, postule justement et exige des échanges vivants, mais proscrit la folie qui consiste à sacrifier la vie aux connaissances livresques, la langue maternelle aux langues mortes et le peuple aux maîtres d'école, cette séparation, je l'affirme, est particulière au Nord, n'existe nulle part en-dehors du Nord, et même a été annoncée ici et préparée depuis les temps immémoriaux; elle doit donc nécessairement, lorsqu'elle entrera en vigueur chez nous, non seulement permettre de faire sur le plan de la *culture* des pas de géant, mais encore faire progresser sensiblement et défendre avec force dans le Nord la liberté, la paix et le bonheur des peuples.

Mais cette séparation, je l'affirme, ne pourra se réaliser vraiment que lorsque le peuple danois, le peuple suédois et le peuple norvégien auront chacun sa *Højskole nationale*, exclusivement destinée à la langue maternelle et à la patrie avec toutes ses particularités physiques et historiques, et lorsque, en revanche, ils s'uniront pour fonder une *Højskole commune destinée à la culture*. En effet, dans le Nord, il n'existe qu'un seul Esprit[1] et les forces susceptibles d'être distraites de l'activité quotidienne sur le plan spirituel et matériel ne permettent de créer qu'une seule *École principale* qui, disposant de ressources naturelles et historiques suffisantes, pourra faire valoir dans tous les domaines la manière nordique de considérer la vie humaine. J'affirme enfin que, ce faisant, le Nord obtiendra juste autant d'unité qu'il est souhaitable d'en avoir, à savoir juste autant que, pour le profit de la liberté et de l'indépendance politiques, on peut en obtenir en concentrant les forces les plus élevées de l'esprit, tout en respectant la diversité infinie des dons et des connaissances, si bien qu'il en résultera une fermentation gigantesque et une collaboration vivante au profit des lumières sur toute l'exigence humaine et, en tout premier lieu, sur la situation du Nord.

1. C'est « l'Esprit du Nord » ou « les Lumières du Nord » dont parle Grundtvig dans différentes parties de son œuvre.

Que ceci ne soit pas un château en Espagne, la réalité le prouve incontestablement, à l'aide d'arguments qui doivent être le fondement de ces écoles, en même temps qu'ils doivent à la fois les opposer et les unir; en effet, l'unité spirituelle du Nord se manifeste dans les langues avec la même évidence qu'un millénaire d'histoire manifeste sa triple diversité politique, et l'art, qui ne peut rien faire d'utile en s'opposant à la nature, allié à elle, créera toujours, l'expérience le prouve, une œuvre gigantesque qui correspondra exactement aux forces qui devront être utilisées et à la clarté qu'elle fera rayonner. Aussi l'art de l'éveil et des lumières ne réclame-t-il au *foyer des combattants* qu'un centre où tous les efforts puissent converger pour accomplir des miracles aussi bienfaisants et utiles qu'étonnants. Il importe donc peu de savoir si cette *pensée-lumière* est née dans nos cerveaux ou sous nos pieds dans l'enfer de la Chine[1], mais m'imputer de l'avoir conçue moi-même ne peut s'expliquer que par trop de modestie de la part de ce cœur sous lequel j'ai été créé, des seins que j'ai tétés et du Nord pour lequel j'ai brûlé d'enthousiasme; cependant cela prouve justement que cette pensée est au moins aussi profondément enracinée dans le Nord que je le suis moi-même, moi dont l'arbre généalogique, puisque je suis un *Hjemfödning*[2], peut hardiment soutenir la comparaison avec les arbres généalogiques les plus distingués du Nord[3]. Et s'il nous est impossible de découvrir, soit dans les ténèbres de notre Moyen Âge, soit dans notre antiquité la plus reculée, l'expression claire et précise de cette *pensée-lumière*, je peux cependant, d'une part en déceler une lueur à travers le voile des mythes, et d'autre part la faire voir, mais seulement à moitié sortie de son enveloppe, dans une réalisation gigantesque.

C'est par là que je vais commencer, d'abord parce que c'est le plus facile et que cela nous touche de plus près, et ensuite parce que la démonstration est toute faite: en effet, la *Højskole nordique* du Moyen Âge que constitue l'Islande, qui est unique dans l'univers entier, a si bien chanté sa propre gloire et s'est si bien décrite elle-même qu'il est impossible au Nord de douter, ou d'arriver un jour à douter, de son existence et de son activité gigantesque qui s'est exercée pendant au moins deux siècles. Cette *colonie historico-poétique*[4] qui appartient en commun aux *trois* royaumes du

1. Expression populaire courante au Danemark.

2. Un *Hjemfödning* est un autochtone, une personne née dans le pays. Le mot est composé de *hjem* qui signifie la maison, le foyer et de *föde* qui signifie enfanter.

3. Du côté de sa mère (née Bang), Grundtvig était persuadé que son ascendance remontait jusqu'à l'époque médiévale des rois Valdemar, par la lignée célèbre de la noble famille Hvide.

4. Grundtvig évoque la vitalité créative des sagas et des mythes islandais, dans le cadre de l'histoire poétique du Nord.

Nord, qui a constamment entretenu des échanges vivants avec eux, sans porter atteinte à leur liberté politique, manifeste, par le témoignage de l'histoire elle-même, à la fois l'unité spirituelle du Nord et la tendance qui a poussé les *forces de lumière* les plus élevées à se dissocier en vue de former un petit État libre, où elles pussent s'épanouir à leur gré et de là rayonner avec une puissance accrue sur le Nord tout entier. Et même si cette aventure incomparable du Moyen Âge avait échoué, l'idée qui en était le fondement ne serait pas pour autant moins nordique et moins digne d'être réalisée avec circonspection à l'époque qui est propice au savoir. Mais la chance a voulu que cette aventure nordique ait réussi au-delà de toute attente, si bien qu'en son temps l'Islande fut véritablement un *miracle culturel* et, de Harald à la dent bleue à Valdemar le Victorieux, de Hakon Adelsteen à Hakon le Vieux[1], ses scaldes et ses aèdes ont constitué un pis-aller inestimable qui, malgré tous ses défauts et ses infirmités, a permis à l'*Esprit du Nord* de survivre. Cependant il conviendrait aussi peu de recommander de nos jours l'Islande comme *Højskole destinée à la culture universelle* que de proposer en modèle pour la *Højskole nationale* les scaldes qui peuplaient les cours royales nordiques, mais la *pensée-lumière* qui affirme que l'Islande et les scaldes, pour ce qui est de leur fonction respective, ont de la valeur, est au moins aussi ancienne et aussi nordique que l'Islande.

Et maintenant, je ne dis pas seulement: elle doit nécessairement être bien plus ancienne encore, puisque ce ne fut ni un esprit prophétique ni des connaissances scientifiques mais un sentiment obscur, spontané, qui poussa ces fortes *natures-lumières* à quitter les trois royaumes nordiques et qui commanda à l'influence qu'elles devaient exercer par la suite; aussi, puisque nous avons les rêves prophétiques, c'est-à-dire les mythes, qui sont nés à l'aube des peuples du Nord, c'est là que nous devons trouver la trace originaire de la grande *pensée-lumière*; mais j'affirme encore que cette pensée elle-même doit se trouver dans ce qui nous reste de ces mythes bien que, de toute évidence, seuls des fragments, telle une épave, aient échoué en Islande et y aient été conservés.

En effet, dans le Nord, aussi bien qu'en Grèce, nous avons deux catégories de dieux, autrement dit des dieux de premier et de second rang, quoique je n'entende pas cette répartition dans le sens habituel, mais telle qu'on doit la concevoir si vraiment les mythes d'un peuple ne constituent

1. Harald à la dent bleue (env. 910-986) régna plusieurs années sur le Danemark. Valdemar II « le Victorieux » (1170-1241) régna sur le Danemark de 1202 à sa mort. Hakon Ier Adelsten « le Bon » fut roi de Norvège de 935 à 960 environ. Il fut élevé en Angleterre chez le roi Adelsteen. Hakon IV « le vieux » (1204-1263) régna sur la Norvège de 1217 à sa mort.

rien de moins qu'un langage symbolique exprimant les idées que ce peuple se fait du « monde de l'esprit » et qui lui sont naturelles ; car les peuples avaient alors nécessairement des dieux du matin et des dieux du soir, en ce sens que les premiers-nés exprimaient les conceptions fondamentales et les dispositions les plus caractéristiques du peuple, autrement dit leurs rapports naturels avec le monde de l'esprit, et les derniers-nés les impressions dues à l'expérience et les conceptions historiques qui en résultaient.

Parmi les derniers-nés à *Asgaard* et à *Vaenhjem*[1], personne ne me paraît plus remarquable que le nouveau couple constitué par Brage avec sa harpe et Idunna avec ses pommes[2] ; car, à n'en pas douter et pour m'exprimer poétiquement, ils représentent évidemment un jeune adepte de la musique et sa charmante et joyeuse épouse, qui raniment la vieille maison des poètes où Odin et Frigga[3] ont grisonné et sont tombés en décrépitude ; et de toute évidence c'est bien ce réveil *historico-poétique* de l'âge d'or que, partout, l'art dramatique se plaît à réaliser tandis que la *Højskole* nationale y verra sa tâche la plus impérieuse.

Cependant un autre dernier-né, fils « des neuf »[4], me paraît également remarquable et présage à mes yeux une *Højskole destinée à la culture universelle* bien meilleure que ne fut l'Islande ; car Heimdal, le diviseur des terres, le grand arpenteur (mathématicien et géographe), avait construit sa demeure le plus haut possible sur le *Himmelbjerget* et il avait la vue si longue (*poétique*) qu'il voyait jusqu'à cent milles au loin, et l'oreille si fine (*historique*) qu'il entendait l'herbe pousser, et en même temps, grâce à son *Gjallarhorn*, son porte-voix (la rhétorique), sa voix portait si loin qu'on l'entendait à cent milles de distance. S'il est vrai que, pour évoquer une intelligence dont beaucoup ont rêvé mais qui ne s'est encore trouvée chez personne, une expression bien nordique dit que celui qui la possède peut « entendre l'herbe pousser » et s'il est certain que le glaive de Heimdal fut appelé « Tête d'homme », il est également certain que ce dernier-né fut le successeur du très vieux Mimer[5] et représente par rapport à lui à peu près ce que sont l'expérience de tout le genre humain et la science historique qui en

1. *Asgaard* est le séjour des dieux *Ases*, tandis que *Vaenhjem* est le monde des dieux *Vanes* (ou *Vanir*), dans la mythologie nordique.

2. Brage est le dieu de la poésie. Il est l'époux d'Idunna, la gardienne des pommes de jouvence. Voir *supra* n. 2 p. 162.

3. Frigga est l'épouse d'Odin, le principal dieu de la mythologie nordique.

4. Le dieu Heimdal est le fils de neuf vagues, elles-mêmes filles du dieu Aegir.

5. Mimer est considéré comme le dieu de la sagesse. Afin de devenir lui-même sage, Odin dut lui donner un de ses yeux.

résulte, comparées à l'expérience de chaque individu et de chaque peuple et à l'intelligence pratique et politique qui en découle. Donc, tandis que Mimer n'est qu'un vieillard à la barbe grise qui habite une cabane à côté de la fontaine du savoir et, tel un grippe-sou, en vend à prix d'or un verre d'eau à Odin, par contre Heimdal est un *combattant* qui est peut-être sorti du flanc de sa mère avec des cheveux gris, puisqu'il a des « dents en or », mais c'est cependant un chef bien-né et noble qui réside dans le *Brattingsborg*[1] sur le *Himmelbjerg*, qui garde la frontière du pays des dieux (le monde de l'esprit), qui le défend avec son bon glaive « Tête », de même qu'il défend le *Pont suspendu* (le langage symbolique) contre les *Géants des glaces* (les matérialistes) avec leur *entendement de chien* et *leur mémoire de cheval*[2], et qui encore, avant de tomber dans le dernier combat, abat le père de Midgaards-Orm[3], Loki le trameur de complots.

Voilà le mythe de Heimdal, tel qu'il existe incontestablement dans le Nord car, on peut le vérifier soi-même, je ne l'ai pas fabriqué; et maintenant le lecteur est libre de rire et de ce mythe, et de moi et de mon interprétation; car en général j'aime mieux que mes lecteurs rient plutôt que de les voir pleurer ou sommeiller doucement; mais, quoi qu'il en soit, j'affirme qu'il y a là une lueur, et une véritable lueur d'éclair, de la grande *pensée-lumière* qui me captive, et j'ajoute qu'il est bien évident que ce qui devait se développer jusqu'à devenir un jour dans le Nord une *conception universelle de la culture*, non seulement devait se manifester au Moyen Âge sous la forme d'un sentiment puissant du même ordre et créer cet *endroit-lumière* que l'Islande est incontestablement, mais encore devait prendre naissance dès les temps anciens dans l'imagination enthousiaste[4] qui se représente un dernier-né divin, en qui la fontaine du savoir[5] prit la forme d'un héros de la sagesse au service d'Asgaard avec tous ses dieux et toutes ses déesses, au service de Valhalla avec tous ses *combattants* défunts.

Le mythe de Heimdal, tel un pressentiment qu'à l'époque de sa jeunesse ardente *l'Esprit combatif du Nord* avait conçu de sa vieillesse réfléchie, devait devenir la *clef-lumière* qui ouvre l'accès à tout le langage

1. Ce mot évoque un château-fort situé en haut d'une montagne abrupte.

2. Voir *supra* n. 2 p. 184.

3. Loki était le père de plusieurs monstres, dont le Serpent de Midgaard, également nommé Jörmungand.

4. Dans son « Manuel d'histoire universelle », Grundtvig définit l'époque moderne comme celle de la raison, le Moyen Âge comme celle du sentiment et l'Antiquité comme celle de l'imagination.

5. Il s'agit de la « source de Mimer », là même où Odin sacrifia un de ses yeux en échange de la sagesse.

symbolique du Nord puisque, nous le voyons clairement à présent, il explique que toute lumière et tout savoir sont fondamentalement erronés qui n'expliquent pas, mais rejettent toutes les idées sur le divin qui, dans le cours du temps, ont enthousiasmé et exalté les peuples les plus nobles, les plus forts et les plus actifs. Par contre, toute lumière et tout savoir véritable, tel Heimdal, doivent nécessairement se distinguer d'abord par la compréhension pour ce qu'il y a de *sublime* et de *profond* dans l'homme, et ensuite, par la volonté de défendre héroïquement ces deux aspects de la nature humaine sous toutes les formes qu'ils ont dû nécessairement prendre afin de pouvoir se manifester et produire des effets naturels à l'âge de l'imagination et à l'âge du sentiment, donc pendant la jeunesse et pendant l'âge adulte du genre humain. Et s'il était vrai que les peuples du Nord dans leur ensemble avaient perdu le désir de pratiquer un tel savoir divin, qu'ils ont pressenti depuis leur enfance et qui a fait appel à eux, assurément ce ne serait pas la honte mais la tristesse seulement que, d'accord avec nos ancêtres, je trouverais pénible à porter ; mais si l'on me dit qu'il se peut que le *désir* existe toujours, mais que les forces font défaut, alors je répondrai que ce n'est pas vrai, car si le *désir* ne trouvait pas des forces pour le seconder, alors l'expérience ne nous aurait jamais appris que c'est l'enthousiasme qui pousse l'œuvre en avant. Donc, debout ! *Descendants des vieux combattants*, mettez vos forces à l'épreuve ! Vous avez assez dormi, le « soleil s'est levé », le coq bat des ailes, comme dans l'ancien *Bjarkemaal*[1] du Nord ! Les temps ont changé et de même doivent changer les hommes et leurs exploits, mais l'Esprit, qui est immortel, est toujours le même.

1. Le *Bjarkemaal* (la *Chanson de Bjarke*) est un des premiers poèmes épiques en langue danoise, considéré comme une des sources de la littérature danoise.

LA FOI EST-ELLE VRAIMENT UNE MATIÈRE SCOLAIRE ?

PRÉSENTATION

Ce court texte, publié dans le numéro de janvier 1836 du périodique *Nordisk Kirketidende*, est une réponse au célèbre prédicateur Rasmus Sørensen, maître d'école à Venslev dans le sud de la Seeland, qui défendait l'idée que l'école était le lieu le plus important pour diffuser le message de la foi. Il faut rappeler, pour préciser le contexte, qu'avant de devenir un théoricien de l'éducation dans les années 1830, Grundtvig avait mené une carrière tumultueuse d'ecclésiastique. Il fut interdit de prêche et dût attendre l'accession au trône de Frederik VII pour devenir, à 55 ans, évêque honoraire et pasteur de l'institution de Vartov, au centre de Copenhague.

Grundtvig s'oppose frontalement à la position de Rasmus Sørensen. Il considère au contraire que l'école est par excellence le lieu où la foi ne doit pas être transmise. Il n'est pas question dans ce texte d'une volonté séculière pour des raisons contraires à la foi. Il est bien au contraire question d'une volonté de séparer l'école de la foi pour ne pas mettre un peu plus en péril la religion elle-même.

En effet, prenant acte que l'école ne correspond pas à ses attentes et que les maîtres majoritairement partagent plus une suspicion qu'une adhésion en matière religieuse, il en conclut que ce n'est pas dans l'espace de l'incrédulité que doit se répandre la croyance. L'apprentissage systématique du catéchisme dans les pays protestants, et la promotion de l'instruction religieuse comme matière scolaire pendant plus de trois siècles, ont conduit à ses yeux à l'appauvrissement de la foi parmi les gens ordinaires, et au final au développement populaire de l'athéisme.

L'enseignement religieux a donc eu un effet insatisfaisant, car opposé à son but. Celui qui veut le bien de l'Église et de l'État ne peut donc laisser un pseudo catéchisme intellectualisant ou mécanique se répandre dans les manuels scolaires. S'il y a une réforme pédagogique à mener, c'est au contraire celle qui prendrait part à l'éveil spirituel et émotionnel du peuple, et qui ne briserait donc pas le lien entre l'esprit et le cœur.

Christophe MIQUEU

LA FOI EST-ELLE VRAIMENT UNE MATIÈRE SCOLAIRE ? (1836)

Cette question est beaucoup plus importante de nos jours que les rêves que font les gens de l'école de Venslev[1] à ce sujet, et ils n'ont pas à avoir honte, si seulement leurs rêves ne les amènent pas à se croire plus sages que nous, qui avons aussi tous une voix et qui, même si nous sommes plongés dans les livres, devrions avoir la possibilité d'examiner la chose d'aussi près que si nous faisions partie de l'école de Venslev. C'est une question extrêmement importante, dis-je, bien que cela ne soit vrai, évidemment, que pour celui qui a une foi chrétienne vivante, car celui qui n'a pas de foi du tout ne se soucie guère de la chose, et celui qui n'a qu'une foi morte, basée uniquement sur la connaissance, ne comprend pas qu'on puisse se poser la question de savoir si la foi, qui n'est pour lui qu'une matière scolaire, a vraiment sa place à l'école.

Qu'ils soient nombreux ou non, c'est donc aux chrétiens vivants, et pour eux, que je veux donner mon avis. Il ne s'agit en aucune manière d'une idée fugace, ou d'un calcul algébrique, mais d'un avis qui a jailli de la vie, auquel j'ai longuement réfléchi et qui a été confronté à l'expérience, et cet avis, c'est que la foi, Dieu soit loué, n'est pas du tout une matière scolaire, et que tout l'enseignement religieux dispensé dans les écoles, avec lequel nous avons tourmenté les enfants et nous-mêmes, a été une grande erreur, dont la confusion régnante[2] nous a fort heureusement contraints à prendre conscience. Je dis : Dieu soit loué que la foi ne soit pas du tout une matière scolaire, car si c'était le cas, il faudrait qualifier notre situation de désespérée, et ce serait une bien piètre consolation pour les

1. Village danois de l'île de Seeland où le maître d'école et prédicateur Rasmus Sørensen professait, en 1835, que la matière scolaire la plus importante était le « message de la Foi ».

2. C'est-à-dire la confusion entre les croyances orthodoxes et les croyances rationalistes dans les questions religieuses.

chrétiens danois qu'il y ait un maître d'école luthérien à Venslev, et ici ou là dans un coin perdu, si, face à lui, des vingtaines d'autres inculquaient la foi ou l'incrédulité aux enfants des chrétiens d'une façon qui aurait de quoi nous faire peur. C'est pourquoi, à une époque où la majorité des maîtres d'école n'a manifestement pas notre foi, et où la majorité des élèves est liée à l'école la plus proche, sans qu'il y ait le moindre espoir que les écoles redeviennent luthériennes, à une telle époque, je trouve que même les Luthériens les plus stricts devraient souhaiter que la foi n'ait que peu de choses ou même rien à voir avec l'école, et celui qui souhaite cela ne fermera pas non plus les yeux sur une vérité à l'égard de laquelle, dans d'autres circonstances, des préjugés tenaces nous inspireraient de la suspicion.

Si nous voulons avoir un avis fondé sur cette question, nous ne pouvons évidemment pas en rester à l'enseignement scolaire que nous avons nous-mêmes transmis aux cours de religion, car qui ne s'attend pas à récolter de bons fruits du travail pénible qu'il a fait lui-même, et qui ne se tortille pas comme un ver à l'idée que cela ne serait que peine perdue ! Non, si nous voulons être des juges impartiaux dans cette affaire, nous devons avant tout veiller à rester nous-mêmes en dehors du jeu, et si nous avons trop de mal à faire un trait sur nous-mêmes et notre modeste activité, qui sont beaucoup trop insignifiants pour entrer un tant soit peu en ligne de compte, il faut alors ignorer les deux, comme quelque chose qui n'est peut-être qu'une exception et ne doit pas du tout être élevé au rang de règle.

Si nous sommes arrivés au point de ne pas faire nous-mêmes obstacle à la lumière, et que nous demandons au contraire de façon impartiale quels fruits l'enseignement que donne l'école sur les questions de foi a portés d'une façon générale, nous ne serons pas tentés d'accorder trop de valeur à ceux d'entre eux qui sont bons, à moins de considérer que l'incrédulité en fait partie, car il est notoire que, dans l'Allemagne protestante comme chez nous, où l'enseignement religieux a été dispensé de façon scolaire pendant trois cents ans, la foi a été loin de s'affermir et de devenir plus vivante d'année en année. Elle est au contraire devenue de plus en plus morte et plus chancelante, de sorte que, pour finir, elle a, à l'école, d'une façon presque générale, cédé la place à l'incrédulité.

Ce fait important, irréfutable et triste pour tous les chrétiens pourrait sans doute s'expliquer par le fait que l'enseignement scolaire est mauvais, inapproprié ou faussé, si bien qu'on aurait des raisons de prétendre qu'un enseignement différent et meilleur pourrait produire des fruits opposés, mais, sans nier que cela soit possible, il faut aussitôt faire remarquer que le fait que ce soit tout simplement possible ne pèse pratiquement rien par rapport à l'expérience réelle de trois cents ans qui occupe l'autre plateau de la balance, si bien qu'il serait extrêmement injuste de la part des quelques chrétiens qui restent encore d'oser soumettre leurs enfants à une foi scolaire qui aurait trompé leurs pères d'une façon aussi sensible et affligeante.

Si nous disions que, comme l'expérience le témoigne, l'enseignement religieux tel qu'il se pratique à l'école, ou le dressage des enfants pour en faire des chrétiens, n'ont pas favorisé l'incrédulité et l'indifférence plus que la foi et la confiance, nous pourrions considérer cela comme une affaire quelque peu indifférente, mais nous trouverions tout de même injuste de gaspiller le temps des enfants et de solliciter leurs forces pour rien, et nous trouverions inconvenant d'utiliser ce que les hommes ont de plus sacré pour un exercice intellectuel mécanique. Mais il est dans la nature des choses que si l'on s'occupe d'une façon prolongée et sérieuse de questions concernant la foi, si cela ne l'affermit pas, cela la sape, et lorsque cela ne renforce pas la participation du cœur, cela l'affaiblit considérablement.

Supposons donc maintenant qu'on puisse imaginer et même pratiquer à l'école un enseignement religieux qui soit aussi vivant, fortifiant et revigorant que l'enseignement habituel a été mort, débilitant et amollissant. Il faudrait tout de même, avant de féliciter l'Église, que nous arrivions généralement à doter les écoles d'hommes qui pourraient et voudraient envisager et pratiquer l'enseignement de cette manière, et nous serions aussitôt obligés d'abandonner cet espoir, si nous comprenons nous-mêmes ce que nous disons, car il est évident que ce qui est utile à cet égard, ce n'est ni un nouveau séminaire de formation, ni une nouvelle méthode, ni rien de nouveau sous le soleil[1], ce sont uniquement des hommes nouveaux, mais ils ne sont pas faciles à trouver, et encore moins à créer. Pour que l'enseignement puisse devenir vivant, il faut en effet que le maître le soit lui-même, et pour qu'il puisse devenir fortifiant et revigorant, il faut qu'il soit fort dans l'Esprit et ferme dans la foi, et s'il est ridicule d'espérer avoir presque uniquement de tels hommes comme maîtres d'école, nous devons bien entendu souhaiter la suppression d'un enseignement qui, si ces conditions ne sont pas remplies, crée un dommage inestimable au lieu d'être utile.

Si nous, chrétiens démodés[2], instruits par l'expérience, devions refuser que nos enfants suivent un enseignement religieux comme celui qui sera toujours dispensé dans la plupart des écoles, même s'il était conforme à la

1. *Ecclésiaste* 1, 9.

2. Grundtvig se définissait lui-même comme « démodé », c'est-à-dire *orthodoxe*, luthérien de la tradition pré-moderne et pré-rationaliste.

plus stricte orthodoxie, nous avons des raisons d'avoir peur pour lui, à une époque où cette dernière est plus absente que jamais, où de nombreux pères ou mères croyants se tordent les mains parce qu'ils sont obligés d'envoyer leurs enfants à une école où la foi, qui est le trésor de leur cœur, le meilleur héritage de leurs enfants, est traitée comme une vieille superstition qui fait fi de la raison et déshonore l'être humain. Il est en tout cas clair à mes yeux que si on ne pouvait pas s'attendre à ce que la foi soit bientôt reconnue et déclarée comme un sanctuaire auquel les maîtres d'école devraient s'abstenir de toucher, les chrétiens démodés devraient rompre avec l'Église d'État, pour conserver en tout cas la même influence sur la foi de leurs enfants que celle qu'ont les juifs. Étant donné, toutefois, que les parents incrédules, s'ils prennent les choses un tant soit peu au sérieux, doivent trouver tout aussi insupportable d'astreindre leurs enfants à un enseignement religieux dispensé par un maître d'école orthodoxe que c'est le cas pour nous quand nous confions nos enfants à quelqu'un qui a une conviction tout à fait opposée, j'ai vraiment l'espoir que tous les gens raisonnables s'entendront bientôt pour refuser l'enseignement religieux dans les écoles publiques de toutes sortes, en particulier parce que ceux qui ressentent quelque peu que la foi est une affaire de cœur, et qui ne sont pas eux-mêmes maîtres d'école, comprendront qu'il est complètement faux d'apprendre la foi par cœur comme s'il s'agissait d'une leçon ou de la rabâcher et la faire entrer à coups de fouet comme on le fait pour le catéchisme. Il va de soi que, si les écoles sont acceptables par ailleurs, il est bénéfique d'y apprendre comment on doit se comporter dans le monde pour ne pas tomber aux mains de la justice, mais être au contraire respecté dans le milieu où on évolue et laisser derrière soi une bonne réputation, mais cela vaut à la fois pour les chrétiens, les juifs et les païens, et cela doit rester entièrement en dehors de la question de la foi, et s'il faut absolument qu'une conception plus élevée de la vie humaine et de son rapport naturel à la divinité domine plus que ce n'est le cas maintenant dans les écoles pour que nous y envoyions nos enfants avec plaisir, cela va prendre du temps, compte tenu du revirement de l'esprit du siècle[1], étant entendu que les « écoles chrétiennes » qui correspondent à ce nom de façon vivante n'ont jamais existé et ne verront jamais le jour si ce n'est dans quelques rares foyers.

Quoi qu'il en soit, je n'ai pas honte de faire savoir au monde entier que l'enseignement scolaire orthodoxe du christianisme n'a guère plus de valeur à mes yeux que l'hétérodoxe, c'est-à-dire que je les considère

1. C'est-à-dire l'esprit rationaliste de l'époque.

comme aussi hautement lamentables l'un que l'autre, et si ce dernier m'irrite le plus, c'est parce que les parents croyants s'en préoccupent beaucoup plus fortement que les incrédules le font de l'autre, et si l'on veut par conséquent me qualifier d'hérétique ou d'apostat, qu'à cela ne tienne, mais j'espère que mes enfants ne me causeront pas la peine de les voir jeter le christianisme avec les livres d'école, ce qui n'est par ailleurs que très naturel si les deux se confondent en une seule notion.

Il y aurait encore beaucoup à dire sur les pierres que nos parents, sans le savoir, nous ont données à la place du pain[1], dans toute la théologie qui, aussi biblique et chrétienne qu'elle puisse être, est entièrement morte pour un enfant, mais je veux simplement faire encore remarquer que si la foi n'était plus enseignée à l'école, et si le renouvellement de l'alliance du baptême des enfants devenait une affaire à part entre les chrétiens démodés et leurs pasteurs, la confirmation, qui serait alors une simple question d'instruction et de connaissance, pourrait être célébrée par paroisse sans qu'on prenne le moindre égard à la foi des personnes concernées, et on pourrait ainsi relier une belle cérémonie nationale à l'entrée dans la société civile.

Il est vraiment grand temps, si nous voulons le bien de l'Église et de l'État, si nous voulons pouvoir rechercher au ciel une patrie éternelle de la façon qui nous plaît, et faire en même temps tout ce que nous pouvons pour servir et honorer notre patrie ici-bas, pendant que nous sommes dans ce monde, de laisser de côté toutes les discussions à propos de choses qui, aussi bien ici-bas que dans l'au-delà, restent l'affaire de chacun, et, avec une réelle liberté de croyance et de conscience, de nous efforcer de lier une si heureuse coopération à tout ce qui est noble et aimable, grand et bon, auquel les Danois, selon tout ce qu'indique l'histoire, sont appelés et aptes. Si, en plus du bien que nous faisons par ailleurs à notre prochain, nous pouvons le rapprocher un peu plus du ciel avec douceur, cela doit certainement nous réjouir mais, nous l'avons vu, il est tout à fait impossible de l'amener à ce résultat en utilisant le fouet, et même si nous avions le pouvoir de jeter en enfer, ce qui est loin d'être le cas, le peuple danois aurait beaucoup trop de cœur pour en faire usage, sachant que ce serait un péché de dire que Christ nous l'a ordonné, lui qui n'est pas venu pour juger mais pour sauver, et qui nous a commandé d'être comme lui lorsqu'il était dans ce monde[2].

1. *Matthieu* 4, 3.
2. *Jean* 3, 17 ; 12, 47 ; 17, 15-19.

CONTRIBUTIONS ANNEXES

NIKOLAJ FREDERIK SEVERIN GRUNDTVIG : UN ÉDUCATEUR POUR LA VIE

À l'origine comme aujourd'hui, c'est l'étonnement et l'admiration qui conduisirent les hommes à la philosophie.

Aristote, *Métaphysique*, A, 2, 982b-983a [1].

GRUNDTVIG ET LA FRANCE : UNE RENCONTRE DIFFÉRÉE

Si la capacité d'étonnement est bien le sentiment nourricier de la pratique philosophique, alors la philosophie de l'éducation trouvera aisément un terrain d'exercice fertile dans la découverte de la pensée pédagogique et éducative de Nikolaj Frederik Severin Grundtvig (1783-1872), tant la réflexion de celui qui est considéré comme le principal inspirateur de l'École danoise contraste, parfois superficiellement mais le plus souvent profondément, avec la plupart des schémas pédagogiques et des politiques éducatives mises en œuvre au sein de l'École française lors des 150 dernières années.

Toutefois, en raison de l'absence quasi-totale de traduction française des écrits de Grundtvig sur l'éducation jusqu'à la publication du présent ouvrage[2], le chemin menant à la découverte de Grundtvig et à la

1. Aristote, *Métaphysique*, trad. fr. J. Barthélémy-Saint-Hilaire, t. 1, Paris, Germer-Baillière, 1879.

2. À notre connaissance, un seul texte de Grundtvig fut traduit en français au XIXe siècle et il ne traitait pas d'éducation. Il s'agit de « La fête de Pâques », trad. fr. X. Marmier, *Littérature scandinave*, Paris, Arthus Bertrand, 1849, p. 268-269. La première publication (tardive) de la traduction d'un texte sur l'éducation date de 1962, sous la plume d'É. Simon

compréhension du lien entre sa pensée et le modèle scolaire danois n'était guère aisé et dut longtemps s'en remettre à des commentaires[1] ou à des traductions anglaises ou allemandes. Les commentateurs ont souvent inséré Grundtvig dans une catégorie générale, catégorie non dénuée de pertinence (les pédagogues de l'oralité[2], les fondateurs de l'éducation des adultes, etc.) mais n'ont pas présenté son œuvre dans sa réelle singularité, faute de pouvoir travailler le texte en détail. C'est pourquoi le nom de Grundtvig n'est généralement pas apparu dans les ouvrages présentant des éducateurs et des pédagogues importants, en raison de l'absence de possibilité de lecture « sourcière » de son œuvre[3].

De plus, la première et timide réception française du travail de Grundtvig n'avait pas été très précise, à l'image de la *Revue des Deux Mondes* qui présenta d'abord en 1876 Grundtvig comme le penseur d'une « secte religieuse et politique en Danemark »[4], avant de lui reconnaître un rôle majeur dans « le relèvement du Danemark au XIXe siècle »[5]. Ainsi, seuls quelques rares spécialistes des études nordiques ont pu avoir un accès direct aux textes grundtvigiens ; on doit citer ici le rôle déterminant d'Érica Simon (1910-1993), qui publia en 1960 une thèse pionnière sur la haute école nordique (*højskole*) inspirée par Grundtvig[6], puis qui fit paraître en

(voir *infra*). Voir D. Ballu, *Lettres nordiques, une bibliographie, 1720-2013*, Stockholm, Kungliga Biblioteket, 2016.

1. Par exemple : K. Thaning, *Grundtvig le Danois*, trad. fr. J.-P. Duclos, Copenhague, Det Danske Selskab, 1972 ; C. Thodberg, A.-P. Thyssen (éd.), *N.F.S Grundtvig, Tradition et Renouveau*, trad. fr. P. Lavaud, J. Piloz, Copenhague, Det Danske Selskab, 1983 ; M. Auchet, « N. F. S. Grundtvig et l'école pour la vie », dans M. Samuel-Scheyder, P. Alexandre (éd.), *Pensée pédagogique, Enjeux, continuités et ruptures en Europe du XVIe au XXe siècle*, Berne, Peter Lang, 1999, p. 283-297.

2. C'est le cas du travail de Roberte Langlois : *Les précurseurs de l'oralité scolaire en Europe. De l'oral à la parole vivante*, Mont-Saint-Aignan, Presses Universitaires de Rouen et du Havre, 2012.

3. Par exemple Philippe Meirieu, dans la « petite histoire des pédagogues » mise en ligne sur son site web personnel, ne mentionne pas Grundtvig. De même, la liste de pédagogues présentée par Jean Houssaye ne comprend pas Grundtvig : J. Houssaye, *Quinze pédagogues*, Paris, Armand Colin, 1994. Il est vrai que l'on peut se demander si Grundtvig est un « pédagogue » au sens strict du terme.

4. G. Cogordan, « Une secte religieuse et politique en Danemark. Grundtvig et ses doctrines », *Revue des Deux Mondes*, 13, 3e période, 1876, p. 524-554.

5. L. Paul-Dubois, « Grundtvig et le relèvement du Danemark au XIXe siècle », *Revue des Deux Mondes*, 52, 5e période, 1909, p. 656-676.

6. É. Simon, *Réveil national et culture populaire en Scandinavie, La genèse de la* hojskole *nordique, 1844-1878*, Paris, P.U.F., 1960.

1962 la traduction d'un texte important de Grundtvig sur l'éducation[1]. Cette traduction française, restée unique jusqu'à ce jour, fut relayée par France Roy lorsqu'elle rédigea cinquante ans plus tard un autre travail doctoral sur Grundtvig[2], travail auquel le présent ouvrage doit une partie de sa motivation.

L'absence presque totale de connaissance de la philosophie de Grundtvig en France – à la différence de celle de son compatriote et contemporain Søren Kierkegaard (1813-1855) – peut aussi s'expliquer, selon Érica Simon[3], par l'anti-cartésianisme et l'anti-rationalisme de Grundtvig. Celui-ci avait pourtant eu un premier contact précoce, bien que diffus et indirect, avec les idées de la Révolution française, par l'intermédiaire d'un de ses professeurs de français dans sa paroisse natale d'Udby, qui était un Jacobin affirmé. Par la suite il eut connaissance des auteurs français et fut lui-même saisi par la « fièvre pédagogique » qui s'empara de l'Europe dans le sillage des Lumières françaises et allemandes et de leur goût pour l'éducation comme grande force émancipatrice des peuples et des individus. Sa préoccupation en direction de la question scolaire, de ce point de vue, pourrait être pensée comme une « réplique » danoise des réflexions de Condorcet (1743-1794), bien qu'empruntant des voies très différentes de l'universalisme rationaliste français.

Cependant, en dépit de cette compréhension commune du caractère essentiel de la question éducative, Grundtvig s'affirma plutôt hostile à « l'esprit français » du XVIIIe siècle, d'autant plus que son retour passionné vers le christianisme en 1810 lui fit prendre en grippe les conceptions des Lumières françaises. La France, dès lors et en dépit des nombreux « ponts » inassumés entre le grundtvigianisme et plusieurs penseurs français – par exemple Jules Michelet (1798-1874) et son focus sur une histoire *nationale*, que l'on peut relier à la passion de Grundtvig pour l'histoire poétique du Nord –, fut perçue comme un « enfer historique » coupable d'avoir semé les graines de l'athéisme dans les peuples européens et de posséder des universités illustrant parfaitement « l'école pour la mort » que dénonce Grundtvig. Conclusion sans appel de celui-ci : « la France jouit

1. *De l'Union culturelle du Nord*, texte original de N. F. S. Grundtvig, trad. et commentaire précédés d'une *Introduction à la philosophie de la culture de N. F. S. Grundtvig*, par É. Simon, Copenhague, G. E. C. Gads, 1962.

2. F. Roy, *L. N. Tolstoï et N. F. S. Grundtvig : connaissance et sagesse en éducation*, Thèse de doctorat. Université de Rouen, 2010, 673 pages.

3. É. Simon, « Grundtvig et la France », dans *Actes du 7e Congrès International d'Histoire des Littératures Scandinaves* (juillet 1968), Paris, Lettres Modernes Minard, 1972, p. 113-127.

d'une supériorité intérieure et extérieure qui finira par nous coûter encore plus cher que par le passé si nous n'avons pas le courage d'être nous-mêmes »[1]. Érica Simon, en analysant cette première rencontre ratée, ne s'étonne guère que la France n'ait pas fait mieux que les voisins scandinaves de Grundtvig, eux aussi assez réticents au moment d'adopter des pensées complexes, parfois mystiques et poétiques ou exprimées de façon obscure par le « Prophète du Nord ». Comment la France aurait-elle pu saisir le sens de ce qui souvent se dérobait aux esprits scandinaves, voire aux Danois eux-mêmes ? Grundtvig est presque intraduisible, « il est typiquement et exclusivement danois », reconnaît Kaj Thaning[2]. Dans ces conditions, pourquoi et comment s'intéresser à Grundtvig ?

L'ÉCOLE DANOISE : UNE ÉTONNANTE VIE SCOLAIRE

Pour notre part, la rencontre avec Grundtvig commença il y a vingt ans par l'observation du système scolaire danois qui, encore aujourd'hui, est une vive et multiple source d'étonnement pour les visiteurs, notamment pour ceux dont les conceptions de l'École ont été habituées à tout rapporter au schéma classique de l'École française et à la forme scolaire dominant celle-ci. Un sentiment de surprise est inévitablement ressenti lors de l'immersion dans l'école primaire danoise, tant la vie qui s'y déroule semble s'écarter des pratiques ordinaires de l'ordre scolaire français.

Ce dernier, sans que l'on puisse évidemment le réduire à une brutale carcéralité, comme pourrait le faire une lecture paresseuse des travaux de Michel Foucault, n'en comporte pas moins des éléments issus d'autres formes de vie : surveillance disciplinaire, dressage militaire, rapport théologique à la « vérité », conception économique des apprentissages, primat de la notation, méfiance et paternalisme généralisés, compétition et « lutte des places », élitisme, etc.

Tout autre est l'ambiance générale d'une école primaire danoise (publique ou privée), de laquelle notation, redoublement et punitions sont bannis. L'objectif principal y est d'aider l'enfant à se familiariser avec la vie en collectivité et à s'épanouir dans cet ensemble culturel, politique et social que constitue la démocratie danoise. Pour cela un double accent est mis sur la vie communautaire et sur l'autonomie individuelle. La recherche

1. É. Simon, « Grundtvig et la France », art. cit.
2. K. Thaning, *Grundtvig le Danois*, *op. cit.*, p. 15.

du consensus est permanente au sein d'une éducation non-violente attentive au respect inconditionnel du corps, de la parole et de la personne de l'enfant. Il s'ensuit une vie scolaire tournée vers la pratique concrète de la formation d'un citoyen démocratique apte à prendre des décisions et à exprimer une parole vivante. En tous points l'école danoise se veut rassurante et accueillante (« inclusive », en un sens élargi) et présente quotidiennement des scènes surprenantes pour les enseignants français : libre circulation des enfants dans l'établissement, bienveillance permanente des adultes, ouverture encore très fréquente de la journée par un chant collectif (emprunté au recueil national de 754 chants et cantiques dont Grundtvig composa lui-même les paroles de 271 titres), sentiment général de confiance et de familiarité des uns envers les autres, ouverture de l'école vers son environnement proche, décontraction et bonne humeur, etc.

Immergé dans la culture éducative de cette *folkeskole* danoise, le visiteur français est parfois sidéré de contempler une autre école et une autre vie scolaire que celles auxquelles il a été habitué, et son étonnement grandit quand il entend les enseignants danois se réclamer systématiquement de Grundtvig – que pourtant ils n'ont probablement pas lu, comme on le découvre ensuite. Ainsi, la *folkeskole* occasionne un premier questionnement sur le sens des écrits de Grundtvig sur l'éducation : cette école heureuse est-elle un aperçu sur ce que pourrait impliquer le vibrant plaidoyer grundtvigien en faveur d'une « école pour la vie » – sachant toutefois que les écrits pédagogiques de Grundtvig ne concernent pas directement l'école primaire ?

Deux autres pièces du système éducatif danois prolongent ce salutaire étonnement philosophique : l'*efterskole* et la *højskole*. L'*efterskole* (l'école d'après ou l'école complémentaire) est un établissement que peuvent fréquenter les jeunes Danois durant un ou deux ans à l'issue de leurs neuf années de scolarité primaire, avant d'entrer dans les études secondaires proprement dites ou dans les études professionnelles. L'enseignement dans une *efterskole* s'accompagne nécessairement d'une vie en internat car, comme dans l'ensemble de l'École danoise, c'est bien l'expérience nourrissante de la vie solidaire dans une collectivité démocratique qui est privilégiée dans le cursus d'épanouissement des personnalités, et non la compétition scolaire permanente. Le programme d'enseignement est propre à chaque *efterskole* et permet aux élèves d'aller vers des apprentissages correspondant à leurs aspirations personnelles. Bien que facultatif, ce dispositif est choisi par quasiment 50% des jeunes danois chaque année – à titre de comparaison, c'est comme si en France à l'issue du collège la moitié des élèves choisissait de prolonger d'un ou deux ans sa scolarité avant d'entrer au lycée… L'immersion dans une *efterskole* montre clairement ce que peut être une vie scolaire responsabilisante et solidaire, et confirme le respect affiché par les Danois à l'égard de Grundtvig, d'autant plus que la première *efterskole* fut fondée dans les années 1860, au moment où le projet scolaire grundtvigien, relayé entre autres par Christen Kold (1816-1870), prenait son plein essor.

L'étonnement est tout aussi grand en ce qui concerne la pièce maîtresse des établissements scolaires inspirés par Grundtvig : la *folkehøjskole* (la haute école populaire). Celle-ci correspond directement au projet grundtvigien d'une « école pour la vie »[1], c'est-à-dire d'une école sans notation, sans diplôme et sans scolastique, mais où chacun peut venir, à tout âge, apprendre pour le plaisir d'apprendre et de partager une expérience de projet commun et de vie solidaire en internat, conformément au plaidoyer de Grundtvig pour une « vie communautaire culturelle »[2]. Initialement pensée pour les jeunes adultes et prioritairement pour le monde rural, le mouvement des *højskoler* touche désormais toutes les générations et accueille au moins un Danois sur dix durant sa vie. Il s'agit en fait d'universités pour le peuple, « non pas au service d'un savoir élitiste trop éloigné des nécessités du peuple, mais au service de la vie »[3]. Ainsi la vitalité des *højskoler*, dont aucun équivalent n'existe dans le système scolaire français, est le meilleur des témoignages en faveur de la forte influence de Grundtvig sur l'éducation scolaire danoise. Le modèle des *højskoler* a d'ailleurs été exporté dans différents pays : par exemple, avec l'aide de l'Unesco, des centres pédagogiques pour adultes ont été fondés dans certains pays africains et se sont réclamés de la *højskole* grundtvigienne[4]. Par contre la comparaison entre la *højskole* et l'université populaire française ne tient pas : là où l'université populaire française est restée plus universitaire que populaire, la *højskole* danoise est plus populaire (*folkelig*) qu'universitaire, ce qui est un trait typiquement grundtvigien.

Voilà donc une École originale à tous ses niveaux. Elle a certes ses propres limites, ne serait-ce que parce qu'elle a été conçue pour une population plutôt culturellement homogène et massivement luthérienne et que rien ne dit qu'un contexte différent ne modifierait pas ses conceptions. Elle est également critiquée pour son coût global et pour ses résultats pédagogiques, au nom des critères d'efficacité que portent prétendument les

1. Voir « L'école pour la vie ».

2. Voir « De l'union culturelle du Nord ».

3. R. Langlois, *Les précurseurs de l'oralité scolaire en Europe…*, *op. cit.*, p. 128.

4. Mentionnons également – à titre de curiosité – l'éphémère *højskole* fondée par Érica Simon elle-même dans la région de Lyon.

évaluations internationales diligentées par l'OCDE; c'est oublier que ces évaluations sont un pouvoir se faisant passer pour un savoir et que leur vocation prioritaire n'est pas de « mesurer » l'effet éducatif des formes scolaires nationales, mais de soumettre celles-ci aux réformes alignant chaque École sur les schémas de l'économisme dominant. C'est ainsi qu'une culture du « contrôle de la performance » individuelle[1] entre désormais en conflit avec l'esprit général de l'éducation scolaire danoise, jusqu'à y provoquer de forts conflits.

En dépit de ces réserves, l'École danoise demeure singulière et se réclame encore massivement et ouvertement de l'influence de Grundtvig. Mais en quoi la pensée d'un évêque luthérien né au XVIIIe siècle et s'exprimant avec un style si complexe et si « daté » que les enseignants danois eux-mêmes ne le lisent qu'exceptionnellement peut-elle être ainsi érigée en philosophie éducative fondatrice du modèle scolaire danois ?

GRUNDTVIG ET L'ÉDUCATION *POPULAIRE*

Que proposent les conceptions grundtvigiennes de l'éducation et en quoi font-elles de leur auteur la figure tutélaire du modèle scolaire danois ? C'est dans la réponse à ces questions que se situe l'intérêt que peut trouver la philosophie de l'éducation à la fréquentation des textes de Grundtvig sur la question scolaire et éducative.

Notre réponse, modeste et prospective, ne prétend nullement délivrer la « vérité » de la pensée de Grundtvig sur l'éducation – les Danois eux-mêmes travaillent encore leur propre compréhension de celle-ci – mais propose simplement quelques éléments pour tenter un premier repérage au sein de la complexe pensée du fondateur de la *højskole*. Pour cela nous avons confectionné cinq « clés de lecture ».

Premièrement, le projet scolaire et éducatif de Grundtvig est *un projet national et populaire*, motivé par son souci politique de défendre le Danemark et la danité contre les dominations étrangères, que celles-ci passent par l'encombrant voisin allemand ou par la mainmise de la culture classique (latine, essentiellement) sur les programmes d'enseignement. Grundtvig avait été accablé par la capitulation danoise de 1807, après le bombardement de Copenhague par les troupes anglaises commandées par

1. V. Normann-Andersen, « L'évaluation de l'éducation au Danemark », *Télescope, Revue d'analyse comparée en administration publique*, vol. 13/1, printemps-été 2006.

Wellington, puis en 1814 par la perte de la Norvège sous la pression des puissances étrangères. Pour lui la question de la survie du peuple danois se posait alors très clairement, d'autant plus que les progrès du germanisme menaçaient la langue maternelle danoise.

> Au temps de Grundtvig le danois était négligé et méprisé. La langue des savants était le latin et dans les milieux cultivés on employait l'allemand ou le français. Même après la victoire qui mit fin à la guerre des duchés (1848-1850), l'allemand continuait à gagner dans les écoles aux dépens du danois[1].

Le réveil national danois devait donc passer par l'éducation scolaire, qui reçut, sous la plume de Grundtvig, la mission politique de transmission et de préservation de la culture populaire, encore fortement présente dans le paysannat alors que les élites, formées à la culture latine, étaient « contaminées » par l'influence de la langue allemande. Ainsi, l'enjeu de l'éducation grundtvigienne est indubitablement la souveraineté culturelle du peuple danois, souveraineté sans laquelle la survie du Danemark pourrait être mise en péril. L'influence du romantisme, de Herder (1744-1803) et de sa conception de l'existence historique de personnalités nationales et d'entités culturelles est ici évidente. Du coup Grundtvig conçoit un projet scolaire valorisant tout ce qui est «*folkelig*» (populaire) et donc propre à promouvoir la culture et le sens national. C'est pourquoi la *højskole* doit être une « forteresse spirituelle de la danité », comme le dit Érica Simon[2].

Deuxièmement, il s'ensuit que, bien que le souci premier de Grundtvig soit politique, *le fondement de l'École populaire ne peut être que pleinement culturel*, et non politique ou religieux. Grundtvig distingue en effet trois types de « vies » auxquelles doivent correspondre trois types d'écoles. L'école religieuse doit correspondre à la vie spirituelle et à la culture religieuse; l'école universitaire à la vie érudite et à la culture savante; l'école populaire à la vie patriotique de citoyen danois et à la culture populaire. Grundtvig réinvestit donc dans le domaine scolaire ses travaux antérieurs sur l'histoire nordique et sur la culture mythologique scandinave et veut faire de la culture populaire – et, au cœur de celle-ci, de la langue maternelle – le « rempart » du Danemark[3]. Pour cela, il préconise de tourner le dos à la culture classique et de revenir aux sources

1. K. Thaning, *Grundtvig le Danois*, *op. cit.*, p. 97-98.
2. É. Simon, *Réveil national et culture populaire en Scandinavie...*, *op. cit.*, p. 42.
3. Grundtvig dirigea seul de 1816 à 1819 la revue *Danne-Virke*, du nom du rempart de fortifications bâti des siècles auparavant pour protéger le Danemark des invasions venues du Sud. Il publia en 1808 *La mythologie nordique*.

autochtones nordiques car « la *culture* a tout autant besoin d'une Université nordique que nous avons nous-mêmes besoin de *culture* »[1].

Comme le dit Érica Simon, « l'*École,* cela veut dire dans la terminologie grundtvigienne, la *culture* »[2]. Cela signifie que la culture scolaire ne doit pas être une culture savante visant un arrachement du peuple à ses origines, afin de « l'élever » vers un état supérieur de civilisation; elle ne doit pas non plus être une culture de distinction sociale propre à différencier l'élite de la masse; elle doit être profondément *une culture d'enracinement*, qui éclaire et renforce la vie populaire danoise. Ce refus de promouvoir une discontinuité entre la culture scolaire et la culture populaire est un point très spécifique au grundtvigianisme, qui l'oppose grandement au système scolaire français dans lequel le rôle de l'École est plutôt de transmettre aux classes populaires des biens culturels et des *habitus* qu'elles ne produisent pas par elles-mêmes.

Troisièmement, il en découle fort logiquement que *la langue maternelle est au cœur du projet scolaire grundtvigien*. En tant qu'élément du « trèfle à quatre feuilles danois »[3], elle doit avoir tout pouvoir au sein de l'enseignement afin d'y faire resplendir sur les esprits sa chaleur et sa lumière nourricières. Plus précisément, c'est l'oralité (la « bouche », dans la terminologie de Grundtvig) qui doit être favorisée dans la pédagogie, afin que l'école ne soit pas le lieu d'une transmission scolastique et autoritaire, mais un lieu d'échanges vivants et d'interactions créatrices entre les maîtres et les élèves – le modèle de la libre conversation l'emportant sur celui de la conversion forcée. Dans l'imagerie de Grundtvig, la « bouche » est à la « plume » ce que la vie est à la mort. À l'école, *il faut donc parler en danois afin de penser en Danois*. En ce sens, Grundtvig combat avec virulence les études latines et l'abstraction d'un enseignement livresque tournant le dos à la langue ordinaire et à la vie culturelle du peuple danois. À cette « école pour la mort », il oppose sa pierre angulaire pédagogique : l'échange vivant dans la langue maternelle.

Quatrièmement, puisque l'École ne doit se mêler ni de cultiver une érudition classique qui pourrait s'avérer mortifère, ni de proposer une éducation religieuse dont la religion et l'éducation auraient conjointement à souffrir, *elle doit être conçue comme une « école pour la vie »*, une école au

1. Voir « De l'union culturelle du Nord ».

2. É. Simon, « Grundtvig et la France », art. cit.

3. Grundtvig publia en 1836 un pamphlet intitulé *Le trèfle à quatre feuilles danois*. Les quatre éléments sont le roi, le peuple, la patrie et la langue maternelle. Voir F. Roy, *L. N. Tolstoï et N. F. S. Grundtvig : connaissance et sagesse en éducation*, *op. cit.* p. 208.

service de la vie pratique, culturelle, patriotique et spirituelle des Danois. Ainsi, « tout savoir est un leurre qui ne s'inspire pas avant tout de la vie »[1]. Ce concept d'« école pour la vie », qui est essentiel pour Grundtvig, n'est pourtant pas le premier principe de la pensée de Grundtvig sur l'éducation puisqu'il découle des trois éléments précédents. C'est parce qu'elle doit fortifier la danité et la culture populaire que l'école doit être organisée pour éclairer et valoriser la vie nationale danoise. L'éducation qui en découle ne vise pas tant à métamorphoser les individus qu'à leur permettre de se « retourner sur eux-mêmes », de revenir sur ce qu'ils sont et sur ce qu'est leur vie[2].

La vie dont il est question ici est la vie ordinaire au sein de la nation, la vie quotidienne immédiate, ce qui ne signifie pas que Grundtvig réduise l'ambition éducative à un simple accompagnement « pragmatique » de la banalité de la vie en société, puisque cette vie ordinaire est elle-même incluse dans la vie historique des peuples à travers les siècles et dans l'universalité de la vie humaine. C'est justement en ne se coupant pas de la vie ordinaire que l'école pour la vie peut ouvrir des perspectives dynamiques vers les autres dimensions de la vie et aborder d'autres secteurs du savoir humain. Par conséquent, cette école doit dispenser une éducation patriotique en langue danoise, alignée sur les besoins de la vie nationale et non sur le projet chimérique de création d'une autre vie. En ce sens, elle est animée par « un amour plus fort pour quelque chose qui place la vie bien au-dessus des livres et se fond avec la langue maternelle ». Son but n'est pas « l'homme nouveau » ou l'avènement de tel ou tel régime politique, mais la vie telle qu'elle est véritablement, celle que vivent les citoyens danois et à laquelle elle doit les faire réfléchir afin qu'ils soient « éclairés et utiles » à leur roi et à leur patrie. On y parle et on y pense exclusivement « en danois » afin de fortifier la « voix du peuple » et de concrétiser l'égalité dans les « dispositions à l'éducation »[3], dans l'horizon politique de la participation des citoyens à la délibération publique, horizon que Grundtvig est loin d'oublier. On peut même avancer ici que son souci est l'éducation du paysannat et du prolétariat danois dans une optique qui n'est pas celle des révolutions menées en France en 1789 et 1792, et qui est encore moins celle

1. P. Desfeuilles, « Érica Simon, Réveil national et culture populaire en Scandinavie. La genèse de la *højskole* nordique (1844-1878) », *Annales. Économies, Sociétés, Civilisations*, 5, 18e année, 1963, p. 1030.

2. Nous utilisons ici l'opposition grecque entre la *métanoia* (une transformation) et l'*épistrophé* (une conversion à soi).

3. Pour toutes les citations de ce paragraphe, voir « L'école pour la vie ».

qu'ouvrent le socialisme et le marxisme au XIXe siècle, mais qui vise quand même à sa façon la liberté du peuple (*folkefrihed*).

Cinquièmement, *Grundtvig présente une conception de la finalité philosophique de l'éducation qui s'écarte des idées des Lumières françaises* ou de la *Bildung* allemande. Il utilise certes l'image de la lumière (*lys*) pour décrire l'action de l'éducation mais refuse l'idée que cette lumière doive être apportée par l'éducation à un peuple qui en serait dénué. L'*oplysning*, concept majeur chez Grundtvig, n'est pas synonyme de Lumières ; en ce sens, ce concept est intraduisible. Il illustre une éducation « par le bas », c'est-à-dire une action éducative qui permet à la vie de trouver en elle-même ce qui peut l'éclairer, répondre à ses énigmes et la relier à l'universel. D'ailleurs l'école pour la vie est une école « poétique », une école qui, idéalement, doit révéler « toute la richesse de la langue maternelle des livres de nos scaldes [qui] se trouve dans la bouche du peuple »[1]. L'éducation n'apporte donc pas la lumière de l'extérieur mais elle révèle celle qui était déjà là, au cœur de la vie populaire, et elle la projette sur celle-ci. La réhabilitation du sentiment et du « cœur » face à la domination rationaliste en est logiquement un versant important.

Nous suivons sur ce point l'interprétation convaincante qu'en propose France Roy : « porteurs d'une histoire, d'une culture et d'une identité nationale s'exprimant à travers l'usage de la langue, seuls la vie et l'esprit du peuple (*folkeånd*) seraient à même d'apporter un éclairage sur la vie humaine[2]. Le concept de *folkeoplysning* désigne alors « l'éveil » du peuple et de la vie communautaire à eux-mêmes par la lumière immanente de la culture, de la mythologie et de l'histoire.

> Dans les mots seuls des chants et des légendes,
> Qui vont de bouche en bouche sur les places,
> Vit le cœur du peuple.
> La seule sagesse populaire
> Habite les mots du peuple,
> Accordée par l'âme du peuple[3].

Ce simple précepte permet de comprendre pourquoi l'école danoise a tourné le dos aux carcans du paternalisme, de l'autoritarisme et des

1. Voir « La patrie et la langue maternelle ».

2. F. Roy, *L. N. Tolstoï et N. F. S. Grundtvig : connaissance et sagesse en éducation*, *op. cit.*, p. 446.

3. N. F. S. Grundtvig, *Messager du Haut Nord*, voir Ch. Thodberg et A. Pontoppidan Thyssen (dir.), *N. F. S. Grundtvig. Tradition et Renouveau*, Copenhague, Det Danske Selskab, 1983, p. 82.

diverses variantes pédagogiques du pastorat chrétien. Là n'est pas son moindre intérêt pour la philosophie de l'éducation.

In fine, l'horizon de l'éducation n'est pas le projet politique de la communauté républicaine des citoyens, mais le projet culturel de la communauté patriotique des Danois. Pour comprendre pleinement les textes de Grundtvig, il faut donc s'attacher au sens des concepts de peuple (*folk*), de populaire (*folkelig*) et de culture populaire, qui sont l'âme même de l'école pour la vie et de « l'éclairage » qu'elle suscite autour de cette vie. Selon le commentaire d'Érica Simon, la *højskole* doit aider chacun à « résoudre l'énigme de la vie présente »[1].

LECTURES DE GRUNDTVIG

Les cinq clés de lecture précédentes n'ouvrent pas toutes les portes de la monumentale œuvre de Grundtvig et il ne nous appartient pas de dire au lecteur comment lire celui-ci. Nous souhaitons toutefois indiquer pour finir trois lectures probablement biaisées.

La première lecture chercherait à bâtir *un Grundtvig pédagogue* au sens pratique du terme, alors qu'il resta un théoricien de l'école pour la vie, soucieux d'ailleurs de ne pas donner trop d'indications précises sur ce que seraient celle-ci et la haute école nordique, afin de respecter le processus de création qui devait les tonifier. Il y a bien une pédagogie qui se réclame de Grundtvig et qui en dérive, pédagogie dont la vivacité ne fait guère de doute dans l'École danoise, mais il n'y a pas de pédagogie *de* Grundtvig proprement dite (ce qui explique les différences parfois importantes au sein du mouvement des *folkehøjskoler*), sinon une pédagogie anthropologique située au niveau des peuples. La *højskole* qui focalise ses réflexions est d'ailleurs un établissement éducatif pour adultes où se noue l'alliance du réveil national danois et de la culture populaire, elle n'est pas prioritairement le lieu où s'expérimente une nouvelle pédagogie, même si la pratique du « verbe vivant » est déjà en soi une indication pédagogique décisive. En ce sens, ce sont surtout les conceptions de la formation toute la vie qui peuvent lire Grundtvig comme un pédagogue. Pour le dire autrement : il ne fonda pas une pédagogie, mais un *mouvement* scolaire, culturel et patriotique.

1. É. Simon, *Introduction à la philosophie de la culture de N. F. S. Grundtvig*, *op. cit.*, p. 32.

La deuxième lecture pourrait concevoir *un Grundtvig nationaliste* et entraîner la notion de *folkelig* vers les discours identitaires de naturalisation et de hiérarchisation des peuples. Il est certes évident que la pensée de Grundtvig a émergé au sein d'un XIXe siècle porteur de l'essor de la « rage nationaliste » (la « *rabies nationalis* »[1]) que Nietzsche flétrissait et qui donna les tragiques résultats que l'on sait, jusqu'à la résurgence actuelle du national-populisme au cœur même de l'Europe. C'est dans ce cadre que les théories de l'ethnogenèse des nations européennes posèrent les germes des conflits nationalistes : légitimité de la coïncidence entre l'identité culturelle et l'identité politique d'un « peuple », ancienneté prétendue de nations ethniquement homogènes, définition de territoires nationaux historiques, origine historique des peuples et de leurs cultures (sur fond biologique), permanence de « caractères nationaux », suprématie des traditions et des cultures nationales, etc. Comme le constatait amèrement Husserl en 1934 :

> C'est au XIXe siècle [...] que s'accomplit un pas en arrière. Une autre idée émerge, l'idée nationaliste, non pas comme idée culturelle générale, mais plutôt comme idée impérialiste qui renferme sur elle-même chaque nation : l'idée nationaliste comme idée d'une puissance égoïste et comme idée d'un exhaussement égoïste des valeurs propres à chaque nation[2].

Toutefois, la « danité » avancée par Grundtvig comme référence culturelle majeure n'a pas eu la même postérité catastrophique que d'autres notions racialisantes (la germanité ou l'aryanité, par exemple), en dépit de quelques tentatives pour lire Grundtvig sous cet angle[3]. Son « culturalisme » scandinave, en effet, s'inscrit dans l'horizon, emprunté au christianisme, d'une universalité humaine. « D'où que nous venions, nous sommes tous “d'un seul sang”, si bien que les mêmes dispositions à l'éducation se trouvent dans les chaumières et dans les châteaux »[4]. Grundtvig pense bien une égalité naturelle des individus et une unité de l'humanité au sein d'une universalité concrète, qui prend vie dans une constellation de cultures populaires singulières. C'est en passant par le caractère national de chaque peuple que chacun rejoint l'universel humain, comme si les « petites patries » culturelles convergeaient historiquement vers une « grande

1. F. Nietzsche, *Fragments posthumes XIV*, Paris, Gallimard, 1977, p. 280.

2. E. Husserl, « La tâche actuelle de la philosophie », *Revue de Métaphysique et de Morale*, 1993/3, p. 291-329.

3. Sur ce point on lira avec intérêt l'analyse de N. Blanc-Noël, « Populisme et détournement du récit identitaire national : le cas du Parti du Peuple danois », dans J. Jamin (dir.), *L'extrême-droite en Europe*, Bruxelles, Bruylant, 2016, p. 323-349.

4. Voir « L'école pour la vie ».

patrie » spirituelle. Corrélativement, un homme pensé séparément de son ancrage culturel et de son appartenance patriotique n'est qu'une vaine abstraction, et un homme qui perdrait sa langue maternelle perdrait son esprit et son élan vital : là est le sens du goût de Grundtvig pour la culture populaire nationale, sur fond d'une conviction posant que l'histoire de chaque peuple concourt de façon créative et originale à l'histoire commune de l'humanité.

La troisième lecture en resterait à *un Grundtvig théologien* et insisterait exagérément sur la religiosité de Grundtvig pour expliquer ses conceptions éducatives. Il est vrai que Grundtvig, qui mena une carrière ecclésiastique mouvementée mais qui fut fait évêque honoraire par Frederik VII, a produit une grande quantité d'écrits théologiques et l'on ne saurait tenir pour quantité négligeable le fait qu'il pense à l'intérieur d'un cadre philosophique profondément chrétien. Ce n'est toutefois pas en tant que pasteur, mais plutôt en tant que « barde » ou « scalde » nordique, qu'il rédige ses textes sur l'école. Il suffit pour s'en convaincre de considérer sa formule emblématique : « d'abord homme, ensuite chrétien »[1]. Cette formule, appliquée à l'école pour la vie, fait que nous pouvons reconstruire la logique de celle-ci sans jamais recourir directement à des notions chrétiennes, alors même que des principes philosophiques tels que l'égalité ou la liberté y ont droit de cité. L'on mesure ici la force et l'authenticité de ce vers quoi ouvre la philosophie grundtvigienne de l'éducation : non pas une école théocratique ou une école élitiste, mais une école populaire pour la liberté de l'esprit et l'égalité des citoyens, ce qui fait encore toute son actualité au sein de la démocratie culturelle danoise.

Jean-François DUPEYRON

1. Il s'agit de la traduction française du titre du poème « Menneske først og Christen saa », *Grundtvigs Sang-Værk*, vol. III, n° 156, Copenhague, Det danske Forlag, 1948, p. 296-298.

L'ÉCOLE DU PEUPLE

SUR LA CONCEPTION DE L'ÉCOLE CHEZ GRUNDTVIG EN COMPARAISON AVEC LES FONDAMENTAUX DE L'ÉCOLE RÉPUBLICAINE

PRÉAMBULE

Les pays scandinaves sont souvent cités en exemple pour la réussite éducative et scolaire que leurs systèmes éducatifs rendraient possible. Outre le fait que la considération d'un bloc homogène ne permet guère de *prendre* en compte les différences entre ces pays, il existe l'idée préconçue selon laquelle on y trouverait, et au Danemark en particulier, les conditions d'une éducation plus détendue, moins anxiogène. Que cette référence relève d'un mythe ou d'une réalité, l'idée ne sera pas pour nous ici d'examiner ce qu'il en est exactement. Il n'en demeure pas moins que lorsqu'une telle mise en exergue est faite, il peut y avoir un intérêt à découvrir un univers éducatif et scolaire qui nous est peu familier. La philosophie doit prendre sa part dans ce travail, et c'est un des enjeux de cette publication collective des œuvres éducatives de Grundtvig. À l'heure où la France républicaine commençait à mettre, difficilement, en pratique une école républicaine héritée des Lumières, à l'heure où l'idéal scolaire qu'elle charriait depuis la Révolution française d'une école pour tous se précisait dans une conception citoyenne et démocratique autour de deux idées (transmission des valeurs de la République par l'éducation et développement de la raison critique par l'instruction), le Danemark singularisait lui aussi son approche de l'école à travers une référence assez unique dans les textes de Grundtvig à une culture populaire d'un tout autre ordre. L'héritage danois très actuel de Grundtvig nous convie donc à poser la question de savoir ce qu'est l'école du peuple selon Grundtvig, quelle conception sociale elle véhicule et à la comparer à l'idée que l'on s'en fait à l'aune de l'héritage républicain.

L'*A PRIORI* DU PEUPLE À L'ÉCOLE

Quiconque, habitué à l'école française pour y avoir été formé, fait l'expérience d'un séjour dans une école danoise, qui plus est dans une école aussi fortement inspirée par la pensée éducative de Grundtvig que sont les « hautes écoles populaires » (« *folkehøjskoler* »)[1], comme ce projet éditorial nous en a donné l'occasion, ne peut manquer de s'étonner, non pas simplement de la différence des pédagogies, mais bien de la différence des mentalités et représentations qui semblent nourrir les deux conceptions scolaires : l'un des sillons majeurs qui semble creuser la distinction, si l'on résumait abruptement les choses, paraît être celui qui oppose en apparence une école de l'égalité à une école de la liberté.

Pourtant, cette idée d'une école populaire, c'est-à-dire du peuple comme acteur principal de l'école, semble être un point commun assez fondamental des deux systèmes éducatifs. Le caractère holiste, communautaire qui sous-tend l'idée de l'école semble fortement présent dans les deux cas, où le système scolaire ne peut se résoudre à considérer simplement une juxtaposition d'individualités en cours d'apprentissage et de développement. Nous allons voir qu'il s'agit précisément là d'une illusion d'optique, en tout cas d'une réduction propre à une lecture qui serait portée par un regard français en ce qu'elle ne permet pas de comprendre le sens que Grundtvig donne à l'éducation du peuple, et que l'*a priori* populaire est lui-même démenti par deux visions du peuple qui s'opposent clairement.

Nous allons donc prendre la peine d'expliquer pourquoi et comment il faut éviter de lire Grundtvig avec un regard français. Bien plus, nous allons proposer l'hypothèse selon laquelle la différence entre les deux systèmes éducatifs prend très certainement principiellement sa source dans cette opposition entre deux manières de concevoir le peuple et son éducation.

Il y a bien néanmoins une interrogation initiale commune : l'éducation est-elle humainement partageable, et si oui, que faire des masses, c'est-à-dire de la multitude de ceux qui habituellement n'avaient autrefois pas ou peu accès à l'éducation ? Faut-il considérer que la multitude n'a pas le loisir d'être instruite et qu'elle est vouée à la reproduction sans fin du même pour que l'ordre établi ne soit pas bouleversé par l'élévation éducative puis sociale, comme par exemple pouvaient le penser des conservateurs tels que

1. P. Joly, « N. F. S. Grundtvig, un visionnaire qui inspira la *Folkehøjskole* danoise », *Penser l'éducation*, 4, décembre 1997, p. 65-92 ; F. Roy, *L. N. Tolstoï et N. F. S. Grundtvig : connaissance et sagesse, en éducation*, thèse de doctorat en Sciences de l'éducation, sous la direction de J. Houssaye, Université de Rouen, 2010, p. 375 *sq*.

Thiers en France ? Ou bien faut-il envisager le partage éducatif pour le grand nombre et donc modifier par ce fait la nature même du peuple, un peuple éduqué n'ayant plus le même rapport au savoir, au pouvoir, à la société qui l'entoure et à sa condition qu'un peuple ignorant soumis aux caprices du tyran ? Il ne fait pas de doute que la réponse est dans la seconde considération dans les deux cas et c'est ce qui peut justifier de rapprocher ces deux figures mythiques de l'école que sont Grundtvig et Ferry, même si les analyses du premier concernaient principalement les écoles pour adultes (« *folkehøjskoler* ») alors que celles du second concernaient l'école primaire[1]. Mais alors qu'un Jules Ferry annonçait vouloir achever la Révolution française en faisant « disparaître la dernière, la plus redoutable des inégalités qui viennent de la naissance, l'inégalité d'éducation »[2], Grundtvig, dans un mouvement très proche de la *Aufhebung* hegelienne[3], voyait plutôt cette éducation comme une acculturation indispensable à l'unification du peuple nouveau. Quel rôle revient alors au savoir et à la raison, piliers de l'éducation républicaine héritée des Lumières, dans l'école populaire telle que la théorise cet « éducateur du peuple »[4] danois ?

Ce qu'éduquer le peuple veut dire

Au fondement de la conception de l'école française se trouve une pensée politique, le républicanisme. Celui-ci promeut l'éducation pour extraire les êtres humains de l'ignorance dans laquelle les avait mis le régime précédent, la monarchie absolue, pour favoriser l'obéissance automatique. La république se doit d'instituer le peuple par ce moyen de l'éducation qui forme le citoyen à son rôle, notamment à l'usage autonome d'une raison éclairée, indispensable pour exercer son jugement dans le sens de l'intérêt général au moment du vote. L'éducation est prioritairement rationnelle, elle se décline alors comme instruction. L'héritage de Condorcet est ici central. Loin de toute forme de catéchisme républicain,

1. *Cf.* la conférence prononcée par M. Auchet à la Maison du Danemark le 2 octobre 2014, « L'école en crise au Danemark et en France. Le poids de l'histoire : Grundtvig et Jules Ferry ».

2. J. Ferry, « Conférence du 10 avril 1870 à la salle Molière au profit de la Société pour l'instruction élémentaire », dans *Discours et opinions de Jules Ferry*, publiés avec commentaires et notes par P. Robiquet, Paris, Armand Colin, 1896, t. 1, p. 287.

3. Le dépassement-conservation hégélien est présenté dans l'Encyclopédie des sciences philosophiques, trad. fr. B. Bourgeois, t. 1, Paris, Vrin, 1970, p. 530.

4. Nous reprenons cette expression, qui correspond à la vision que les Danois peuvent avoir de Grundtvig, à F. Roy, *L.N. Tolstoï et N. F. S. Grundtvig…*, *op. cit.*, p. 416.

celui-ci développe l'idée d'une instruction par la raison, où le jugement critique tient une place centrale.

Au fondement de la conception de l'école de Grundtvig qui deviendra en partie la philosophie éducative du Danemark lui-même, se trouve une pensée culturelle, concrètement fondée sur la valorisation de la culture traditionnelle scandinave[1]. Loin de valoriser les Lumières sur lesquelles l'école républicaine s'était fondée idéologiquement, et la philosophie de l'émancipation intellectuelle qui l'accompagne, Grundtvig développe une vision, si ce n'est non-rationaliste, en tout cas qui se méfie très fortement de la prééminence prise partout en Europe par ces Lumières, prééminence qui empêche l'esprit de se déployer autrement que par cette rationalité exclusive et excluante. L'« *Éducation pour l'État* » développe très précisément ce point. Grundtvig y souligne d'abord la forte ambiguïté inhérente au concept d'éducation :

> Il n'aura sans doute échappé à l'attention d'aucun de mes honorables lecteurs que le mot « éducation » est un mot très ambigu, il a même d'une certaine manière un millier de sens possibles, étant donné qu'il existe des milliers de pensées, de choses et de personnes, et tous, sauf la clarté du soleil elle-même, ont besoin de lumière ; et si l'on réduit l'expression « éducation » à son sens le plus étroit, on peut imaginer non seulement une éducation céleste et une éducation infernale, mais même si nous restons sur cette terre, il y a une différence sensible entre une éducation qui vient d'elle-même chez tous les hommes, si seulement on lui en donne le temps, et une éducation qui requiert certaines connaissances et une réflexion approfondie.

Cette ambiguïté sert à Grundtvig pour mettre en cause le monopole de l'éducation rationnelle depuis le siècle des Lumières dans le reste de l'Europe. Il n'y a pas *une* éducation, celle qui pour reprendre la devise des Lumières de Kant, nous libère des diverses tutelles qui s'exercent sur nous[2]. Grundtvig, à contre-courant du mouvement en cours dans le reste de l'Europe, qui s'est traduit par des révolutions politiques qu'il condamne pour leur manque de justesse et d'adéquation au monde tel qu'il évolue et tel qu'il l'analyse, s'écarte d'une vision éducative qu'il trouve par trop individualiste et éloignée des véritables besoins éducatifs populaires :

1. *Cf.* É. Simon, *Réveil national et culture populaire en Scandinavie…*, *op. cit.*

2. *Cf.* E. Kant, *Qu'est-ce que les Lumières*, trad. fr. J. Mondot, Pessac, Presses Universitaires de Bordeaux, 2007.

> Cette éducation qui part toujours des besoins de l'individu et le présente sous un jour qui ne tolère pas d'autres lois que celles qu'il approuve lui-même, pas d'autres sacrifices que ceux qu'il propose lui-même, pas d'autres autorités que celles qu'il choisit lui-même, et pas de qualité chez les autres qui leur donne le moindre avantage sur lui, cette éducation, on le sait, est loin de nous être étrangère, elle est même bien près d'être dominante dans toute la chrétienté, et comme l'état d'esprit qui en découle est incompatible avec toute constitution étatique correcte, on a fait, au cours de ce siècle, depuis les colonnes d'Hercule jusqu'à la Mer Noire, de multiples tentatives tantôt pour l'exterminer totalement tantôt pour l'ennoblir, sans qu'aucun de ces efforts ne semble devoir être couronné par une issue favorable.

Derrière l'individu, ce n'est autre que la raison qui est condamnée, et c'est la morgue et la suffisance d'une tradition uniquement fondée sur l'écrit, étroitement livresque, qu'il met en cause. Les Lumières et leur idéal encyclopédique sont à ses yeux la plus claire illustration de cette dérive.

Deux visions du peuple s'opposent donc, la nation civique, c'est-à-dire le peuple politiquement unifié d'un côté, et la nation culturelle, c'est-à-dire le peuple culturellement unifié de l'autre, qui donnent lieu à deux visions de la citoyenneté différentes, et par conséquent à deux conceptions de la formation du citoyen. Le citoyen éclairé, dans le sens républicain du terme, lié à une conception de la transmission du savoir pour former le jugement rationnel, n'est donc pas l'option retenue par Grundtvig. Mais quelle est précisément l'option qu'il retient ? Notons que le schéma général semble demeurer commun, ce qui est central et explique le caractère holiste initial apparent : c'est bien l'école qui est le vecteur de formation d'une citoyenneté elle-même définie par le cadre collectif qui entoure la vie du citoyen, la République d'un côté, la culture danoise de l'autre. Mais alors que la pensée républicaine française a fini par s'adapter à l'individualisme dont elle fixe l'expression fondamentale dans les ambivalences de l'instruction[1], Grundtvig a fait le choix de mettre de côté toute référence à l'individu dans l'éducation, pour retrouver l'élan de la société civile dans la dynamique éducative.

1. *Cf.* Ch. Miqueu, « Former le citoyen de la République naissante. Retour sur une controverse aux origines de l'école républicaine », *Revue de synthèse*, 137, 6e série, n° 3-4, 2016, p. 453-477.

LIBERTÉ *VS* ÉGALITÉ ?

Ce que le républicanisme français s'est efforcé de mettre en œuvre, c'est l'égalité d'éducation. La célèbre phrase de Jules Ferry mise en valeur plus haut, extraite du discours du 10 avril 1870 à la salle Molière, le résume bien. Ce qui demeure dans la France du Second Empire, c'est le privilège d'éducation, l'inégalité forte qui divise les Français entre ceux qui ont accès à l'école et ceux qui en sont exclus. La dynamique des grandes lois scolaires des années 1880 se comprend donc d'abord comme un vaste mouvement pour passer de l'inégalité à l'égalité d'éducation. Pour cela les quatre principes majeurs du système éducatif républicain, la maîtrise publique, la gratuité, l'obligation et la laïcité vont tous les quatre avoir pour ambition majeure l'établissement de l'égalité en ce domaine. On peut donc dire que l'école républicaine en France est d'abord fondée sur un mouvement pour l'égalité d'éducation.

C'est au contraire un mouvement pour la liberté qui anime la pensée de Grundtvig sur l'école[1]. Mais cette liberté n'a rien à voir avec ce que Constant appelait « la liberté des modernes » pour laquelle le peuple « a un goût très vif » mais « qui est une peste pour l'État » (« *L'école communale* »), sans pour autant se réduire complètement à ce qu'il appelait « la liberté des anciens ». C'est pourtant bien dans cette réflexion que semble se situer à première vue Grundtvig. Il fait le constat, accablant à ses yeux, d'une affirmation, terrible pour l'avenir, de l'individualisme, et met en évidence la conception de la liberté qui accompagne cette tendance moderne.

Pour autant, il n'exprime pas à proprement parler la volonté d'un retour à la liberté antique, même s'il s'en rapproche en partie. Il appelle plutôt ses contemporains à trouver les conditions pour manifester la vraie liberté, la liberté pour tous. Celle-ci correspond à l'éducation approfondie qu'il défend et se retrouve articulée à ce motif d'inspiration antique qu'est le « bien commun » dans « *L'État et l'individu* ». Mais la limite à la référence antique est inscrite dans cette division inhérente à la société antique entre les seigneurs et les esclaves, que Grundtvig rejette, non en raison d'une préoccupation démocratique (il se retrouve beaucoup plus dans le monarchisme et ne consent à l'arrivée de la démocratie qu'avec beaucoup de retenue et d'inquiétudes), mais bien en raison d'une impossibilité pour lui de concevoir la société sur la base d'une opposition frontale si manifeste.

1. C'est là de manière générale le cœur même de sa pensée politique. *Cf.* O. Korsgaard, *N. F. S. Grundtvig – as a political Thinker*, Djof Publishing, Copenhagen, 2014, p. 23 *sq.* et chap. IV.

L'unité sociale est le cœur de toute sa pensée et le droit du plus fort est clairement incompatible avec sa conception sociale. Il y a même l'évocation d'une conséquence politique puisqu'il précise de manière explicite qu'« une société civile libre ne se forme que dans la mesure où le pouvoir est partagé, si bien que le but n'est atteint que lorsque le pouvoir est également réparti entre tous les individus ». Il y aurait là clairement un point commun à creuser avec les républicains français. Car même s'il ne se réfère pas explicitement à la puissance du droit commun pour mettre en cause le droit du plus fort à la manière d'un Rousseau dans le *Contrat social*, et s'il préfère le référent culturel pour marquer l'unité, il est clair qu'une expression de la lutte contre la domination politique dès lors qu'elle rend l'unité sociale impossible est un point commun qui mériterait d'être approfondi. Il en est de même de l'expression du caractère indispensable du partage du pouvoir, qui ne dit pas le mot démocratie mais le contient bel et bien, et un peu plus loin dans le même texte de la justification de la légitimité de la révolte face au tyran.

Dans tous les cas, l'important est pour lui de montrer que ce qui fait liberté, par l'éducation, est ce qui contribue à l'unification du peuple, à sa cohésion sur le plan spirituel et donc à la vie commune qu'elle est censée permettre, quand l'individualisation conduit au contraire à la juxtaposition sans unité des existences et que la liberté antique a tendance, elle, à trop faire disparaître l'idée même d'une existence individuelle et à diviser la société entre ceux qui sont libres et ceux qui ne le sont pas. Cette liberté n'est pas émancipation ni libération, elle est surtout partage, avec tous ses semblables, d'une même culture commune populaire, et s'accompagne donc explicitement de devoirs dans le respect de l'existence même de cette culture, à l'image du fonctionnaire actif qui se doit de connaître « sa fonction, ses circonstances, ses devoirs, et qu'il doit être à la hauteur de tout cela, de sorte qu'il sache s'exprimer à ce sujet clairement et avec assurance dans sa langue maternelle, oralement et par écrit, et avant tout qu'il le montre par ses actes. » (« *L'État et l'individu* ») En revanche, et pour les mêmes raisons qui expliquent cette conception de la liberté par la culture commune, il s'oppose dans « *L'École communale* » aux amendes à l'encontre des parents qui n'obéissent pas à la loi d'obligation scolaire (1814), provoquant la colère des paysans, et l'incompréhension de Grundtvig en raison d'une éducation qu'il conteste car fortement limitée à apprendre à lire, écrire et compter, et très éloignée de l'impératif qu'il souhaite lui insuffler, à savoir la rendre vivante.

La primauté d'une éducation des émotions sur le rationnel

Or la vie n'est pas dans la raison. Quand il s'attaque à la dérive livresque, dès l'entame de l'« *Éducation pour l'État* », c'est toute une autorité intellectuelle européenne, qui a cousu d'or ses lettres de noblesse depuis plus d'un siècle et demi, qu'il tient à renverser. Cette culture est d'autant plus importante qu'il avoue lui-même en avoir longtemps été dépositaire, n'imaginant pas un instant contester son autorité :

> Il fut un temps où, moi et mes pairs, nous estimions ne manquer de rien lorsque nous avions la plume à la main et des livres jusqu'au plafond, car nous pouvions alors voyager de par le monde de l'esprit dans nos propres pensées, en faire le tour en bateau chaque jour; nous étions debout sur nos jambes et n'avions mal ni au ventre ni à la tête, et ne redoutions pas les étagères à pain vides ou les critiques déplaisants, ou quelque autre désagrément causé par le corps dans le monde de l'esprit. Nous nous imaginions même que c'était la faute des gens s'ils n'étaient pas aussi libres et s'ils n'allaient pas aussi bien que nous, étant donné que pour partager notre bonheur, ils n'avaient qu'à apprendre à lire, acheter nos livres et les apprécier.

La morgue des intellectuels européens, caste à laquelle il reconnaît avoir appartenu, est dans son dédain pour tout ce qui est populaire d'une part, et le mépris à l'égard de tout ce qui n'est pas rationnel, ou pour qui le rationnel n'est pas accessible, d'autre part. Une opposition franche apparaît donc d'emblée entre *populaire* et *rationnel*. Mais il y a plus ici qu'une simple distance entre deux mondes qui ne se côtoient pas. Il y a, aux yeux de Grundtvig, un manque impardonnable pour une élite livresque réduisant le monde à quelques pages imprimées ne renvoyant du reste à rien d'autre que d'autres pages imprimées par le jeu mortifère à ses yeux de l'entre-soi intertextuel. Ces intellectuels passent à côté de la *vie*, tout simplement. L'attention portée par Grundtvig à cette dimension vitale, et à partir de là à l'idée d'une « école pour la vie » qui donnera lieu au texte de 1838 reprenant cette expression, est essentielle[1]. Ce que lui comme ses contemporains rationnellement éclairés perdent dans cette focalisation sur la raison, c'est toute la réalité existentielle humaine universelle qui les

1. *Cf.* sur ce point F. Roy, *L. N. Tolstoï et N. F. S. Grundtvig…*, *op. cit.*, p. 417 *sq.* ; M. Auchet, « N. F. S. Grundtvig et l'école pour la vie », dans M. Samuel-Scheyder et P. Alexandre, *Pensée pédagogique, enjeux, continuités et ruptures en Europe du XVIe au XXe siècle*, Berne, Peter Lang, 1999 ; J.-F. Dupeyron, *La vie scolaire. Une étude philosophique*, Nancy, Presses Universitaires de Nancy, 2017, p. 139 *sq.*

précède, qui les entoure et qui est loin de se réduire aux limites propres à l'esprit scientifique. Bien au contraire, il ne cesse de louer ce qui précède et dépasse cet esprit, notamment l'ensemble des traditions de l'esprit qui ont très largement alimenté et fait vivre le monde humain avant que celui-ci ne devienne cartésien et se mette à vouloir apparaître « comme maître et possesseur de la nature ». Cette réalité est vivement poétique dans son expression et n'a cessé de donner toute sa dynamique à l'esprit humain depuis les premières générations de l'histoire danoise. S'il y a donc une priorité à donner à l'éducation, c'est bien celle qui relève d'une transmission de cette histoire poétique, très éloignée du livresque car avant tout orale, comme le résume la fin de « *L'École communale* » :

> Un scalde populaire qui a la perspective excitante pour sa vanité, mais affligeante pour son cœur et effrayante pour le peuple, d'être le dernier, doit toutefois, aussi longtemps qu'il respire, nourrir l'espoir que, malgré l'horreur naturelle que ceux qui débordent d'érudition ressentent à l'égard de tout ce qui a vraiment un goût de poésie dans la vie, les hommes d'État découvriront avant qu'il soit trop tard que la poésie qui habite dans l'esprit du peuple et est par conséquent en accord avec tout ce que cet esprit et le cœur qui lui correspond ont créé au cours du temps, cette poésie est justement inestimable, dans ses dernières manifestations vivantes, et qu'on doit faire tous ses efforts pour l'empêcher de disparaître, en la livrant à l'activité la plus libre, pour le développement d'une éducation de la même nature et l'adoucissement des sucs agressifs du corps de l'État qu'on pourrait lui souhaiter dans la tombe pour qu'il se renforce d'autant plus.

Un tel enseignement serait à la fois utile à l'État pour le développement de l'amour de la patrie, et utile à l'individu car il s'agit là d'une œuvre éducative qui pourrait faire se développer l'amour pour l'école en répondant à un besoin fort dans la population de comprendre à quoi exactement est utilisé l'impôt servant à financer le système éducatif. Il ne faut pas prendre à la légère cet argument développé dans « *L'École communale* », ou le réduire simplement à un pur conservatisme aux yeux du républicain rationaliste qu'est le plus souvent le lecteur français de Grundtvig :

> Si nos maîtres d'école pouvaient et voulaient raconter aux enfants avec simplicité et gaîté toutes les choses amusantes que nous pouvons apprendre de Saxo, Snorri et d'autres vieux consolateurs, cela ne tomberait pas dans l'oreille d'un sourd et la plupart des parents leur adresseraient en plus de nombreux remerciements, et la pensée se répandrait parmi les paysans que, bien que certains pasteurs soient de pauvres bougres tout juste capables de lire un sermon à haute voix et de rédiger une attestation, les érudits sont malgré tout des gens dont on peut difficilement se passer, des gens qui sont dignes de leur nourriture et de tout honneur.

Il faut au contraire mesurer, en lisant ces lignes, la distance qu'il y a précisément entre une école centrée sur la raison et une école centrée sur les émotions. Le postulat éducatif de l'école républicaine est celui du partage par la raison des connaissances. Le postulat que propose Grundtvig est d'un tout autre ordre. Il s'agit de penser le partage par l'émotion de référents culturels communs. Ce partage est jugé par l'auteur danois bien plus spontané, certes, mais surtout bien plus en mesure de répondre à la question centrale qui anime toute conception éducative : comment faire société ? Grundtvig ne demande pas à l'école de réduire à néant la présence du rationnel, il exige d'elle qu'elle ne valide pas comme un fait indiscutable l'omniprésence qu'on peut voir advenir partout ailleurs, pour pouvoir laisser place à ce qui est essentiel à ses yeux : le partage des traditions. Ainsi, « l'histoire de la patrie et ses vestiges du passé le plus ancien, les proverbes savoureux et tout ce que la langue maternelle a de populaire, devraient être l'objet des conversations à l'école communale, pour nourrir l'imagination et le sentiment dans une direction inoffensive, aussi utile à l'État qu'à l'individu ». L'érudit lui-même retrouverait une place dans cette union par l'entremise de cette éducation par la culture, en ce qu'il est de ceux qui sont le plus en mesure de transmettre au plus grand nombre cette culture de forme narrative, souvent d'inspiration mythologique, qui fait l'âme d'un peuple, ou en tout cas contribue à son édification imaginaire par le récit collectif et répété.

Dès lors, Grundtvig propose de retrouver d'autres fonctions que celle du jugement critique au cœur du processus éducatif. Il souhaite tout particulièrement donner toute sa place à la parole et à la bouche au détriment de la plume. La parole et la bouche sont bien à ses yeux le véhicule des émotions, de l'imaginaire, du discours prioritairement affectif et d'une intériorité que la focalisation occidentale sur la stabilité indiscutable de l'écrit a trop longtemps maltraité :

> L'expérience confirme en effet, et c'est dans la nature des choses, que l'éducation que la suffisance et l'obstination développent et répandent naturellement aggravent toujours la situation en opprimant et, autant que possible, en exterminant l'imagination et le sentiment, qui ont créé nos rapports sociaux et en sont par conséquent les défenseurs-nés, leurs porte-paroles intérieurs qui ne peuvent pas se taire sans que leurs créatures se retrouvent sans défense et soient déformées et dignes de la mort dont le raisonnement les menace.

L'intelligence du cœur retrouve toute sa cohérence dans ses propos que l'on peut lire notamment dans « *Éducation pour l'État* », sur une « éducation plus approfondie » au détriment de l'éducation ordinaire qu'il juge

« superficielle ». Cette éducation approfondie ne se restreint pas à être le contraire de la raison, mais précisément s'exprime pleinement en positif comme ce en quoi s'illustrent et doivent plus encore s'illustrer tous les esprits populaires, et même l'humanité entière. Mettre au loin, ou dans tous les cas au second plan, l'abstraction conceptuelle pour mettre au centre la culture populaire, qui est avant tout une culture orale, et avec elle l'ensemble des expressions corporelles, sensorielles, imaginatives et spirituelles qui permettent de la véhiculer, tel est l'objectif éducatif que Grundtvig propose pour le peuple danois.

LA SÉPARATION DE LA RELIGION ET DE L'ÉCOLE

Une pédagogie par l'émotion est donc favorisée par Grundtvig. Mais ce n'est pas pour autant une pédagogie de l'enthousiasme empreinte d'inspiration religieuse. Elle est d'abord celle qui prend ses distances avec ce qu'il diagnostique comme le fanatisme de la raison, et par ricochet avec toute forme de fanatisme :

> En effet, les gouvernements doivent s'exercer à faire la sourde oreille à tous les cris contre la superstition, l'enthousiasme excessif et le fanatisme, lorsqu'il ne s'agit pas de faits mais seulement de points de vue, car la raison et le raisonnement ont eux aussi leur superstition, leur enthousiasme excessif et leur fanatisme, comme l'imagination et le sentiment, et ils sont d'une espèce beaucoup plus dangereuse pour l'État et tous les rapports sociaux, d'une part parce que la raison et le raisonnement sont maintenant les éléments dominants de la vie humaine, d'autre part parce que tous leurs errements ont l'apparence de l'éducation, et enfin parce que leur sphère particulière est ce qui est temporel, visible et palpable, si bien que leurs errements sont toujours d'ordre pratique et peuvent faire en un instant plus de dégâts que ce que des siècles peuvent réparer.

Par opposition à l'intention pédagogique fondamentale des républicains français fondée sur le progrès rationnel pour développer ses lumières et s'extraire de la spontanéité des émotions, en articulant éducation morale et instruction, Grundtvig veut une pédagogie de la vie et non de la mort. Dès lors, alors que l'on pourrait croire au premier abord en découvrant le titre « *La foi est-elle vraiment une matière scolaire ?* », et la manière dont Grundtvig semble prendre ses distances avec l'enseignement religieux à l'école, qu'il y a là un point commun important avec l'école républicaine, on se rend compte qu'une telle identification, en adoptant un regard français, consisterait encore à subir une illusion d'optique, dont il faut bien se garder.

Il n'est pas question dans ce texte d'établir un cadre républicain laïque comme le feront les lois de laïcisation scolaire des années 1880 en France à travers deux grands piliers : la laïcisation des enseignants et la laïcisation des enseignements. Ferdinand Buisson dans son *Dictionnaire de pédagogie et d'instruction primaire* résume bien, dès sa version de 1887, le sens de cette séparation instituée à l'échelle de l'école[1] avant celle de la République elle-même : il s'agit d'organiser un corps de fonctionnaires, les instituteurs, qui s'appuie sur la même conception éducatrice républicaine autour d'un principe fondamental garantissant à la fois le respect de toutes les consciences individuelles, l'égalité de traitement entre les élèves sans que leur appartenance détermine une conduite à tenir à leur égard, et enfin l'inscription dans un cadre collectif où ce n'est pas l'appartenance religieuse qui détermine ce qui fait communauté, mais bien au contraire l'appartenance civique à une même communauté politique.

Ce n'est pas du tout la manière dont Grundtvig prend en charge la question. Tout d'abord parce qu'il est pasteur et que la religion luthérienne occupe une place fondamentale dans sa propre existence. Ensuite parce que la question centrale qu'il se pose est celle de savoir s'il est efficace pour la transmission de la religion d'en faire une matière scolaire. La réponse à cette question est clairement négative :

> C'est une question extrêmement importante, dis-je, bien que cela ne soit vrai, évidemment, que pour celui qui a une foi chrétienne vivante, car celui qui n'a pas de foi du tout ne se soucie guère de la chose, et celui qui n'a qu'une foi morte, basée uniquement sur la connaissance, ne comprend pas qu'on puisse se poser la question de savoir si la foi, qui n'est pour lui qu'une matière scolaire, a vraiment sa place à l'école ?
> Qu'ils soient nombreux ou non, c'est donc aux chrétiens vivants, et pour eux, que je veux donner mon avis. Il ne s'agit en aucune manière d'une idée fugace, ou d'un calcul algébrique, mais d'un avis qui a jailli de la vie, auquel j'ai longuement réfléchi et qui a été confronté à l'expérience, et cet avis, c'est que la foi, Dieu soit loué, n'est pas du tout une matière scolaire, et que tout l'enseignement religieux dispensé dans les écoles, avec lequel nous avons tourmenté les enfants et nous-mêmes, a été une grande erreur, dont la confusion régnante nous a fort heureusement contraints à prendre conscience. […] C'est pourquoi, à une époque où la majorité des maîtres d'école n'a manifestement pas notre foi, et où la majorité des élèves est liée

1. F. Buisson, *Dictionnaire de pédagogie et d'instruction primaire* (*extraits*), « Laïcité », Kimé, Paris, 2000, p. 162-173.

> à l'école la plus proche, sans qu'il y ait le moindre espoir que les écoles redeviennent luthériennes, à une telle époque, je trouve que même les Luthériens les plus stricts devraient souhaiter que la foi ait peu de choses ou même rien à voir avec l'école, et celui qui souhaite cela ne fermera pas non plus les yeux sur une vérité à l'égard de laquelle, dans d'autres circonstances, des préjugés tenaces nous inspireraient de la suspicion.

Le positionnement de Grundtvig est, on le voit, éminemment religieux et en rien laïque. C'est précisément avec l'objectif de développer le christianisme qu'il répond à cette question contrairement à l'*a priori* qu'un lecteur français pourrait avoir spontanément. L'argument principalement développé est justement l'incompatibilité montante entre un enseignement religieux et un corps de maîtres d'école dont une partie significative n'est plus religieuse ni même croyante, la rationalité et l'esprit scientifique ayant pris le pas sur la foi et l'attachement religieux ordinaire. On trouve là bien sûr en creux une explication de son rejet du rationalisme. Le progrès d'une telle pensée met progressivement en échec la présence du christianisme dans les esprits, *a fortiori* lorsque les instituteurs eux-mêmes en sont porteurs :

Si nous sommes arrivés au point de ne pas faire nous-mêmes obstacle à la lumière, et que nous demandons au contraire de façon impartiale quels fruits l'enseignement que donne l'école sur les questions de foi a portés d'une façon générale, nous ne serons pas tentés d'accorder trop de valeur à ceux d'entre eux qui sont bons, à moins de considérer que l'incrédulité en fait partie, car il est notoire que, dans l'Allemagne protestante comme chez nous, où l'enseignement religieux a été dispensé de façon scolaire pendant trois cents ans, la foi a été loin de s'affermir et de devenir plus vivante d'année en année. Elle est au contraire devenue de plus en plus morte et plus chancelante, de sorte que, pour finir, elle a, à l'école, d'une façon presque générale, cédé la place à l'incrédulité.

Pour que l'enseignement demeure vivant, il se doit de ne plus laisser place à sa dimension religieuse. Pour que la religion demeure vivante, elle se doit de ne plus laisser place à sa dimension éducative. Il faut séparer l'enseignement religieux de la vie scolaire précisément parce que c'est la meilleure manière pour sauvegarder une religion vivante dans les esprits qui ne soit pas aux prises quotidiennement avec la raison suspicieuse et l'incrédulité des maîtres. Il en va bien de la sacralité du discours religieux dans cette distance demandée par Grundtvig de façon insistante puisqu'il s'y emploie dans d'autres textes comme « *L'école communale* » où il fustige déjà ceux qui « ont confondu » la transmission du « verbe vivant » du christianisme avec son apprentissage scolaire comme une « lettre morte »[1]. On le voit, l'enjeu majeur est ici la défense et illustration d'une religion autour du même couple vie/mort qui anime le reste de sa conception culturelle et notamment sa pensée éducative.

À la régénération civique des républicains français, Grundtvig oppose donc la régénération culturelle permettant au peuple éduqué d'avoir conscience de lui-même, de son identité, de son histoire, de son langage et de ses traditions, en bref de sa capacité créatrice, lui permettant de se projeter comme acteur de son destin, pas seulement sur le plan politique ou scientifique, qui peut effectivement être un débouché, mais également sur le plan esthétique, poétique avant tout, et bien sûr moral. L'élévation par les mœurs est en effet l'une des conséquences les plus recherchées par Grundtvig. L'enjeu est bel et bien démocratique dans les deux cas, mais dans le premier le *Demos* est constitué par les lumières de la raison qui permettent au *Laos* de se constituer politiquement une fois éclairé, notamment en participant aux suffrages, tandis que dans le second il est dans l'avancée de l'esprit humain en capacité d'apprendre à faire société commune autour d'un partage culturel qui façonne un *Ethnos* non pas à proprement parler culturaliste mais suffisamment unifié pour que le passage au politique se fasse sur la base de cette culture commune issue de l'éducation du peuple.

Au final, s'il reste à analyser le poids exact de Grundtvig dans la construction du système éducatif danois, et alors même que l'État danois n'a pas mis en place à l'époque la haute école populaire à *Sorø*, le peuple s'est bel et bien emparé des idées éducatives de Grundtvig à l'image de ces paysans qui s'en sont inspirés pour monter des écoles privées. Et la conception de l'école populaire danoise s'est propagée comme modèle d'autonomisation progressive du collectif d'individualités ayant prioritairement à partager une existence commune, partout à une échelle plus large que ce que Grundtvig aurait pu espérer. Si les acteurs principaux de la république (notamment de la Troisième) ont réussi le pari de rendre l'école accessible à tous également dans un souci d'émancipation collective, Grundtvig a réussi le sien de développer un modèle de dépassement-conservation sociale par le partage d'une même culture, celle de tout un peuple.

Christophe MIQUEU

1. Sur l'expression « verbe vivant », *cf.* F. Roy, *L. N. Tolstoï et N. F. S. Grundtvig…*, *op. cit.*, p. 499 *sq.*

BIBLIOGRAPHIE

AUCHET (M.), « N. F. S. Grundtvig et l'école pour la vie », dans M. Samuel-Scheyder et P. Alexandre, *Pensée pédagogique, Enjeux, continuités et ruptures en Europe du XVIe au XXe siècle*, Berne, Peter Lang, 1999, p. 283-297.

BALLU (D.), *Lettres nordiques, une bibliographie, 1720-2013*, Stockholm, Kungliga Biblioteket, 2016.

BLANC-NOËL (N.), « Populisme et détournement du récit identitaire national : le cas du Parti du Peuple danois », dans J. Jamin (dir.), *L'extrême-droite en Europe*, Bruxelles, Bruylant, 2016, p. 323-349.

BUISSON (F.), *Dictionnaire de pédagogie et d'instruction primaire* (*extraits*), « Laïcité », Kimé, Paris, 2000, p. 162-173.

CARLSEN (J.) et BORGA (O.), *Les Folkehøjskoler au Danemark*, Copenhague, Ministère Royal des Affaires Étrangères du Danemark, 1993.

COGORDAN (G.), « Une secte religieuse et politique en Danemark. Grundtvig et ses doctrines », *Revue des Deux Mondes*, 13, 3e période, 1876, p. 524-554.

DESFEUILLES (P.), « Érica Simon, Réveil national et culture populaire en Scandinavie. La genèse de la *højskole* nordique (1844-1878) », *Annales. Économies, Sociétés, Civilisations*, 5, 18e année, 1963, p. 1028-1032.

DUPEYRON (J.F.), *La vie scolaire. Une étude philosophique*, Nancy, Presses Universitaires de Nancy, 2017.

EICHBERG (H.) (éd.), *Schools for life*, Copenhagen, The association of danish Folkehøjskoler, 1992.

FERRY (J.), *Discours et opinions de Jules Ferry*, publiés avec commentaires et notes par P. Robiquet, t. 1, Paris, Armand Colin, 1896.

GRUNDTVIG (N. F. S.), « La fête de Pâques », trad. fr. X. Marmier, *Littérature scandinave*, Paris, Arthus Bertrand, 1849, p. 268-269.

– *Mands Minde 1788-1838*, Copenhague, Karl Schønbergs Forlag, 1877.

– *Udvalgte Skrifter*, ved Holger Begtrup, vol. 5, Copenhague, Gyldendalske Boghandel, Nordisk Forlag, 1904-1909.

– *Værker i udvalg*, vol. 4, Copenhague, Gyldendal, 1943.

– *De l'Union culturelle du Nord*, traduction et commentaire précédés d'une *Introduction à la philosophie de la culture de N. F. S. Grundtvig*, par É. Simon, Copenhague, G. E. C. Gads, 1962.

– *Grundtvigs Skoleverden*, éd. par K. Eyvin Bugge, vol. 2, Copenhague, G.E.C. Gads Forlag, 1968.

– *Statsmæssig Oplysning*, Copenhague, Arnold Busck, 1983.

– *Schriften in Auswahl*, éd. par K. Eyvin Bugge, F. Lundgreeen-Nielsen et Th. Jørgensen, Göttingen, Vandenhoeck & Ruprecht, 2010.

– *The School for Life, N. F. S. Grundtvig on Education for the People*, éd. par E. Broadbridge (trad.), C. Warren et U. Jonas, Aarhus, Aarhus University Press, 2011.

HEGEL (G. W. F.), *Encyclopédie des sciences philosophiques*, trad. fr. B. Bourgeois, t. 1, Paris, Vrin, 1970.

HUSSERL (E.), « La tâche actuelle de la philosophie », *Revue de Métaphysique et de Morale*, 1993/3, p. 291-329.

JOLY (Ph.), « N. F. S. Grundtvig, un visionnaire qui inspira la *Folkehøjskole* danoise », *Penser l'éducation*, 4, décembre 1997, p. 65-92.

KANT (E.), *Qu'est-ce que les Lumières*, trad. fr. J. Mondot, Pessac, Presses Universitaires de Bordeaux, 2007.

KORSGAARD (O.), « The Folkelig-Universal », dans H. Eichberg (éd.), *Schools for life*, Copenhague, The association of danish Folkehøjskoler, 1992, p. 83-92.

– *N. F. S. Grundtvig – as a political Thinker*, Djof Publishing, Copenhagen, 2014.

LANGLOIS (R.), *Les précurseurs de l'oralité scolaire en Europe. De l'oral à la parole vivante*, Mont-Saint-Aignan, Presses Universitaires de Rouen et du Havre, 2012.

MICHELET (J.), *Le peuple*, « Bibliothèque contemporaine », Paris, Calmann Lévy, 1877 (5e éd.).

MIQUEU (Ch.), « Former le citoyen de la République naissante. Retour sur une controverse aux origines de l'école républicaine », *Revue de synthèse*, 137, 6e série, n° 3-4, 2016, p. 453-477.

NIETZSCHE (F.), *Fragments posthumes XIV*, Paris, Gallimard, 1977.

NORMANN-ANDERSEN (V.), « L'évaluation de l'éducation au Danemark », *Télescope, Revue d'analyse comparée en administration publique*, 13/1, printemps-été 2006.

PAUL-DUBOIS (L.), « Grundtvig et le relèvement du Danemark au XIXe siècle », *Revue des Deux Mondes*, 52, 5e période, 1909, p. 656-676.

ROY (F.), *L. N. Tolstoï et N. F. S. Grundtvig : connaissance et sagesse, en éducation*, thèse de doctorat en Sciences de l'éducation, sous la direction de J. Houssaye, Université de Rouen, 2010, 673 pages ; Villeneuve d'Ascq, Atelier National de Reproduction des Thèses, 2013.

SIMON (É.), *Réveil national et culture populaire en Scandinavie. La genèse de la højskole nordique, 1844-1878*, Paris, P.U.F., 1960.

– « Grundtvig et la France », dans *Actes du 7e Congrès International d'Histoire des Littératures Scandinaves* (juillet 1968), Paris, Lettres Modernes Minard, 1972, p. 113-127.

THANING (K.), *Grundtvig le Danois*, trad. fr. J.-P. Duclos, Copenhague, Det Danske Selskab, 1972.

THODBERG (C.) et THYSSEN (A. P) (éd.), *N. F. S. Grundtvig, Tradition et Renouveau*, trad. fr. P. Lavaud, J. Piloz, Copenhague, Det Danske Selskab, 1983.

NOTE SUR LES ÉDITEURS

Marc AUCHET, agrégé de l'université et docteur ès lettres, est professeur émérite à l'université de Paris-Sorbonne. Il est également docteur *honoris causa* de l'université d'Aalborg (Danemark) et ancien rédacteur en chef de la revue *Nordiques*. C'est un spécialiste et traducteur des littératures nordiques. Il a obtenu en 1990 le prix Kaj Munk, auteur danois auquel il a consacré sa thèse, et ses travaux sur Andersen lui ont valu le prix éponyme en 2010. Il a introduit, traduit et annoté l'intégrale des *Contes et Histoires* d'Andersen dans la série La Pochothèque en 2005.

Principales publications :

De lollanske Stjerner – Kaj Munks forfatterskab set på baggrund af hans liv, préface de F. J. Billeskov Jansen, Copenhague, C.A. Reitzel, 1997.

Contes et histoires de Hans-Christian Andersen, Paris, Le Livre de Poche, 2005.

Andersen et son temps, Paris, Le Livre de Poche, 2005.

(*Re*)*lire Andersen : Modernité de l'œuvre* (dir.), Paris, Klincksieck, 2007.

avec Anker Gemzøe(dir.), *Kaj Munks dramatik i teaterhistorisk perspektiv*, Aalborg, Aalborgs universitetsforlag, 2011.

Jean-François DUPEYRON, agrégé et docteur en philosophie, est maître de conférences HdR en philosophie de l'éducation à l'université de Bordeaux (ESPE d'Aquitaine). Il est membre du centre de recherches *Sciences Philosophie Humanités* (SPH) à l'université de Bordeaux Montaigne et membre associé du *Laboratoire de Recherche en Philosophie Pratique et Appliquée* (LRPhPA) à l'université d'Égée (Grèce).

Il mène essentiellement ses recherches dans le champ de la philosophie de l'éducation et dans celui de l'éthique.

Principales publications :

Nos idées sur l'enfance. Étude des représentations de l'enfance en Occident, Paris, L'Harmattan, 2010.

Éthique et déontologie dans l'Éducation Nationale (avec Ch. Miqueu), Paris, Armand Colin, 2013.

Montaigne et les Amérindiens, Bordeaux, Le Bord de l'Eau, 2013.

Le bien-être des écoliers (co-dir.), Bordeaux, PUB, 2017.

La vie scolaire. Une étude philosophique, préface d'Eirick Prairat, Nancy, Presses Universitaires de Lorraine, 2017.

Christophe Miqueu, agrégé et docteur en philosophie, est maître de conférences en philosophie politique à l'Université de Bordeaux (ESPE d'Aquitaine) et membre du laboratoire *SPH* (EA 4574). Il travaille sur l'histoire et l'actualité de la pensée républicaine.

Principales publications :

Spinoza, Locke et l'idée de citoyenneté. Une génération républicaine à l'aube des Lumières, Paris, Classiques Garnier, 2012.

Penser la République, la guerre et la paix sur les traces de Jean-Jacques Rousseau (avec Gabriel Galice), Genève, Slatkine, 2012, prix de l'Académie des sciences, arts et belles-lettres de Dijon.

Comprendre la laïcité, Paris, Max Milo, 2017.

avec B. Graciannette et J. Terrel, *Harrington et le républicanisme à l'âge classique*, Bordeaux, PUB, 2014.

avec J.-F. Dupeyron *Éthique et déontologie dans l'éducation nationale*, Paris, Armand Colin, 2013.

avec H. Bentouhami *Conflits et démocratie. Quel nouvel espace public ?,* Paris, L'Harmattan, 2010.

France Roy est Professeure des écoles et Docteure en sciences de l'éducation. Elle est membre associée du *Centre interdisciplinaire de recherches sur les valeurs, les idées, l'identité et les compétences en éducation et formation* (CIVIIC) à l'université de Rouen. Elle est l'auteure en 2010 d'une thèse sur le rapport entre connaissance et sagesse en éducation chez Grundtvig et Tolstoï.

Principales publications :

« Tolstoï pédagogue », dans J. Houssaye (dir.), *Nouveaux pédagogues : Tome 1 – Pédagogues de la modernité*, Paris, Éditions Fabert, 2007.

L. N. Tolstoï et N. F. S. Grundtvig : connaissance et sagesse en éducation, Villeneuve d'Ascq, Atelier National de Reproduction des Thèses, 2013.

« Rénovation de deux structures scolaires, au Danemark : Quelles évolutions, quelles perspectives pédagogiques ? », *Éducation et socialisation* [en ligne], 43, 2017.

Léon Tolstoï. Textes pédagogiques, Paris, Éditions Fabert, 2017.

TABLE DES MATIÈRES

imprimerie f. paillart, b.p. 30324, 80103 abbeville – (15976)
dépôt légal : 2e trimestre 2018